Niemand soll vergessen sein

Bestatten – Gedenken – Erinnern

Niemand soll vergessen sein
Bestatten – Gedenken – Erinnern

Ein Praxisbuch

Herausgegeben von Barbara Heuerding und Carmen Berger-Zell

EVANGELISCHE KIRCHE IN HESSEN UND NASSAU
Diakonie Hessen
EVANGELISCHE KIRCHE VON KURHESSEN-WALDECK

neukirchener verlag

Ulrike Scherf
Stellvertretende Kirchenpräsidentin der Evangelischen Kirche in Hessen und Nassau

Horst Rühl
Vorstandsvorsitzender der Diakonie Hessen

Prof. Dr. Martin Hein
Bischof der Evangelischen Kirche von Kurhessen-Waldeck

Vorwort

Das Jahr 2017 geht zu Ende – und mit ihm das Reformationsjubiläum. Damals wie heute fordern die Reformatoren uns dazu auf, immer wieder nach Gott und der Welt zu fragen und aus der Kraft des Evangeliums zu leben.

Aus Martin Luthers Neuentdeckung der frohen Botschaft, dass Gott alle Menschen liebt, hat er mit vielen anderen zusammen die Kirche gestaltet und wichtige Impulse für das Zusammenleben in der Gesellschaft gegeben.

Als Evangelische Kirche und ihre Diakonie nehmen wir die Veränderungen in der Bestattungs- und Friedhofskultur wahr und lenken unseren Blick darauf, was die Menschen an seelsorglicher, gottesdienstlicher und diakonischer Begleitung brauchen. Hierbei gilt es, die Bedürfnisse ernst zu nehmen und mit unseren kirchlichen Traditionen auf die veränderten Lebensbedingungen einzugehen.

Die kirchliche Bestattung und die damit verbundene Seelsorge erfährt in unserer Gesellschaft eine große Wertschätzung. Sie ist, wie die fünfte EKD-Untersuchung zur Kirchenmitgliedschaft gezeigt hat, für die Mitglieder von großer Bedeutung. Die religiöse Kompetenz der Kirche, gerade auch zu den Fragen am Ende des Lebens wird von ihnen in einem hohen Maß geachtet.

Künftig wird es vermehrt darum gehen, die evangelische Bestattungs- und Friedhofskultur mit den vielfältigen Lebensformen und Lebensstilen in Einklang zu bringen und die Menschen individuell so zu begleiten, dass die christliche Hoffnung auf ein Leben nach dem Tod für sie erfahrbar wird.

Die in diesem Buch gesammelten Impulse aus der Bestattungs- und Friedhofspraxis sollen als Anregung für die kirchliche und diakonische Praxis dienen. Herzlich danken wir allen, die an der Ausarbeitung mitgewirkt haben.

Inhalt

Stimmen der Herausgeberinnen

Barbara Heuerding
Rechtsanwältin, Leiterin der Abteilung Gesundheit, Alter und Pflege der Diakonie Hessen

Barbara Heuerding

Das vorliegende Buch entstand nicht zuletzt in vielen Begegnungen mit Menschen in Projekten vor Ort, gemeinsam mit der Fotografin Gaby Gerster. Mich hat sehr bewegt, wie viel Zeit und Kraft manche Menschen investieren, damit auch sozial benachteiligte Menschen würdig bestattet werden. Zwei Erlebnisse auf dem Friedhof in Mainz-Mombach bleiben mir dauerhaft in Erinnerung. Wir wollten dort miterleben, wie eine Ordnungsamtsbestattung für mittellose Menschen ohne Angehörige gestaltet wird. Wir hatten uns mit Winfried Späth verabredet, einem katholischen Theologen, der die ordnungsbehördlichen Beisetzungen von konfessionslosen Menschen gemeinsam mit den Friedhofsangestellten durchführt.

Die Trauerhalle ist wider Erwarten nicht leer. Ein Mann und eine Frau stehen im Gang. Herr Späth geht auf sie zu und stellt sich vor. Der Mann sagt ihm, er sei der Pflegesohn der Schwester des Verstorbenen und die Frau seine ehemalige Lebensgefährtin. Beide hatten früher Kontakt zum Verstorbenen, sie mochten ihn gerne. Herr Späth fragt sie nach ihren Wünschen für die Trauer- und Grabrede. Fragt, ob sie ein Gebet wünschen und ob er auf der Panflöte spielen soll. Zwei weitere Personen kommen. Die Mitarbeiterinnen der Pflegeeinrichtung, die den Verstorbenen bis zu seinem Lebensende gepflegt hatten, möchten ebenfalls Abschied nehmen. Wir Besucher ziehen uns zurück und entschließen uns, ein anderes Mal wiederzukommen. Wie gut, dass der Verstorbene dank Herrn Späth würdig bestattet wird. Ich denke: Wie trostlos wäre es für die Hinterbliebenen, wenn die Urne mit der Asche des Verstorbenen ohne ein Wort, ohne Musik und ohne menschlichen Beistand beigesetzt worden wäre.

Zwei Monate später sind wir erneut auf dem Friedhof. Herr Späth wollte die Beisetzung an diesem Tag eigentlich absagen, weil es ihm gesundheitlich nicht so gut ging. Er hat sich anders entschieden und sagt nun mehrfach, dass dies eine Fügung sei. Denn es erscheint wieder eine Person zur Beisetzung. Es ist die aus den Vereinigten Staaten eigens angereiste Nichte des Verstorbenen. Sie fühlt sich unwohl, so ganz alleine in der Trauerhalle. Und sie spricht kein Deutsch. Ich biete an, zu übersetzen. Die Frau freut sich, auch darüber, dass außer ihr noch andere Menschen ihren Onkel beerdigen. Sie hat eine Kamera dabei und möchte Fotos für ihre Mutter machen. Auch hier können wir helfen. Gemeinsam gehen wir von der Trauerhalle zum Grab. Die Urne wird in das Grab gelassen. Die Nichte zeigt uns Fotos des Verstorbenen und legt eines davon in das Grab. Sie nimmt sich Zeit zum Gedenken an ihren Onkel und macht den Erdwurf. Als sie erfährt, dass die Mitarbeiter der Friedhofsverwaltung sich um das Grab kümmern, ist sie erleichtert. Das abschließende Panflötenspiel bewegt und öffnet das Herz. Sie ist berührt und dankbar, und es braucht keine Worte dafür.

Mir wurde klar, wie wichtig es ist, dass sich Menschen für die würdige Bestattung mittellos Verstorbener ohne Angehörige einsetzen. Es gibt immer wieder andere Hinterbliebene, die trauern möchten und einen Erinnerungsort brauchen.

Carmen Berger-Zell

Es gibt Erlebnisse, die bleiben einem schmerzlich in Erinnerung. Vor einigen Jahren war ich Pfarrerin in einer Landgemeinde. Eine Mitarbeiterin eines Übergangswohnheims für wohnungslose Menschen rief mich an. Sie hatte erfahren, dass ein ehemaliger Klient verstorben war. Seit ein paar Monaten hatte er in einem der Dörfer gelebt, die zu meiner Gemeinde gehörten. Ich kannte den Mann flüchtig. Die Mitarbeiterin wollte von mir erfahren, ob ich schon wüsste, wann die Beerdigung sei. Ich wusste es nicht. Normalerweise rief mich der Bestatter an und teilte mir mit, wenn jemand verstorben war, und besprach mit mir, wann die Beerdigung stattfinden konnte. In diesem Fall war es nicht so. Ich bekam keinen Anruf.

Dieses Mal griff ich zum Telefon. Der betreffende Bestatter teilte mir mit, dass es keine Trauerfeier geben würde. Die Asche des Verstorbenen sei schon in der Nähe des Krematoriums beigesetzt worden.

Konnte das sein? Ich war fassungslos! Das hatte ich noch nie erlebt und auch nicht für möglich gehalten. Wie konnte das geschehen? Der Mann hatte zwar keine Angehörigen, aber es gab doch Menschen, die ihn kannten und Abschied nehmen wollten, und er war Mitglied der evangelischen Kirche. Ihn ohne jegliche menschliche Begleitung beizusetzen, kam mir vor wie eine würdelose Entsorgung eines toten Menschen. Wer hatte nur veranlasst, dass es keine Trauerfeier geben sollte? Meine Recherchen ergaben, dass die Kommune den kostengünstigsten Bestatter mit den „Bestattungen von Amts wegen" betraut hatte. Diesem Bestatter war es nicht wichtig, dass der Mann würdig beigesetzt wurde.

Es gibt aber auch die anderen, denen eine würdevolle Bestattung und ein ehrenvolles Gedenken wichtig sind. Egal welchen Status der tote Mensch zu Lebzeiten hatte, wie viel Geld er besaß und ob er Angehörige hatte.

Dr. Carmen Berger-Zell
Pfarrerin, Theologische Referentin, Abteilung Gesundheit, Alter und Pflege der Diakonie Hessen

„Begrabe mich, wie es sich gehört."

Tobias 4,3

Herausforderungen

Dort, wo sich ein kultureller Wandel vollzieht, ist ein Resonanzboden in der Gesellschaft nötig. Angesichts der enormen Veränderungen in der Bestattungskultur gilt es, einen Diskurs über Veränderungen in Kirche und Diakonie zu führen und mit unseren Angeboten auf die Bedürfnisse der Menschen einzugehen. Gute Traditionen bleiben erhalten und neue werden, wo es sinnvoll ist, geschaffen. Dabei gibt es viele Herausforderungen, für die einige Impulse gegeben werden.

Kirche und Diakonie gestalten die Kultur des Bestattens, Gedenkens und Erinnerns in und mit der Gesellschaft.
Laut der fünften EKD-Untersuchung zur Kirchenmitgliedschaft ist die Beerdigung die bedeutendste kirchliche Handling innerhalb der Kasualien. Gleichzeitig lässt sich aber auch beobachten, dass längst nicht mehr alle evangelischen Christinnen und Christen kirchlich bestattet werden. Der Anteil der Menschen, die zu Lebzeiten der evangelischen Kirche angehörten, aber nicht kirchlich bestattet werden, liegt zurzeit bei annähernd 20 Prozent (Kristian Fechtner, Der Lebensraum der Toten, S. 47). Gleichwohl genießt die kirchlich-diakonische Bestattungspraxis in der Gesellschaft eine hohe Anerkennung und Wertschätzung. Kirche und Diakonie werden eine besondere theologische und fürsorgende Kompetenz im Umgang mit Sterben, Tod und Trauer zugetraut. Aus diesem gesellschaftlichen Zutrauen in Kirche und Diakonie, genauso wie aus unserem eigenen Auftrag, Kirche Jesu Christi zu sein, resultiert die Verantwortung, die stetig sich wandelnde Bestattungs-, Gedenk- und Erinnerungskultur aktiv zu begleiten, sie mit zu gestalten und, wo nötig, Missständen entgegenzuwirken.

Die Individualisierung von Trauerkulturen und die Pluralisierung ihrer Gestaltungsformen bedingen einen Wandel innerhalb von Kirche und Diakonie.
Die Bestattungskultur hat sich in den vergangenen zwanzig Jahren erheblich verändert. Der Mensch ist individueller, selbstbestimmter, mobiler und geht neue Lebensformen ein. Der Umgang mit Sterben und Tod, die Begleitung Sterbender und die Beziehung zwischen Lebenden und Toten sind bedeutsame Themen, die Menschen bewegen. Individuelle Vorstellungen zu Tod und Bestattung werden wichtiger. Und sie unterscheiden sich von den althergebrachten Bestattungsformen. Urnengräber, Baumgräber und Gemeinschaftsgräber haben die klassische Form der Erdbestattung in Reihen- und Familiengräbern weitgehend abgelöst. Trauer- und Gedenkfeiern sind oftmals geprägt von individuellen Vorstellungen zu den Texten, dem Ablauf und der Musik. „Die Kirchen haben das Monopol auf Sinnstiftung im Zusammenhang von Sterben und Tod verloren. Sie sind Teil einer plural gewordenen Bestattungskultur – aber sind sie auch Mitspieler in dem Sinn, dass sie die ihnen neu zugewachsene Rolle konstruktiv wahrnehmen?“ (Lutz Friedrichs, Bestattung, S. 14) Der kulturelle Wandel und die damit verbundenen Anliegen der Menschen bedingen, dass Kirche und Diakonie neue Angebote entwickeln. Welche Bestattungsformen können kirchlich auf welche Weise begleitet werden? Welche neuen liturgischen Formen sind nötig, um die Wünsche der Menschen zu berücksichtigen, ohne eine christliche Identität aufzugeben? Wie kann eine individuelle Erinnerungskultur der Menschen unterstützt werden?

Zukünftig wird es vermehrt darauf ankommen, dass sich Kirche und Diakonie auch im Bereich Bestattungskultur mit anderen lokalen gesellschaftlichen Institutionen und Akteuren vernetzen.
Wo Friedhöfe und Grabformen neu angelegt werden müssen, um den Bedürfnissen der Menschen gerecht zu werden, ist eine regelmäßige Zusammenarbeit zwischen Friedhofsverwaltungen, Kirchen, Kommunen, Einrichtungen und Bestattern hilfreich. In einer pluralistischen Gesellschaft werden gute Lösungen durch Kenntnis voneinander und durch eine vernetzte Vielfalt vor Ort gefunden. In diesen Netzwerken können auch Absprachen getroffen werden, damit unwürdige Bestattungen verhindert werden. Denn der gesellschaftliche Wandel hat teils eine „Entsorgungsmentalität" mit sich gebracht. Anonyme Bestattungen, der Transport sterblicher Überreste sowie Fließbandbeisetzungen ohne Schmuck und Ritual sind keine Seltenheit mehr. Ganz überwiegend geschehen sie aus Zeit- und Kostengründen und nicht etwa weil dies dem Willen des Verstorbenen entspricht. Oftmals ist sogar von „Armengräbern" die Rede. Reiner Sörries fordert folgerichtig: „Eine Gesellschaft, die mit und von der Verschiedenheit ihrer Mitbürgerinnen und Mitbürger lebt, muss sich der Aufgabe stellen, auch Diskriminierungen in der letzten Lebensphase, bei der Bestattung und der Trauer zu vermeiden." (Reiner Sörries, Ein letzter Gruß, S. 26) Kirche und Diakonie können dazu beitragen, dass hilfebedürftig verstorbene Menschen und ihre Angehörigen nicht diskriminiert werden. Finanzierbare Bestattungen und Erinnerungszeichen sind dafür nötig.

Beteiligung der Kirchenmitglieder, Bürgerinnen und Bürger bei der Gestaltung und Planung der Friedhofs- und Trauerkultur.
Werden ihre Anliegen gehört, so sind sie gerne und großzügig mit ehrenamtlichem Engagement bei der Sache. Friedhöfe, die gemeinsam gestaltet werden, tragen zur Identifikation mit der dörflichen oder christlichen Gemeinschaft und mit den Verstorbenen bei. Sie können zu Begegnungs- und Erinnerungsstätten werden. Die vernetzte Vielfalt der gesellschaftlichen Institutionen braucht Menschen, die sie unterstützen.

Diakonische und seelsorgliche Unterstützung in Einrichtungen.
Die meisten Menschen sterben in Krankenhäusern oder Pflegeeinrichtungen. Angehörige brauchen an diesen Orten und in dieser Situation unmittelbar Ansprechpartner, die ihnen rund um das Thema Bestattung Informationen geben und weitere Hilfe vermitteln können. Oftmals wünschen sich Hinterbliebene, die Abschied nehmen müssen, eine einfühlsame seelsorgliche Begleitung. Teilweise können dies die Einrichtungen selber leisten, sie brauchen aber auch personelle und zeitliche Unterstützung dabei. Der Staat ist gefragt, zunächst die gesetzlichen Rahmenbedingungen zu verbessern. Dann ist eine Vernetzung der Akteure im Sozialraum möglich.

Friedhof Neumünster | Auferstehungskapelle

Friedhof Neumünster | Abschied

„Die Liebe hört niemals auf.“
1. Korinther 13,8

„Begrabe mich, wie es sich gehört.“

Tobias 4,3

Hauptfriedhof Mainz | Sternengarten

NICOLAS
MICHEL
HANNAH
CLARA
ELISABETH
FREYA
MORITZ
2014
ANNA-MARIA
ROSALIA

„Wo du begraben liegst,
da will auch ich sein.“

Hamburg-Ohlsdorf | Paar-Anlage

Hauptfriedhof Karlsruhe | Trauerbegleiterin Barbara Kieferle-Stotz

„Du lebst weiter.“

Hamburg-Ohlsdorf | Memento II

Hamburg | Denkraum: Namen und Steine von der AIDS-Stiftung

BUCHBINDEREI BÜROBEDARF

„Niemand soll vergessen sein."

Südfriedhof Wiesbaden | Pflege von Sozialgräbern

Friedhof Neumünster | Grabstätte für ungeborene Kinder

Diakonische Perspektiven

Die ethischen, rechtlichen, ökonomischen und sozialen Aspekte rund um das Bestattungswesen sind so vielschichtig, dass sie hier nur bezogen auf bestimmte Personengruppen bzw. Bestattungsformen erläutert werden können. Menschen, die Angst vor einer unwürdigen Bestattung haben, rücken dabei in den Fokus. In den achtziger Jahren waren dies häufig Menschen, die an HIV/AIDS erkrankt waren und deshalb von ihren Familien ausgeschlossen wurden. Sie hatten Angst vor der anonymen Bestattung und halfen sich mit Gemeinschaftsgräbern, die von Gleichgesinnten gepflegt werden. Heute gibt es viele Menschen, die sich gezwungen sehen, eine anonyme Bestattung zu wählen, weil sich kein Familienmitglied um die Grabpflege kümmern kann. Oder weil sie zu wenig Geld haben. Kein Mensch sollte aus diakonischer Perspektive, weil er oder sie mittellos verstorben ist oder Angehörige nicht vorhanden sind, ein sogenanntes „Armenbegräbnis" erhalten. Die Bestattung von Menschen darf nicht einer Entsorgung gleichen. Gerade wenn zu wenig Geld vorhanden ist und kommunale Mittel notwendig werden, kann dies zu einem Problem werden.

Die rechtlichen und tatsächlichen Rahmenbedingungen, insbesondere in der Frage, welche Kosten bei Sozial- und Ordnungsamtsbestattungen übernommen werden, lassen den Kommunen einen Ermessensspielraum, der nicht immer zu einer würdigen Form der Bestattung führt. Allzu oft werden Menschen dadurch diskriminiert. „Die ökonomischen Aspekte lassen deutlich werden, dass die Kirchen nicht nur Mitspieler in der Trauerkultur sein [sollten], sondern auch zu Gegenspielern werden müssen, und zwar dort, wo die Würde des Menschen im Spiegel des Umgangs mit den Toten droht, verletzt zu werden." (Lutz Friedrichs, Bestattung, S. 18)

Für manche ist aber noch nicht einmal eine Bestattung vorgesehen, sie verschwinden lautlos. Ungeborene Kinder wurden und werden teilweise nicht bestattet, sondern in Kliniken entsorgt. Für Eltern und Angehörige ist es wichtig, dass ihre Kinder würdig bestattet werden und sie einen Erinnerungsort haben, damit sie mit ihrem Verlust leben können. Die gesetzlichen Regelungen bei der Bestattung ungeborenen Lebens sollten sich an den Bedürfnissen der verwaisten Eltern orientieren.

Menschen brauchen Unterstützung bei der Bewältigung der jeweiligen besonderen Situation, in der sie sich aufgrund des Verlustes eines Kindes, Nachbarn, Freundes oder Verwandten befinden. Informationen, Trauerfeiern, Erinnerungsorte und Menschen, die Betroffene begleiten, sind nötig.

Namen- und zeichenlose Bestattungen

Anonyme Bestattungen sind solche, bei denen kein Name oder Zeichen den Begräbnisort erkennen lassen. Schon 2004 lag ihr Anteil bei etwa 22 Prozent (Barbara Happe, Der Tod gehört mir, S. 105). Sie gelten allgemein als Armenbestattung, und tatsächlich sind es eher Menschen mit niedrigerem Einkommen, die so bestattet werden (Frank Thieme, Bestattung zwischen Wunsch und Wirklichkeit, S. 54). Anonym bestattet werden aber oft auch ältere Menschen, die Angst vor einem ungepflegten Grab hatten. Die ihren Angehörigen nicht zur Last fallen wollten oder die niemanden hatten, der diese Aufgabe hätte übernehmen können, sei es, weil sie allein waren oder weil Kinder und Enkelkinder an anderen Orten lebten. „Je stärker sich die demographische Entwicklung in Richtung Vergreisung verschiebt und je kräftiger die Individualisierung die Einpersonenhaushalte fördert, desto häufiger enden Menschen in der ‚anonymen Trinität des Alters': einsames Leben, sang- und klangloses Sterben und unkenntliches Grab" (EKD, Herausforderungen evangelischer Bestattungskultur, 2004, S. 11).

Aus theologischer Perspektive sind anonyme Bestattungen problematisch, weil die Identität eines Menschen mit seinem Namen verbunden ist. Menschen, die alle vor Gott einen Namen haben (Jes 43,1), gehen für die Gemeinschaft der Lebenden verloren, wenn sie namen- und zeichenlos bestattet werden. Mit dem Verlust eines Namens verschwindet auch die Lebensgeschichte, die dahinter steht. Nichts erinnert mehr an diesen einen Menschen. Der Name auf einem Grabstein oder einer Gedenktafel mit Geburts- und Sterbedatum ist ein unverzichtbarer Hinweis auf das Leben eines Menschen, das auf Erden zu seinem Ende gefunden hat.

Auch ist zu fragen, ob eine anonyme Bestattung nicht dem postmortalen Achtungsanspruch widerspricht. „[...] endet die in Artikel 1 Absatz 1 Grundgesetz (GG) aller staatlichen Gewalt auferlegte Verpflichtung, dem Einzelnen Schutz gegen Angriffe auf seine Menschenwürde zu gewähren, nicht mit dem Tode. Postmortalen Schutz [genießt] vielmehr der allgemeine Achtungsanspruch, der dem Menschen kraft seines Personseins zusteht [...]. Dies soll den Menschen über seinen Tod hinaus vor Erniedrigung, Brandmarkung, Verfolgung oder Ächtung bewahren. Es schützt ihn davor, in einer die Menschenwürde verletzenden Weise ausgegrenzt, verächtlich gemacht, verspottet oder in anderer Weise herabgewürdigt zu werden" (Bundesverfassungsgerichtsentscheidung (BVerfGE) 1 BvR 2202/13, Seite 11).

Der postmortale Achtungsanspruch steht der subjektiven Bestimmung des einzelnen Menschen offen. Sofern die anonyme Bestattung also auf den freien Willen des Verstorbenen zurückzuführen ist, dürfte keine Beeinträchtigung des postmortalen Achtungsanspruchs vorliegen (BVerfGE a.a.O., für einen anderen Anwendungsfall). Geschieht dies aber, ohne den – ausdrücklichen oder mutmaßlichen – Willen der Verstorbenen zu kennen, staatlicherseits aus rein finanziellen Aspekten, so könnte der Kerngehalt der Menschenwürde beeinträchtigt sein. Hinsichtlich des Zusammenhangs zwischen dem „freien" Willen und den Kostenaspekten ist auch Folgendes zu berücksichtigen: Anonyme Bestattungen aus Kostengründen können verhindert werden, wenn es preiswertere Alternativen gibt.

Das Sozialwissenschaftliche Institut der Evangelischen Kirche in Deutschland widmete sich 2008 der Frage, wie mit Verstorbenen würdig umgegangen werden kann (epd-Dokumentation Nr. 51 „Menschenwürde und Geldbeutel – Wirklichkeit und Möglichkeiten von Armenbestattungen" vom 2.12.2008). Der Autor befragte in einer norddeutschen Großstadt Behörden, Bestatterinnen, Friedhofsgärtner sowie Geistliche zur Bestattung mittelloser Menschen. Dabei stellte sich heraus, dass ein Zeichen für die Achtung der Würde des Verstorbenen ist, wie die Beisetzung gestaltet wird. Noch viel wichtiger war den Befragten aber, dass es eine „Kultur der Erinnerung", fokussiert auf die Namenskennzeichnung der Gräber, gibt. Es werden in der Dokumentation verschiedene konkrete Vorschläge zur Kostensenkung bei der namentlichen Kennzeichnung von Grabstätten gemacht. Dazu gehört, dass die Friedhöfe Flächen für Ordnungsamtsbestattungen zur Verfügung stellen. Sie sollten einen Einheitspreis für pflegeleichte Gräber mit namentlicher Kennzeichnung festsetzen. Die Mehrkosten für die Namensnennung sollten angemessen und doch günstig kalkuliert werden (epd- Dokumentation 51/2008, S. 17). In der genannten epd-Dokumentation wird auch vorgeschlagen, dass die Kirchengemeinden aus Spenden oder anderen Mitteln die Hälfte der Mehrkosten für eine namentliche Kennzeichnung übernehmen, wenn die Kommune die andere Hälfte übernimmt.

Die Stadt München hat folgende Lösung gefunden: Ein anonymes Grab ist für 450 Euro erhältlich, dagegen ein Urnen-Erdgrab schon für 375 Euro. Laut der Friedhofssatzung der Stadt München aus dem Jahr 2010 muss der Wunsch, anonym bestattet zu werden, schriftlich im Voraus verfügt werden. Seitdem hat sich die Zahl der anonymen Bestattungen halbiert (https://chrismon.evangelisch.de/friedhof). Den Willen des Verstorbenen zu berücksichtigen, in Kombination mit preiswerten Bestattungsalternativen, bereitet den Weg, menschenwürdige Bestattungen auch für mittellose Verstorbene zu ermöglichen.

Ein weiteres Problem von anonymen Bestattungen ist die damit verbundene Ortlosigkeit. Trauernde Angehörige brauchen konkrete Erinnerungsorte, identifizierbare Grabsteine. Das Pietätsgefühl der Hinterbliebenen sollte gewahrt werden. Allein der umgrenzte Bereich auf einem Friedhof hat für viele Menschen „eine zentrierende und darum heilende Bedeutung.

Die christlichen Kirchen standen auch deswegen den anonymen Bestattungen immer deutlich kritisch gegenüber“ (EKD, Herausforderungen evangelischer Bestattungskultur, S. 11). Oftmals liegen an bestimmten Stellen auf den Rasenflächen anonymer Gräber Blumen, Kerzen und andere Gegenstände, obwohl dies nicht erlaubt ist. Hieran zeigt sich, dass manche Angehörigen ein Bedürfnis haben, am Ort der Bestattung zeichenhaft der Toten zu gedenken, auch wenn es eine anonyme Bestattung gewesen ist. Wenn Menschen kein Grab haben, zu dem sie gehen können, kann dies unter Umständen auch ihre Trauer erschweren. Daher liegt es nahe, dass das würdige Totengedenken nach Artikel 2 Absatz 1 GG, gegebenenfalls in Verbindung mit der Glaubensfreiheit nach Artikel 4 GG, Schutz vor anonymen Bestattungen bietet.

Während früher in erster Linie das familiale Sozialsystem Menschen bei der Bewältigung ihrer Aufgaben getragen und begleitet hat, ist es heute auch das interessen- oder gruppenbezogene Sozialsystem, welches Angebote für gemeinschaftliche Bestattungsformen macht. So haben sich Mitte der 1990er Jahre erste Initiativen von AIDS-Erkrankten zusammengeschlossen, die einen würdigen Bestattungsort speziell für sich wollten. In Hamburg wurde 1995 Memento e. V. gegründet. Der Verein erwarb auf dem Parkfriedhof in Ohlsdorf eine historische Grabstätte und schuf ein erstes Gemeinschaftsgrab. Die von AIDS betroffenen Menschen konnten sich damit über den Tod hinaus einander solidarisch erweisen.

Meistens sind es selbst gestaltete Netzwerke von Bekanntschaften, Nachbarschafts- und Freundschaftsbeziehungen, die punktuell, situations- und themenspezifisch eingegangen werden – je nach Lebenslage (Ulrich Beck, Risikogesellschaft, S. 138). Solch ein Netzwerk ist auch die 1. Frauen Wohn- und Baugenossenschaft „Frauen Wohnen eG“ in München. Gegründet wurde sie vor etwa fünfzehn Jahren. Ihr Ziel war es, nachhaltigen, bezahlbaren und unkündbaren Wohnraum für Frauen zu schaffen. Das Wohnprojekt sollte eine Alternative zur anonymen Wohnsituation der Großstadt sein und den Bedürfnissen von Frauen gerecht werden. Inzwischen gibt es drei Wohnprojekte mit insgesamt 151 Wohnungen. Wohnen können dort alte und junge Frauen, Alleinlebende und Frauen mit Kindern, Frauen mit Männern oder Lebenspartnerinnen, Frauen aus allen Ländern, mit unterschiedlichen Berufen und verschiedenen Einkommen. Seit 2009 bietet die Wohn- und Baugenossenschaft ihren Mitfrauen auch die Möglichkeit an, sich auf dem Friedhof im Stadtteil in einem gemeinsamen Gräberfeld, mit dem Namen „Schiefe Kiefer“, begraben zu lassen. Dieses Angebot wurde von ihnen bewusst als Alternative zur anonymen Bestattung geschaffen, um den Frauen, die keine Angehörigen haben, die das Grab pflegen können bzw. wollen, einen würdigen Begräbnisort anbieten zu können (Reiner Sörries, Ein letzter Gruß, S. 33 f.).

Aus sorgenden Gemeinschaften können identitätsstiftende Bestattungsprojekte entstehen. Oftmals gehen sie mit einer Form der Exklusivität einher. Daher sind weitere kostengünstige Alternativen zur anonymen Bestattung nötig.

Ordnungsamtsbestattungen

„Josef Musekamp wurde 54 Jahre alt ... In Krankenhäusern wie Hilfeeinrichtungen hat er es nie lange ausgehalten. Joe zog es zurück auf die Straße, und dort ist er am Mittwoch gestorben. Die Mitarbeiter der Bahnhofsmission, wo er sich jeden Tag warmes Essen holte, bereiten nun seine Beerdigung vor. Sie suchen zudem nach Angehörigen, denn vielleicht gibt es für Joes Leichnam einen besseren Ort als ein Berliner Armengrab."

(Berliner Zeitung, Nummer 193 vom 19./20. August 2017)

Was die Zeitung ganz ungeschminkt ein „Armengrab" nennt, dabei handelt es sich um Ordnungsamtsbestattungen – Bestattungen von Menschen, die das Ordnungsamt veranlassen muss, weil keine Angehörigen auffindbar sind oder diese nicht bereit sind, die Bestattung zu veranlassen. Häufig handelt es sich bei den Toten um mittellos verstorbene Menschen ohne Angehörige. In vielen Kommunen ist es üblich, dass Ordnungsamtsbestattungen öffentlich ausgeschrieben werden. Die Vorgabe ist: Ganz einfach sollen sie sein. Das Bestattungsunternehmen mit dem niedrigsten Preis erhält dann den Zuschlag. Die Folge dieser Praxis ist: An allem wird gespart. In vielen Fällen gibt es nur eine Einäscherung und lediglich eine anonyme Beisetzung. Kein Name zeugt an dem Ort der Beisetzung von einem gelebten Leben. Es ist, als hätten diese Menschen nicht existiert. Manchmal werden die sterblichen Überreste über Monate bei einer Pietät aufbewahrt, weil das Ordnungsamt die Hoffnung hat, doch noch Angehörige zu finden, die die Kosten übernehmen. Oder bis genug Urnen für eine „Fließbandbeisetzung" vorhanden sind. Denn Sammelbestattungen sind günstiger. Es bleibt vielleicht noch genug Zeit, den Namen des verstorbenen Menschen dabei zu nennen, vielleicht auch nicht. Keine Kerze, kein Blumenschmuck, keine Trauerfeier, keine Predigt, kein religiöses oder anderes Ritual, kein Gesang, keine Sarg- oder Urnenträger, keine Möglichkeit, Abschied zu nehmen. Wozu auch, wenn doch keine Angehörigen da sind? Wenn der verstorbene Mensch es ohnehin nicht mitbekommt. Wenn niemand da ist, der sich darüber beschweren kann. Wer im Leben schon wenig hatte, braucht auch im Tode nicht mehr.

Unter dem Preisdiktat kommt es in einigen Kommunen sogar zu einer Art „Leichentourismus". Weil die Einäscherung in benachbarten Bundesländern oder gar in östlichen Nachbarländern preiswerter ist als in regionalen Krematorien, werden die Leichname dorthin gebracht und ihre Asche dort vergraben. Eine Verletzung des postmortalen Achtungsanspruchs, wie bei den anonymen Bestattungen ausgeführt, aber auch der über Artikel 1 Absatz 1 GG geschützten Totenruhe liegt nahe. Der mit dem Tode eintretende Schutz dürfte auch für weniger bemittelte Verstorbene beinhalten, dass sie in der Nähe ihres Lebensmittelpunktes beigesetzt werden und dort ihre Ruhe finden. Die Beisetzung an einem anderen Ort kann die Totenruhe zwar dann nicht verletzen, wenn mit ihr die Würde des Verstorbenen gewahrt und seinem mutmaßlichen Willen dadurch besser Rechnung getragen wird. Denn der Schutz der Totenruhe steht der subjektiven Bestimmung des Einzelnen offen (BVerfGE 1 BvR 2202/13, Seite 12). Das kann zum Beispiel der Fall sein, wenn der Verstorbene sich gewünscht hat, an einem anderen Ort beigesetzt zu werden, weil dort Kinder wohnen, die sich um das Grab kümmern und ihm dadurch nahe sind. Aber die Verstorbenen aus finanziellen Gründen über Bundesländer- oder Ländergrenzen hinweg zu verschicken, widerspricht den Grundsätzen der Totenruhe und der Menschenwürde. Bestattungsunternehmen, die einen Auftrag durch den niedrigsten Preis erhalten haben, müssen kostendeckend arbeiten. Aus diesen Gründen lassen sie sich auf den „Leichentourismus" ein und nicht, weil dies dem Willen des Verstorbenen entspricht. Kommunen, die Aufträge an Bestattungsunternehmen vergeben, dürften sich nicht nur an dem niedrigsten Preis orientieren, sondern müssen sicherstellen, dass keine Eingriffe in die Grundrechte des Einzelnen durch das in ihrem Auftrag handelnde Bestattungsunternehmen begangen werden.

In einer Stadt wie Berlin fallen die ungeheuren Gegensätze auf. Der Besuch von Friedhöfen und Grabstätten berühmter Persönlichkeiten hat nahezu Kultstatus erreicht. Die Literatur über Friedhöfe und die dort bestatteten bekannten Personen ist überbordend. Die Auskunft über ordnungsbehördliche Bestattungen ist im Internet dafür umso nüchterner: Nur 800 bis 1.500 Euro werden übernommen (https://service.berlin.de/dienstleistung/326077/standort/122207/). Für den Autor des eingangs wiedergegebenen Zeitungsartikels wird Josef Musekamp ordnungsbehördlich jedenfalls in einem „Armengrab" bestattet.

Hinter jedem Menschen steht eine individuelle Lebensgeschichte. Ordnungsamtsbestattungen kommen in jeder Gesellschaftsschicht vor. Es gibt viele Gründe, warum Menschen mittellos und ohne Angehörige sterben. Da ist die kinderlose, alleinstehende 90-jährige Witwe, der verschuldete Unternehmer, die aus Syrien geflüchtete alleinstehende Frau, der wohnungslose Mensch. Wir erfahren nicht, warum Josef Musekamp auf der Straße lebte, wie es dazu kam. Vielleicht hat er persönliche Schicksalsschläge nicht verkraftet, vielleicht wegen einer psychischen Erkrankung seine Frau, seinen Job und seine Wohnung verloren. Vielleicht hatte er auch nur eine andere Vorstellung vom Leben als viele andere. Wir wissen nichts über sein Leben. Ist das wichtig? Ist ein verstorbener Mensch mit Wohnung besser oder schlechter als ein Verstorbener ohne Wohnung? Warum wird der eine ohne Trauerfeier im anonymen Urnenrasenfeld vergraben und der andere im Sarg mit Kissen und Decke und einem Grabstein; warum haben manche Hinterbliebenen einen Erinnerungsort und andere nicht?

Wo mit Blick auf die Kosten eine anonyme Bestattung oder ein „Leichentourismus" durchgeführt wird, spart man auch zu Lasten der Hinterbliebenen. Denn selbst bei verstorbenen Menschen ohne Angehörige gibt es sonstige Hinterbliebene, seien es Nachbarn, Freunde oder die Mitbewohnerinnen einer Obdachloseneinrichtung. Oder Angehörige, die erst nach der Bestattung von dem Tod Kenntnis erlangt haben. Ihnen nimmt man die Möglichkeit, würdig Abschied zu nehmen und einen Erinnerungsort zu haben, an dem sie des Verstorbenen gedenken können.

Ungleiche Hilfen nach dem Tode

Aufgabe des Sozialstaates ist es, die aus der unterschiedlichen sozialen Herkunft resultierenden Lebensverhältnisse und Chancen seiner Bürger auszugleichen. Der mittellos und ohne Angehörige verstorbene Josef Musekamp ist auf eine Ordnungsamtsbestattung angewiesen. Und man stelle sich vor, er wird auf dem Friedhof ohne Ritual, ohne Schmuck oder ohne Namenskennzeichnung bestattet, so dass der Eindruck entsteht, es handele sich um ein „Armengrab“. Es drängt sich auf, dass der soziale Staat bei Josef Musekamp gescheitert ist. Weder im Leben noch im Tod gewährleistet er einen angemessenen Umgang mit dem Menschen. Weder bei Josef Musekamp noch bei anderen ordnungsbehördlich bestatteten Menschen. Denn dafür müssten die erforderlichen Kosten wie bei den Sozialbestattungen übernommen werden. Bei Verstorbenen, die Angehörige haben, unterstützt die Sozialhilfe mit der Übernahme der Kosten zum Beispiel für Blumenschmuck, die Ausstattung des Sarges und die erste einfache Grabherrichtung, wenn die Angehörigen sich die Bestattungskosten nicht leisten können. Dieser Mindeststandard müsste bundesweit auch bei den Ordnungsamtsbestattungen gelten, um eine würdige Bestattung sicherzustellen. Einzelne Städte wie zum Beispiel Mainz sind mit gutem Beispiel vorangegangen und haben Sozial- und Ordnungsamtsbestattungen gleichgestellt.

Neben der Verantwortung, die der Staat hat, ist aber auch zu überlegen, wie Kirche und Diakonie ihre Kompetenzen für eine würdige Bestattung aller Menschen einbringen können. Für Gott spielt es keine Rolle, was wir leisten und wer wir sind. Seine Liebe gilt allen Menschen gleichermaßen. Im Matthäusevangelium sagt Jesus: „Was ihr getan habt einem von diesen meinen geringsten Brüdern, das habt ihr mir getan.“ (Mt 25,40) In diesem Sinne kümmert sich die Bahnhofsmission auch nach seinem Tod um Josef Musekamp. Aber was ist mit den vielen anderen mittellos verstorbenen Menschen ohne Angehörige?

Kultur der Nächstenliebe

Für die christliche Gemeinschaft ist die Bestattung mittelloser Menschen seit dem frühen Christentum ein Werk der Barmherzigkeit. Sie wendet sich hin zum Menschen in Not und kümmert sich um ihn. Sie holt ihn in ihre Mitte, wenn er verstorben ist. Auf diese christliche Haltung sind heute zunehmend mehr verstorbene Menschen angewiesen, auch konfessionslose Menschen. Hier gilt es, ausgehend von der Idee, sich als eine sorgende Gemeinschaft zu verstehen, zukünftig die regionale Vernetzung von diakonischen Einrichtungen und Kirchengemeinden mit den Kommunen und Bestattungsunternehmen weiter auszubauen.

Viele diakonische Einrichtungen und Dienste leben diese Kultur bereits. Hinterbliebene finden in den Einrichtungen einen öffentlichen Erinnerungsort, einen Ort zum Trauern. In der Gemeinschaft der Mitarbeitenden, der anderen Bewohnerinnen, Klienten und Patientinnen sowie der Hinterbliebenen wird ihrer in würdiger Form gedacht. Unabhängig davon, ob sie mittellos waren oder nicht. Auch wenn sie keine Angehörigen hatten.

Es gibt aber auch Menschen, die zu Hause oder an Orten sterben, an denen es keine sich kümmernde Gemeinschaft gibt. Pfarrerinnen und Pfarrer geben für ihre verstorbenen Gemeindemitglieder ihr Bestes, um würdige Bestattungen durchzuführen. Doch nicht immer erfahren sie vom Tod ihrer Gemeindemitglieder, wenn diese mittellos und ohne Angehörige sind. Eine Zusammenarbeit zwischen Kommune, Bestattungsunternehmen, Kirchengemeinden und diakonischen Einrichtungen und Diensten kann Informationen zwischen den Beteiligten über

Todesfälle ermöglichen. Für eine würdige Gestaltung der Ordnungsamtsbestattungen von Menschen anderen Glaubens oder ohne Konfession braucht es aber andere Trauer- und Erinnerungsfeiern als einen Gottesdienst. Die kirchlich-diakonische Gemeinschaft kann hier mit Kreativität und Engagement ein Zeichen der Nächstenliebe setzen.

Denkbar wäre ein Bestattungsdiakonat, wie Hans-Martin Gutmann es vorschlägt (Mit den Toten leben, S. 69). Dieses könnte über die hauptamtlichen Mitarbeitenden in Gemeinden und diakonischen Einrichtungen und Diensten hinaus die Kompetenzen bündeln und zusammenführen. Gemeinsam könnten dadurch Konzepte für würdige Ordnungsamtsbestattungen für Menschen mit und ohne Konfession erarbeitet und umgesetzt werden.

Auch mit Hilfe einer zu gründenden Stiftung könnten mehr mittellos verstorbene Menschen unterstützt werden. Die Stiftung könnte passend gestaltete Gemeinschaftsgräber finanzieren, in denen Menschen unabhängig von ihrer Herkunft oder ihrem Lebensstandard bestattet werden. Oder sie unterstützt Friedhofsverwaltungen, die sich in besonderem Maße für angemessene ordnungsbehördliche Bestattungen einsetzen.

Ausblick

In Deutschland gibt es viele Menschen, die sich für würdige Ordnungsamtsbestattungen einsetzen. Leider werden aber weiterhin Menschen, die in Armut gelebt haben und keine Angehörigen haben, unter einfachsten Bedingungen bestattet. Denn bei Ordnungsamtsbestattungen braucht bisher der Standard von Sozialamtsbestattungen, bei denen die erforderlichen Kosten für eine würdige Bestattung übernommen werden, nicht eingehalten zu werden. Die jeweiligen Leistungen bei einer ordnungsbehördlichen Bestattung werden von der Kommune über Vergabeverfahren festgelegt, es gibt keine verabredeten Mindeststandards. Das preiswerteste Angebot zählt. Ob dies auch mit dem postmortalen Schutz der Menschenwürde nach Artikel 1 Absatz 1 Satz 1 GG vereinbar ist, erscheint sehr zweifelhaft. Bei anonymen Bestattungen und dem „Leichentourismus" könnte auch das Recht der Hinterbliebenen auf Totengedenken als Teil des allgemeinen Persönlichkeitsrechts nach Artikel 2 Absatz 1 GG und der Schutz vor Störungen der Totenruhe nach Artikel 1 Absatz 1 GG verletzt sein.

Sozialbestattungen

Finanzierung durch Sozialhilfe

Der 7. Altenbericht der Bundesregierung von 2016 konstatiert, dass viele ältere Menschen heute besser ausgebildet, gesünder und materiell stärker abgesichert sind als in früheren Generationen. Gleichzeitig macht er auf die soziale Ungleichheit verschiedener Gruppen älterer Menschen aufmerksam. Vor allem Frauen im höheren Lebensalter und Migranten sind deutlich von sozialer Ungleichheit betroffen (7. Altenbericht, S. 27 ff.).

Die sozialen Ungleichheiten in der Bevölkerung spiegeln sich auch im Vergleich der Kommunen untereinander wider. Ihre Handlungsspielräume werden in erheblichem Maße von den verfügbaren Mitteln bestimmt. Viele befinden sich in einer angespannten Haushaltslage, die durch die Auswirkungen des sozialen und demographischen Wandels noch verstärkt wird (7. Altenbericht, S. 21 ff.). Diese soziale Ungleichheit macht auch vor dem Tod nicht halt. Manche Menschen finanzieren für sich und ihre Angehörigen aufwändigste individuelle Bestattungen, quasi als Event. Andere Verstorbene werden nach Polen zur Einäscherung gebracht, weil es dort am ist. Oder sie werden anschließend für 50 Euro im Aschebehälter vom vormaligen Fischkutter ins Meer gekippt. Billiger geht es nicht mehr. Und die Zahl derjenigen, die nicht genügend Geld für die eigene Bestattung oder die ihrer Angehörigen haben, nimmt vor allem in den Städten zu. Seit dem Wegfall des Sterbegeldes der Krankenkassen im Jahr 2004 können viele die Bestattungskosten nicht übernehmen.

Während die kommunalen Ausgaben für Bestattungskosten für Sozialhilfeempfänger in Deutschland im Jahr 2010 noch 57,1 Millionen Euro betrugen, lagen diese im Jahr 2015 schon bei 61,7 Millionen Euro (Statistisches Bundesamt, 2016). Das sind 8 Prozent mehr innerhalb von fünf Jahren. Von einer „Sozialbestattung" spricht man, wenn demjenigen, der zur Übernahme der Bestattungskosten verpflichtet ist, die Tragung aus finanziellen oder persönlichen Gründen nicht zumutbar ist und deshalb der Sozialhilfeträger die Kosten übernimmt. Die Übernahme der Bestattungskosten ist in § 74 Sozialgesetzbuch XII (SGB XII) geregelt. Dort heißt es: „Die erforderlichen Kosten einer Bestattung werden übernommen, soweit den hierzu Verpflichteten nicht zugemutet werden kann, diese Kosten zu tragen."

Wer kann einen Antrag stellen?

Der Anspruch nach § 74 Sozialgesetzbuch 12 (SGB XII) ist eine der „Hilfen in anderen Lebenslagen", die mit den „Hilfen zum Lebensunterhalt" für Sozialhilfeempfänger nicht gleichzusetzen ist. Es ist ein eigenständiger Anspruch, den Empfänger von Leistungen der Grundsicherung und der Hilfe zum Lebensunterhalt nach dem SGB XII wie auch Leistungsempfänger von Hilfen nach dem SGB II (auch Hartz IV genannt) geltend machen können. Aber auch Menschen, die bisher keine derartigen Hilfen erhalten, können im Einzelfall anspruchsberechtigt sein, wenn sie aufgrund der Bestattung hilfebedürftig werden oder sie persönliche Gründe haben, aus denen ihnen die Kostentragung nicht zumutbar ist. Anerkannt ist auch, dass juristische Personen die Hilfe geltend machen können (Bundesverwaltungsgericht (BVerwG) 5 C 2.03, Urteil vom 29.1.2004).

Was muss beim Antragsverfahren beachtet werden?

Nicht immer kann der Antrag beim Sozialhilfeträger gestellt werden, bevor die Bestattung veranlasst wird. Wenn möglich, sollte der Bestattungspflichtige sich vom Sozialhilfeträger beraten lassen, welche Kosten übernommen werden. Bei unerwartet auftretenden Todesfällen, abends oder an Wochenenden fehlt die Zeit dafür. Daher sollte der Bestatter unbedingt über fehlende finanzielle Mittel informiert werden.

So schnell wie möglich nach der Beauftragung des Bestatters sollte ein schriftlicher Antrag beim Sozialhilfeträger gestellt werden. Die Unterlagen über die Kosten der Bestattung sowie Einkommens- und Vermögensnachweise müssen eingereicht werden. Es besteht eine Mitwirkungspflicht der antragstellenden Personen nach §§ 60 ff. SGB I.

Welches sind die Voraussetzungen für die Übernahme der erforderlichen Kosten?

1. Bestattungs- und Kostentragungspflicht

Derjenige, der rechtlich verpflichtet ist, die Bestattung zu beauftragen und die Kosten zu tragen, kann seine Kosten (ggf. anteilig) vom Sozialhilfeträger erstattet bekommen. Für nahe Angehörige des Verstorbenen kann sich die Pflicht zur Bestattung grundsätzlich aus verschiedenen Rechtsgründen ergeben. Eine privatrechtliche Verpflichtung kann sich aus der Erbschaft, der Unterhaltspflicht oder einem Vertrag ergeben.

Der Erbe hat die Kosten der Beerdigung zu übernehmen (§ 1968 Bürgerliches Gesetzbuch (BGB)). Schlägt der Erbe die Erbschaft aus, so muss er die Beerdigungskosten als Erbe nicht übernehmen. Gleichwohl kann er immer noch aus anderen rechtlichen Gründen zur Übernahme der Kosten verpflichtet sein. Soweit der Erbe nicht vorrangig eintritt, muss der dem Verstorbenen gegenüber zum Unterhalt Verpflichtete die Bestattungskosten tragen (§ 1615 Absatz 2 BGB). Dafür muss tatsächlich bis zum Todeszeitpunkt ein Unterhaltsanspruch bestanden haben. Zum Unterhalt sind Ehegatten und eingetragene Lebenspartner, auch wenn sie getrennt leben, gegenseitig verpflichtet. Danach die Kinder und Eltern. Geschwister und Verschwägerte gehören nicht zu den Unterhaltsverpflichteten. Auch kann jemand aufgrund eines Vertrages mit dem Verstorbenen die Bestattung und Kostentragung übernommen haben.

Die Bestattungspflicht ergibt sich auch aus den jeweiligen Länderbestattungsgesetzen. Die Bestattungspflichtigen und eine Rangfolge untereinander sind darin nicht einheitlich geregelt. Häufig sind es die Ehegatten, Lebenspartner, Kinder und Verwandten in auf- und absteigender Linie sowie die Geschwister. In Rheinland-Pfalz sind vorrangig die Erben verpflichtet (§ 9 Absatz 1 Bestattungsgesetz Rheinland-Pfalz (BestG)).

In Hessen gilt die Besonderheit, dass die Leitung der Einrichtung, in der der Tod eingetreten ist, nachrangig verpflichtet ist. Dies ist der Fall, wenn sich der Verstorbene zum Zeitpunkt des Todes in einem Krankenhaus, einer Pflegeeinrichtung, einer Sammelunterkunft oder einer sonstigen

Einrichtung befand und Angehörige innerhalb der für die Bestattung bestimmten Zeit nicht aufzufinden sind (§ 13 Absatz 3 Hessisches Friedhofs- und Bestattungsgesetz (FBG)).

Aus der folgenden Übersicht ergeben sich die Bestattungspflichtigen in Hessen, Rheinland-Pfalz und Thüringen:

Hessen **§ 13 FBG**	**Rheinland-Pfalz** **§ 9 BestG**	**Thüringen** **§ 18 ThürBestG**
	vorrangig der Erbe	
Ehegatte oder Lebenspartner, Kinder, Eltern, Großeltern, Enkel, Geschwister, Adoptiv-eltern und -kinder	Ehegatte oder Lebenspartner Kinder, Eltern, sonstige Sorgeberechtigte, Geschwister, Großeltern, Enkelkinder	Ehegatte, Partner einer eingetragenen Lebenspartner-schaft, Kinder, Eltern, Ge-schwister, Enkelkinder, Großeltern, Partner einer auf Dauer angelegten nichteheli-chen Lebensgemeinschaft
Krankenhaus, Heim, Sammel-unterkunft, Pflege- oder Gefangenenanstalt oder eine ähnliche Einrichtung, wenn die oben genannten Angehö-rigen nicht auffindbar sind		
örtlich zuständiger Gemein-devorstand	Verantwortliche nach dem Polizei- und Ordnungsgesetz	zuständige Ordnungsbehörde des Auffindungsortes

Wer nicht zur Bestattung verpflichtet ist, sondern nur aus moralischen oder sittlichen Beweggründen handelt, hat keinen Anspruch gegen das Sozialamt. Dies kann zum Beispiel ein Nachbar sein, der die Bestattung veranlasst, weil sich niemand anderes findet.

Ist ein Bestattungspflichtiger nicht vorhanden, nicht erreichbar oder kommt er innerhalb der gesetzlichen Bestattungsfristen der jeweiligen Ländergesetze seiner Pflicht nicht nach, so muss die zuständige Ordnungsbehörde für die Bestattung sorgen. Man spricht dann von einer Ordnungsamtsbestattung. Findet sich später ein Bestattungspflichtiger, kann die Ordnungsbehörde die Kosten von ihm erstattet verlangen.

2. Unzumutbarkeit der Kostentragung

Kann jemandem aus finanziellen oder persönlichen Gründen nicht zugemutet werden, die Kosten zu tragen, so übernimmt die Sozialhilfe die erforderlichen Kosten der Bestattung. Es kommt also auf den Einzelfall an. Dennoch können einige allgemeine Hinweise gegeben werden.

Finanzielle Unzumutbarkeit liegt vor, wenn jemand nicht genügend Einkommen oder Vermögen hat. Gibt es neben der Person, die die Bestattung beauftragt hat, weitere Bestattungspflichtige, zum Beispiel Erben, Unterhaltspflichtige oder Geschwister, so muss vorrangig versucht werden, diese in Anspruch zu nehmen.

Auch wenn genügend Einkommen oder Vermögen vorhanden ist, kann die Kostentragung aus persönlichen Gründen unzumutbar sein. Hierbei handelt es sich aber um seltene Einzelfälle, in denen der Verstorbene gegenüber dem Verpflichteten ein besonders schweres Fehlverhalten an den Tag gelegt hat. Dies kann etwa bei Misshandlung des Kindes gegeben sein, die zum Entzug des Personensorgerechts führte. In der Rechtsprechung ist des Weiteren ein schweres Fehlverhalten angenommen worden, weil der Verstorbene seine Ehefrau derart misshandelt hatte, dass sie lebensgefährlich verletzt wurde.

Auch Krankenhäuser, Pflegeeinrichtungen und sonstige Einrichtungen können einen Anspruch auf Kostenerstattung haben, wenn ihnen die Kostentragung nicht zumutbar ist. Nach Auffassung des Bundesverwaltungsgerichts (BVerwG a.a.O.) ist es Krankenhäusern nicht zumutbar, die Kosten der Bestattung ihrer Patienten zu tragen, weil das Recht der Krankenhausfinanzierung eine Refinanzierung hierfür nicht vorsieht.

Ob dies gleichermaßen für andere Einrichtungen gilt, hängt von der jeweiligen Finanzierung ab, die sich unter anderem nach den Sozialgesetzbüchern richtet.

In Pflegeeinrichtungen endet die Zahlungspflicht der Bewohnerinnen und der Kostenträger mit dem Tod. Kostenträger sind die Pflegekassen und Sozialhilfeträger. Eine Vereinbarung, ein Entgelt zu zahlen, das sich auf die Zeit nach dem Tod bezieht, ist sogar nichtig (§ 87a Absatz 1 Sätze 2 und 4 SGB XI).

Die Leistungen und Entgelte für pflegebedürftige Menschen in Einrichtungen ergeben sich aus den Vereinbarungen zwischen den Kostenträgern und den Leistungserbringern. Die Verträge zwischen Pflegeeinrichtung und Bewohnern müssen diesen Vereinbarungen entsprechen, ansonsten sind sie unwirksam (§ 15 Absatz 1 Wohn- und Betreuungsvertragsgesetz (WBVG)).

Dazu werden in den Bundesländern Rahmenverträge (§ 75 SGB XI) geschlossen, auf deren Grundlage die Pflegeeinrichtungen und Pflegekassen ihre Pflegesätze vereinbaren. In den Landesrahmenverträgen werden die gesetzlichen Leistungen der Pflegeversicherung beschrieben. Dies sind unter anderem Pflege- und Betreuungsleistungen sowie Unterkunft und Verpflegung. Bestattungskosten gehören nicht zu den im Gesetz genannten Leistungen der Pflegeversicherung. Sie können daher nicht mit den Pflegekassen oder Bewohnerinnen vereinbart werden. Dies gilt auch für die Vereinbarungen mit den Sozialhilfeträgern. Auch das Leistungsrecht für andere Einrichtungen sieht die Finanzierung der Bestattungskosten nicht vor.

Welche Bestattungskosten werden übernommen?

Nach dem Urteil des Bundessozialgerichts vom 25.8.2011 (B 8 SO 20/10 R) erfasst § 74 SGB XII nur die Kosten, die unmittelbar der Bestattung (unter Einschluss der ersten Grabherrichtung) dienen bzw. mit der Durchführung der Bestattung untrennbar verbunden sind. Dazu zählen nicht solche Maßnahmen, die nur anlässlich des Todes entstehen, also nicht auf die Bestattung selbst ausgerichtet sind (etwa Todesanzeigen, Danksagungen, Leichenschmaus, Anreisekosten, Bekleidung). Es sind also die Kosten umfasst, die unerlässlich ein Teil der Bestattung sind, weil sie notwendigerweise aufgrund von öffentlich-rechtlichen Vorschriften entstehen. Sie müssen aus Maßnahmen vor oder bis zum Ende des Bestattungsvorgangs resultieren. In Fortführung dieser Rechtsprechung hat das Bundessozialgericht 2016 (Beschluss vom 24.2.2016, B 8 SO 103/15 B) entschieden, dass Grabpflegekosten während der Ruhezeit nicht erstattungsfähig sind.

Darüber hinaus ist die Religionsfreiheit nach Artikel 4 Grundgesetz zu beachten. In verschiedenen Religionen gibt es besondere Vorgaben und Bräuche für Bestattungen. Dazu gehören zum Beispiel die rituelle Waschung des Leichnams und der Erwerb eines zeitlich unbegrenzten und nach Mekka ausgerichteten Grabes für Muslime.

Der Begriff der „erforderlichen Kosten“ ist ein unbestimmter Rechtsbegriff, der von den Gerichten umfassend überprüfbar ist. Angesichts des unterschiedlichen Umgangs der Sozialhilfeträger mit der (Nicht-)Gewährung einzelner Bestattungsleistungen und der Individualität des Anspruchs gibt es eine Vielzahl von – divergierenden – Entscheidungen der Gerichte. Die folgende Aufzählung ist nicht abschließend und ersetzt nicht eine rechtliche Prüfung im Einzelfall.

Erstattungsfähige Kosten:

- Leichenschau und Totenschein
- Leichenbeförderung am Sterbeort
- Trauerhalle (Nutzung, Aufstellung des geschlossenen Sarges, angemessene Dekoration)
- Waschen, hygienische Versorgung, Einkleiden und Einsargen des Leichnams
- Sarg bzw. Urne
- Sargkissen und Sargdecke bzw. Aschekapsel und Über-Urne
- Erwerb bzw. Nutzung einer Grabstelle
- Durchführung der Erdbestattung oder der Einäscherung
- Erste einfache Grabherrichtung und -bepflanzung
- Öffentlich-rechtliche Grab- und Friedhofsgebühren, die bis zum Ende des Bestattungsvorgangs entstehen
- Aufwendungen für religiöse Bräuche und Rituale

Nicht erstattungsfähige Kosten sind:

- Bergung, gerichtlich angeordnete Beschlagnahmung, Exhumierung und Obduktion einer Leiche
- Trauerkleidung für Angehörige
- Reisekosten für Trauergesellschaft, Geistliche oder Trauerredner
- Todesanzeigen
- Bewirtung der Trauergäste („Leichenschmaus“)
- Kondolenzmappe
- Schmuckurne
- Danksagungen
- Grabpflege
- Verlängerung eines bestehenden Grabnutzungsrechts

Auch wenn die Abgrenzung zwischen unmittelbar in Zusammenhang mit der Bestattung stehenden Kosten einerseits und sonstigen Kosten andererseits nachvollziehbar ist, bestehen doch Bedenken, ob damit eine würdige Bestattung und das Recht der Hinterbliebenen, der Toten zu gedenken, sichergestellt ist.

Grabstein oder Holzkreuz mit Namenskennzeichnung?

So ist umstritten, ob ein einfacher Grabstein zur ersten Grabherrichtung gehört oder ob ein Holzkreuz ausreicht. Auf manchen Friedhöfen sieht man Holzkreuze, die auf dem Grab umgefallen sind oder irgendwo auf dem Friedhof liegen. Die Kreuze werden nicht wieder ersetzt, denn nach Teilen der Rechtsprechung reicht ja ein erstes Kreuz. Trauernde Angehörige und Freunde finden das Grab nicht mehr. Die Hinterbliebenen können ihres Verstorbenen nicht mehr am Grab gedenken, obwohl dies ein Grundrecht ist. Die Gräber wirken verwahrlost und sind deutlich mittellosen Menschen zuzuordnen.

Ob sich alle mittellos Verstorbenen in Ausübung ihrer Glaubensfreiheit ein Kreuz gewünscht haben, darf bezweifelt werden. Kreuze als Symbol des christlichen Glaubens dürfen nur bei den Personen verwendet werden, die einen entsprechenden Willen zu Lebzeiten geäußert haben.

Verwahrlost wirken auch Gräber ohne Pflege, die sich besonders schlimm auswirkt, wenn schon der Grabstein oder das Kreuz fehlen oder auch eine Grabeinfassung fehlt. Unkraut und Laub sammeln sich, Pflanzen oder Blumen fehlen, der Name ist nicht mehr erkennbar. Der Anschein eines „Armenbegräbnisses“ sollte bei den Sozialbestattungen eigentlich vermieden werden, entsteht aber unweigerlich. Auch aus anderen Gründen ist die Nichterstattung der Grabpflegekosten zu hinterfragen. Die Grabpflegepflicht entsteht mit dem Erwerb des Grabnutzungsrechts. Dies hängt unmittelbar mit der Bestattung zusammen. In vielen Friedhofssatzungen wird daher mit dem Erwerb oder der Nutzung der Grabstelle auch die Verpflichtung zu einer würdigen Grabpflege verbunden. Dies sind Gründe, die für eine öffentliche Übernahme der Grabpflegekosten bei Sozialbestattungen sprechen. Manchmal ist auch gar kein gesonderter Preis für die

Grabpflege ausgewiesen, sie ist beim Erwerb der Grabstelle bzw. des Nutzungsrechts der Grabstelle automatisch enthalten. Dies gilt vor allem bei den häufig gewählten pflegeleichten Grabformen, wie zum Beispiel Baum-gräber, Rasengräber mit eingelassener Steinplatte oder Gemeinschaftsgräber. Hier wird die Grabpflege für alle – und nicht gesondert für Einzelne – erbracht. Dadurch werden Nutzungsrecht und Grabpflege insgesamt preiswerter. Eine finanzielle Trennung findet nicht mehr statt.

Wer um einen Verstorbenen trauern möchte, muss dessen Grabstelle auffinden können. Daher ist bei der Grabherrichtung ein mit Namen gekennzeichneter Grabstein oder eine Grabplatte aus einem Material zu verwenden, das eine dauerhafte Erkennbarkeit während der üblichen Ruhezeit möglich macht. Ein Holzkreuz reicht nicht aus. Grabstein und Grabpflege gehören zum Standard einer würdigen Sozialbestattung. Werden pflegeleichte Grabstätten auf Friedhöfen geschaffen, kann der finanzielle Faktor in den Hintergrund treten.

Welche Pflichten haben die Sozialhilfeträger?

Die Leistungen der Sozialhilfe richten sich nach den Besonderheiten des Einzelfalls, unter anderem nach dem Bedarf und den örtlichen Verhältnissen (§ 9 Absatz 1 SGB XII). Daher ist es nicht zulässig, die erstattungsfähigen Kosten pauschal festzulegen, vielmehr muss berücksichtigt werden, was im Einzelfall erforderlich ist.

Die Bestattungsart (Erdbestattung oder Einäscherung) und der Bestattungsort richten sich nach dem (mutmaßlichen) Willen des Verstorbenen, der ermittelt und beachtet werden muss. Dies folgt aus dem postmortalen Persönlichkeitsrecht, das zur Menschenwürde des Verstorbenen gehört (Artikel 1 Absatz 1 GG). Niemand darf gegen seinen Willen zu einer anonymen Bestattung gezwungen werden. Die Wünsche müssen aber angemessen sein. Die Sozialhilfeträger haben die Aufgabe, die leistungsberechtigten Menschen zu beraten und zu unterstützen (§ 11 SGB XII).

Gute Praxis

Manchmal kommt es zu Problemen, weil Hinterbliebene nicht wissen, wie sie sich im Falle einer Bestattung verhalten sollen und wen sie um Hilfe fragen können. Es kommt auch vor, dass Hinterbliebene oder die Wohnungsloseneinrichtung, in der der verstorbene Mensch einmal gelebt hat, erst nach der Bestattung Kenntnis vom Tod erlangen. Manchmal fand sogar eine anonyme Beisetzung statt, sodass die Hinterbliebenen oder Freunde aus der Einrichtung keinen Ort zur Trauer haben.

An einigen Orten arbeiten Kommunen, Kirchen und Diakonie mit dem Ziel der würdevollen Bestattung und des würdevollen Umgangs mit den betroffenen Menschen zusammen. Ein Beispiel dafür ist der im Odenwaldkreis gegründete Runde Tisch mit Verantwortlichen aus der Politik, dem Ordnungsamt, dem Landratsamt, dem Dekanat, der Friedhofsverwaltung, Bestattungsunternehmen und dem regionalen Diakonischen Werk. Herausgekommen sind ein

Merkblatt, das Betroffenen in Michelstadt in einfachen Worten erste Informationen darüber gibt, was bei Sozialbestattungen zu beachten ist und wie die namentlich benannten Ansprechpartner zu erreichen sind. Außerdem wurde das Antragsformular nach § 74 SGB XII zum besseren Verständnis mit Hinweisen versehen.

Der Einsatz für die Rechte und die Würde jedes Einzelnen endet für Kirchengemeinden und diakonische Einrichtungen und Dienste nicht mit dem Versterben. Manchmal beginnt er sogar erst danach. Ihre Aufgabe ist es, sich auch für die würdige Bestattung der Verstorbenen einzusetzen. Dazu ist es wichtig, in regelmäßigem Austausch mit den Sozial- und Ordnungsbehörden und Bestattern zu stehen, um die Zusammenarbeit zu fördern. Oftmals kennen die Mitarbeitenden in regionalen Diakonischen Werken, in Pflegeeinrichtungen oder die Seelsorger in Kirchengemeinden oder Fachberatungen der Kirche die Wünsche und Vorstellungen der mittellos Verstorbenen zu ihrer Bestattung, unabhängig davon, ob sie Mitglied einer Kirche sind oder nicht. Die zuständigen Behörden müssen wissen, dass in den Kirchengemeinden und diakonischen Einrichtungen ein ernsthaftes Interesse an einer frühzeitigen Information über den Tod eines Menschen, der zum Beispiel in einer Wohnungsloseneinrichtung gelebt hat, besteht. Oftmals können in Zusammenarbeit auch für mittellose Menschen Wege gefunden werden, ihre Wünsche und Vorstellungen bei der Bestattung zu berücksichtigen, die über die Möglichkeiten einer Sozial- oder Ordnungsamtsbestattung hinausgehen.

Bestattung ungeborener und kurz nach der Geburt verstorbener Kinder

Der Traum von einem verheißungsvollen Leben,
zart riechender Babyhaut,
dem ersten Lächeln, Laufen und Hinfallen,
bis hin zur Schule, der Pubertät, der ersten Liebe,
ausgeträumt, himmelschreiendes Leid,
ein Kind zu verlieren, unfassbar,
wie weiter leben?

(Barbara Heuerding)

Jedes Jahr werden in Deutschland rund 2.500 Kinder, die über 500 Gramm wiegen, tot geboren. Weitere 1.500 Kinder sterben mit weniger als 500 Gramm; es werden allerdings nicht alle Fehlgeburten statistisch erfasst. Mediziner schätzen, dass zwischen zehn und zwanzig Prozent aller Frauen mindestens eine Fehl- oder Frühgeburt erleiden.

Die Elternschaft ist ein besonderes Ereignis, auf das sich viele Frauen und Männer freuen. Eine Frau verspürt vom Beginn der Schwangerschaft an die Veränderung in ihrem Körper. Werdende Eltern bereiten sich auf die Geburt vor, suchen passende Vornamen aus, kaufen Kinderbettchen und Kleidung. Für Eltern ist ihr während der Schwangerschaft verstorbenes Kind deshalb genauso ein Kind wie eines, das geboren wird und weiterlebt.

Aber je früher ein Kind in der Schwangerschaft verstirbt, desto weniger wird die Trauer der betroffenen Eltern von anderen wahrgenommen. Dem Tod eines ungeborenen oder gerade erst geborenen Kindes wird weniger Beachtung geschenkt als dem Tod eines Kindes, das man selber schon erlebt hat. Manche Menschen können oder wollen nicht nachempfinden, dass verwaiste Eltern um ihr „Sternenkind" trauern. Lange Zeit gab es die Erwartung, dass die Eltern den Verlust der Sternenkinder verschweigen und verdrängen. Einfach weitermachen, als sei nichts geschehen, und noch mal versuchen, ein Kind zu bekommen.

Betroffene Eltern fühlten sich mit dem Verlust ihres Kindes von ihrem persönlichen und gesellschaftlichen Umfeld in der Vergangenheit oft alleingelassen. Zwar hat sich einiges zum Besseren gewandelt, aber weitere Veränderungen sind notwendig.

Der Tod des Kindes trifft die Eltern meistens unvorbereitet. Verwaiste Eltern leiden sehr darunter, wenn sie nicht ausreichend Zeit für den Abschied von ihrem Sternenkind haben und ihre individuellen Bedürfnisse nicht ernst genommen werden. Damit sie den Verlust überhaupt begreifen können, ist es für viele Eltern wichtig, ihr Kind zu sehen und es im Arm zu halten. Separate Räume und Personal, das sich um sie kümmert, sind nötig.

Die Eltern brauchen darüber hinaus Dinge und Orte, die helfen, auch später die Erinnerung zum Beispiel mit Geschwisterkindern teilen zu können. Manchmal bekommen die Eltern ihr Kind nicht gezeigt, auch wenn es schon so weit entwickelt ist, dass man Arme, Hände, Füße und den Kopf gut erkennen kann. Was Eltern in dieser Situation benötigen, ist sicher individuell verschieden. Manchen Eltern hilft es, wenn ihnen der körperliche Zustand ihres Sternenkindes erklärt wird. Sie können dadurch verstehen, warum ihr Kind verstorben ist. Die Ungewissheit, welche Erkrankung die Früh- oder Fehlgeburt ausgelöst hat, verfolgt sie ansonsten noch Jahre später. Andere Eltern wollen das Kind nicht sehen, finden es aber tröstlich, wenn Hebamme oder Ärztin erzählen, wie es ausgesehen hat. Andere Eltern wiederum suchen das Gespräch oder wünschen die Segnung durch einen Geistlichen. Für alle verwaisten Eltern ist es wichtig, dass sich die Fachkräfte ausreichend Zeit nehmen, auf ihre Bedürfnisse einzugehen, und diese ernst nehmen. Im Klinikalltag kann das eine Herausforderung darstellen. Aber mit etwas Kreativität und Einfühlungsvermögen können auch dafür Lösungen gefunden werden.

Auch leiden verwaiste Eltern unter dem Fehlen von Bestattungsmöglichkeiten für Sternenkinder. Haben verwaiste Eltern kein Grab, an dem sie trauern und sich zum Beispiel an den Jahrestagen an ihr verstorbenes Kind erinnern können, so verstärkt dies ihr Leid, es gibt für sie keinen Ort, an dem der Name ihrer toten Kinder verewigt ist. Denn Sternenkinder müssen nicht bestattet werden. Oftmals wissen die Eltern gar nicht, was mit ihrem Kind passiert ist. Was geschieht mit dem Körper des Fehlgeborenen, wenn keine Bestattung stattfindet? Gibt es eine würdevolle Sammelbestattung durch das Krankenhaus? Oder wurde das Kind mit anderem sogenanntem Klinikmüll „entsorgt"? Und wenn ja, wohin?

Solche Fragen stellen sich verwaiste Eltern, wenn ihnen die Klinik keine Auskunft über den Verbleib ihres verstorbenen Kindes gibt. In der Vergangenheit wurden einzelne erschütternde Fälle bekannt, in denen tot geborene Kinder mit Klinikmüll zusammen zu Granulat verarbeitet und beim Straßenbau verwendet wurden. Oder die tot geborenen Kinder wurden zur wissenschaftlichen Forschung verwendet, ohne dass die Eltern informiert und gefragt worden wären oder gar ihr Einverständnis erteilt hätten (Spiegel Online, 15.10. 2012).

Zu Beginn der 1980er Jahre begannen Eltern von Sternenkindern, sich zu Selbsthilfegruppen zusammenzuschließen. In der Gemeinschaft von Menschen, die Ähnliches erlebt hatten, fanden sie den nötigen Raum für ihre Trauer. Gemeinsam setzten sie sich dafür ein, Gedenk- und Erinnerungsorte für ihre Sternenkinder zu bekommen. Es wurden zunächst vereinzelt die ersten Gräberfelder und Gedenkstätten für frühverstorbene Kinder errichtet, vermehrt dann ab Mitte der 1990er Jahre.

Eine dieser Selbsthilfegruppen ist die bundesweite Initiative Regenbogen „Glücklose Schwangerschaft" e. V. Sie hat in der Vergangenheit erfolgreich zwei Petitionen in den Bundestag eingebracht. Nach entsprechenden Gesetzesänderungen werden seit dem 1. April 1994 tot geborene Kinder ab einem Gewicht von 500 Gramm nach dem Personenstandsgesetz erfasst. Seit 1998 ist es auf Wunsch der Eltern möglich, auch ihren Namen in das Personenstandsregister eintragen und beurkunden zu lassen (www.initiative-regenbogen.de).

Eine weitere bedeutsame gesetzliche Änderung geht auf die Initiative des Ehepaars Barbara und Mario Martin aus Hessen zurück: Sie freuten sich dreimal, Eltern zu werden, und verloren alle drei Kinder. Zwei der drei Kinder lebten bis zum 7. Schwangerschaftsmonat. Laut damaligem Personenstandsgesetz gab es zwei der drei Kinder rechtlich gesehen nicht, denn sie wogen bei ihrer Geburt noch keine 500 Gramm. Für das Ehepaar Martin war unerklärlich, dass ihre Kinder für den Gesetzgeber erst dann als Person gelten, wenn sie 500 Gramm wiegen.

Damit wollte das Ehepaar Martin sich nicht abfinden. Sie kämpften und holten sich Unterstützung, unter anderem auch von Personen aus Kirche und Politik. In einer breit angelegten Öffentlichkeitskampagne machten sie auf die Problemlage aufmerksam und bekamen viel Zuspruch von anderen betroffenen Eltern. Sie sammelten Unterschriften für eine Petition, in der sie die rechtliche Anerkennung und das Namensrecht auch für Kinder unter 500 Gramm Gewicht forderten. Und sie hatten teilweise Erfolg. Seit dem 15. Mai 2013 können diese Kinder offiziell mit dem für sie vorgesehenen Namen erfasst werden. Und die verwaisten Eltern erhalten eine Bescheinigung vom Standesamt.

Nachstehend werden einige Regelungen rund um die Bestattung ungeborener oder kurz nach der Geburt verstorbener Kinder erläutert. Die vom Gesetz verwendeten Begriffe der Lebend-, Tot- und der Fehlgeburt sind für die Gefühle der verwaisten Eltern natürlich unerheblich, denn aus ihrer Perspektive ist es einfach ihr Kind. Gleichwohl müssen die Begriffe und Unterschiede erklärt werden, weil sie in Bundes- und Ländergesetzen nicht einheitlich verwendet werden und unterschiedliche Rechtsfolgen auslösen.

Personenstandsrecht

Das Personenstandsrecht regelt die familienrechtliche Stellung einer Person einschließlich des Namens im Personenstandsgesetz und ergänzend in der Personenstandsverordnung. Erfasst werden unter anderem Daten über die Geburt, den Tod und die Eheschließung. Diese Informationen werden in die Personenstandsregister und in das Stammbuch der Familie eingetragen. Das Personenstandsrecht regelt auch die Frage, ob und gegebenenfalls unter welchen Voraussetzungen ein vor oder kurz nach der Geburt verstorbenes Kind beurkundet oder bescheinigt wird.

Für viele Eltern ist es wichtig, das tot geborene Kind, welches eine Zeit lang Teil ihres Lebens war, würdevoll anzunehmen. Für viele betroffene Eltern ist gerade die Namensgebung für die spätere Erinnerung besonders wichtig. Auch wenn ein ungeborener Mensch noch nicht rechtsfähig ist (§ 1 des Bürgerlichen Gesetzbuches), so sind ein menschenwürdiger Umgang mit seinem Tod und seiner Bestattung sowie die Achtung der Bedürfnisse von verwaisten Eltern Zeichen einer humanen und christlichen Gesellschaft. Denn vom Schutzbereich der Menschenwürde nach Artikel 1 Grundgesetz ist nach Auffassung des Bundesverfassungsgerichts auch das werdende Leben umfasst. Selbst wenn dies ungeboren verstirbt, muss der Schutz des Grundrechts, wie bei allen verstorbenen Menschen, in einem gewissen Umfang fortwirken. Schließlich ist auch das Grundrecht der Hinterbliebenen zum Totengedenken zu beachten.

Lebend- und Totgeburten

Nach § 31 Absatz 1 der Personenstandsverordnung (PStV) liegt eine sogenannte Lebendgeburt vor, wenn nach dem Geburtsvorgang, also nach dem Verlassen des Mutterleibes, entweder das Herz geschlagen, die Nabelschnur pulsiert oder die natürliche Lungenatmung eingesetzt hat. Lag keines dieser beschriebenen Lebenszeichen vor und wiegt das Kind mindestens 500 Gramm, so handelt es sich rechtlich um ein tot geborenes Kind.

Sowohl Lebend- als auch Totgeburten müssen nach §§ 18 bis 20 Personenstandsgesetz (PStG) dem Standesamt angezeigt werden. Für Lebendgeburten gilt eine Frist von einer Woche, für Totgeburten von drei Werktagen. Diese Anzeigepflicht muss schriftlich durch die Krankenhäuser, Geburtshilfeeinrichtungen oder durch für weitere in § 20 PStG benannte Institutionen, wie zum Beispiel die Träger von Jugendhilfeeinrichtungen, erfolgen oder mündlich durch die sorgeberechtigten Eltern. Das Standesamt beurkundet dann von Amts wegen die Geburt im Geburtenregister.

Fehlgeburt

Von einer Fehlgeburt spricht man, wenn keines der oben genannten Lebenszeichen vorlag und das Kind ein Gewicht von weniger als 500 Gramm hatte (§ 31 Absatz 3 Satz 1 PStV). Bei einer Fehlgeburt besteht keine Verpflichtung, diese dem Standesamt mitzuteilen. Aber seit dem Jahr 2013 kann ein Elternteil, dem bei einer Lebendgeburt die Personensorge zugestanden hätte, die Fehlgeburt dem Standesamt anzeigen (§ 31 Absatz 3 PStV).

Das Standesamt erteilt dem die Fehlgeburt anzeigenden verwaisten Elternteil auf Wunsch eine Bescheinigung. Diese Bescheinigung ist als Anlage 13 zu § 31 Absatz 3 PStV auch im Internet zu finden (www.gesetze-im-internet.de/pstv/anlage_13.html). Es werden der vorgesehene Vor- und Familienname des Kindes, sein Geschlecht, sein Geburtstag und der Geburtsort eingetragen, außerdem die Namen der verwaisten Eltern und gegebenenfalls deren Religion. Die Fehlgeburt wird aber nicht in den Personenstandsregistern beurkundet (§ 31 Absatz 3 Satz 2 PStV). Auf der Internetseite des Bundesministeriums für Familie, Senioren, Frauen und Jugend finden sich unter dem Stichwort „Sternenkinder" weitergehende Informationen im Frage-und-Antwort-Stil (www.bmfsfj.de, Stand 24.07.2017).

Friedhofs- und Bestattungsrecht

Geregelt werden das Friedhofswesen wie zum Beispiel die Planung, Öffnung und Schließung von Friedhöfen. Oder auch die Ruhezeiten der Gräber. Das Bestattungsrecht enthält Regelungen zum Umgang mit der Leiche, wie die Leichenschau, der Transport oder auch die Aufbahrung. Die Vorschriften rund um die Bestattung und die Friedhöfe werden durch die einzelnen Bundesländer geregelt. Ergänzend gilt die Friedhofssatzung der jeweiligen Gemeinde, in der das verstorbene Kind bestattet wird.

Während das Personenstandsrecht für das gesamte Bundesgebiet die Registrierung und Beurkundung durch die Standesämter einheitlich regelt, sind die Vorschriften zum Friedhofs- und Bestattungswesen in den Ländergesetzen und Friedhofssatzungen nicht identisch. Dies hat zur Folge, dass auch die Bestimmungen für die Bestattung von Tot-, Lebend- und Fehlgeburten und von Leibesfrüchten aus Schwangerschaftsabbrüchen in den einzelnen Bundesländern unterschiedlich sind. So kann es vorkommen, dass für ein tot geborenes Kind nach dem Personenstandsrecht eine Anzeigepflicht beim Standesamt vorgeschrieben ist und dieses Kind in einem Bundesland bestattet werden müsste und im einem anderen Bundesland nicht.

Wir stellen nachfolgend die Regelungen der Bundesländer vor, die auf den Kirchengebieten der Evangelischen Kirchen in Hessen und Nassau und von Kurhessen-Waldeck liegen. Eine Gesamtübersicht über die Bestattungsregelungen in den einzelnen Bundesländern findet sich unter www.aeternitas.de oder in dem Buch „Todesfall und Bestattungsrecht", Sammlung bundes- und landesrechtlicher Bestimmungen, 5. Auflage, Seite 865 ff. Man muss aber bei Bedarf jeweils nachprüfen, ob dies noch der aktuelle Stand im betreffenden Bundesland ist.

Bestattungsrecht in Thüringen, Rheinland-Pfalz und Hessen

In jedem der drei Ländergesetze sind die Bestattungspflicht und das Bestattungsrecht der Eltern geregelt. Besteht eine Bestattungspflicht, so müssen die Eltern die Bestattung beauftragen und bezahlen. In allen drei Ländern gilt, dass jedes lebend geborene Kind bestattet und die Leichenschau durchgeführt werden muss. Wenn keine Bestattungspflicht besteht, können die Eltern aber ein Recht auf eine Bestattung haben, welches sie in der Klinik oder im Geburtshaus geltend machen müssen. Die drei Länder regeln das Recht auf Bestattung der tot und fehlgeborenen Kinder sowie der Leibesfrüchte aus Schwangerschaftsabbrüchen nur teilweise und auch uneinheitlich. Wünschen die Eltern keine Bestattung, so verbleibt das verstorbene Kind bzw. die

JONAS
TRISTAN
DAVID
LEVIN

Leibesfrucht in der Klinik oder im Geburtshaus. Ob diese das verstorbene Kind oder die Leibesfrucht bestatten müssen oder ob sie es zu medizinischen Zwecken verwenden dürfen, ist verschieden geregelt. In allen drei Ländern ist die Würde des ungeborenen Kindes zu achten. In Thüringen und Rheinland-Pfalz gilt dies auch für Leibesfrüchte aus Schwangerschaftsabbrüchen.

Thüringen

Das Thüringer Bestattungsgesetz (ThürBestG) ist letztmalig im November 2016 geändert worden. Aufgrund seiner Aktualität und der umfassenden Inhalte zur Bestattung ungeborenen Lebens wird dieses Gesetz zuerst erläutert. Es unterscheidet wie das Personenstandsrecht zwischen der Lebend-, Tot- und Fehlgeburt und definiert sie in gleicher Weise (§ 3 ThürBestG). Lebend- und Totgeborene sind „Leichen" im Sinne des Gesetzes, ein fehlgeborenes Kind jedoch nicht. Nur bei verstorbenen lebend und tot geborenen Kindern ab 500 Gramm Gewicht muss deshalb eine ärztliche Leichenschau stattfinden (§ 4 Absatz 1 Satz 1 ThürBestG).

Ansonsten wird bei den rechtlichen Auswirkungen überwiegend zwischen Lebend- und Totgeburten einerseits und Fehlgeburten und Leibesfrüchten aus Schwangerschaftsabbrüchen andererseits unterschieden. So ist jede Leiche, also auch ein lebend oder tot geborenes Kind, zu bestatten. Fehlgeborene und Leibesfrüchte aus Schwangerschaftsabbrüchen sind auf Wunsch eines Elternteils zu bestatten (§ 17 Absatz 1 ThürBestG), eine Hinweispflicht auf diese Möglichkeit besteht leider nicht. Wenn die Eltern von Fehlgeborenen und von Leibesfrüchten aus Schwangerschaftsabbrüchen nach der zwölften Schwangerschaftswoche das Kind nicht bestatten, hat die bei der Geburt anwesende Ärztin oder die Hebamme für eine würdige Bestattung zu sorgen. Diese soll in Form der Sammelbestattung erfolgen. Leibesfrüchte aus Schwangerschaftsabbrüchen bis zur zwölften Woche sind hygienisch einwandfrei und dem sittlichen Empfinden entsprechend einzuäschern oder der Erde zu übergeben, sofern sie nicht zulässigerweise zu medizinischen, pharmazeutischen oder wissenschaftlichen Zwecken verwendet werden (§ 17 Absatz 2 ThürBestG).

Die verwaisten Eltern von lebend oder tot geborenen Kindern müssen der für die Bestattung zuständigen Behörde den Vermerk der Eintragung in das Geburtenbuch des Standesamtes vorlegen (§ 20 Absatz 1 Satz 3 ThürBestG). Bei Fehlgeborenen oder Leibesfrüchten aus Schwangerschaftsabbrüchen ist stattdessen dem Friedhof eine ärztliche Bescheinigung vorzulegen (§ 20 Absatz 2 ThürBestG). Ausdrücklich wird in § 13 Absatz 2 ThürBestG geregelt, dass Eingriffe an Fehlgeborenen und Totgeborenen an anatomischen Instituten zu Lehrzwecken der schriftlichen Zustimmung der Eltern bedürfen. Dies muss erst recht für lebend geborene Kinder gelten.

Rheinland-Pfalz

Die Änderung des Personenstandsrechts 2013 wurde in Rheinland-Pfalz im Jahr 2014 zum Anlass für eine Aktualisierung des Bestattungsgesetzes (BestG) hinsichtlich des Umgangs mit vor oder unter der Geburt verstorbenen Kindern genommen. Die Begriffe sind teilweise andere als im Personenstandsrecht bzw. werden nicht definiert. Fest steht die Bestattungspflicht für tot geborene und unter der Geburt verstorbene Kinder mit mindestens 500 Gramm Gewicht.

Denn auf diese Kinder finden die Bestimmungen des BestG entsprechende Anwendung (§ 8 Absatz 2 BestG). Deshalb muss bei ihnen eine Leichenschau durchgeführt werden.

Anderes gilt für fehlgeborene Kinder. Dies sind solche unter 500 Gramm Gewicht. Sie können nur auf Antrag der verwaisten Eltern bestattet werden. Auch wird ein Totenschein bei einer Fehlgeburt nicht ausgestellt (§ 11 Absatz 5 Satz 4 BestG). Bei Leibesfrüchten aus Schwangerschaftsabbrüchen kann eine individuelle Bestattung nur mit Einwilligung der Mutter erfolgen. Findet die Geburt in einer medizinischen Einrichtung oder in Gegenwart einer Ärztin statt, so müssen diese die Eltern über die Bestattungsmöglichkeit von Kindern auch unter 500 Gramm Gewicht informieren.

Wenn die verwaisten Eltern keine individuelle Bestattung wünschen, müssen Einrichtung oder Ärzte die Sammlung und Bestattung von Fehlgeburten unter würdigen Bedingungen sicherstellen und auch den Bestattungsort dokumentieren.

Hessen

Die letzte Änderung des Friedhofs- und Bestattungsgesetzes fand im Jahre 2013 statt. Die Änderungen im Personenstandsrecht mit der Unterscheidung zwischen lebend, tot und fehlgeborenen Kindern wurden aber nicht aufgegriffen.

Tot geborene Kinder, die nach Ablauf des sechsten Schwangerschaftsmonats geboren wurden, müssen bestattet werden. Die Bestattung eines tot geborenen Kindes, das vor Ablauf des sechsten Schwangerschaftsmonats geboren worden ist, oder eines Fötus ist auf Wunsch der Eltern, Großeltern oder Geschwister möglich (§ 16 Absatz 3 und § 13 Absatz 2 Hessisches Friedhofs- und Bestattungsgesetz (FBG)). Machen die Angehörigen vom Bestattungsrecht nicht Gebrauch, so ist eine Sammelbestattung in Form der Erdbestattung (§ 19 Absatz 2 FBG) zulässig. Wer diese Sammelbestattung organisiert und finanziert, legt das Gesetz nicht fest. Lediglich aus der Gesetzesbegründung ergibt sich, dass die Klinik oder Einrichtung bei einem Verzicht auf das Bestattungsrecht für eine würdige Sammelbestattung zu sorgen hat (vgl. Gesetzesbegründung zum Hessischen Friedhofs- und Bestattungsgesetz, 11.7.2007, Drucksache 16/6763, Seite 18).

Das hessische Bestattungsgesetz legt nicht fest, was im Sinn des Gesetzes ein „Fötus" ist. Medizinisch ist unter einem Fötus ein Embryo ab der 9. Schwangerschaftswoche zu verstehen. Die Verwendung des Begriffes „Fötus" neben „Totgeborenen" lässt den Schluss zu, dass ein Bestattungsrecht für alle tot geborenen Kinder ab der 9. Schwangerschaftswoche gewollt ist.

Fraglich ist, ob dies auch für „Leibesfrüchte" aus Schwangerschaftsabbrüchen gilt. Ein Bestattungsrecht bestünde hier nur, wenn man Leibesfrüchte aus Schwangerschaftsabbrüchen nach der 9. Schwangerschaftswoche auch als Föten ansieht. Fraglich ist auch, ob und gegebenenfalls unter welchen Voraussetzungen vor Ablauf des 6. Schwangerschaftsmonats tot geborene Kinder und Föten zu wissenschaftlichen Zwecken in medizinischen Instituten verwendet werden dürfen. Das Gesetz gibt darüber keine Auskunft. Wiederum nur aus der Gesetzesbegründung ergibt sich, dass die Kliniken oder Geburtshäuser zu „berechtigten" Gewahrsamsinhabern der Leichen oder Föten werden, wenn die Angehörigen keine Bestattung wünschen. Daher können sie diese im Rahmen des ihnen von den Angehörigen eingeräumten Gewahrsamsrechts zu wissenschaftlichen Zwecken in ein medizinisches Institut bringen (vgl. Gesetzesbegründung zum FBG, a.a.O., Seite 18). Die Voraussetzungen für einen berechtigten Gewahrsamsübergang werden aber nicht genannt.

Einheitliche Maßstäbe in den Ländern sind wünschenswert

Sowohl aus ethischen als auch aus rechtlichen Erwägungen sollte die Verwendung von ungeborenem Leben zu wissenschaftlichen Zwecken von einer schriftlichen Zustimmung der Eltern abhängig gemacht werden. Dies dient der Sicherung eines würdigen Umgangs mit verstorbenen Kindern und Leibesfrüchten aus Schwangerschaftsabbrüchen sowie der Transparenz gegenüber den verwaisten Eltern. Thüringen hat hier eine klare gesetzliche Regelung – aber ohne die Leibesfrüchte aus Schwangerschaftsabbrüchen einzubeziehen – erlassen, in Hessen und Rheinland-Pfalz fehlt sie.

Eine Informationsverpflichtung der Kliniken und Geburtshäuser über das Bestattungsrecht und eine Dokumentationspflicht über den Ort der Sammelbestattung findet sich nur in Rheinland-Pfalz, aber nicht in Hessen und Thüringen. In Hessen wird das Bestattungsrecht nicht nur den verwaisten Eltern, sondern weiteren Angehörigen eingeräumt.

Eine Angleichung mit den im Personenstandsrecht verwendeten Begriffen der Leben-, Tot- und Fehlgeburt ist in Thüringen erfolgt, in Rheinland-Pfalz nur teilweise und in Hessen gar nicht.

Sind derartige Unterschiede in den Bestattungsgesetzen der Länder und im Vergleich zum Personenstandsgesetz auf Bundesebene sinnvoll? Selbstverständlich leben wir in einem föderalen System mit unterschiedlichen Zuständigkeiten auf Bundes-, Länder- und kommunaler Ebene. Aber sind diese Unterschiede bei der komplexen Rechtslage allein bei der Frage, was das Personenstandsgesetz und das Bestattungsrecht regelt, für die Bürgerinnen und Bürger nachvollziehbar? Und können betroffene verwaiste Elternteile diese Unterschiede nachvollziehen, insbesondere wenn sie mit dem Versterben ihres Kindes in einer Klinik konfrontiert sind?

Die unterschiedlichen Bestattungsgesetze in den Bundesländern sollten jedes für sich gute Standards zur Bestattung von vor oder kurz nach der Geburt verstorbenen Kindern und Leibesfrüchten aus Schwangerschaftsabbrüchen setzen. Da die Bedürfnisse der betroffenen verwaisten Eltern vergleichbar sind, spricht vieles für eine Angleichung der Regelungen.

Diese müssen für die betroffenen Menschen transparent sein, damit sie in schwierigen Situationen Entscheidungen für sich treffen können, mit denen sie die nächsten Jahre gut umgehen können. Denn die Entscheidung, ob ein fehlgeborenes Kind bestattet wird und die Eltern eine Bescheinigung vom Standesamt erhalten, ist eine Entscheidung, die nicht rückgängig gemacht werden kann. Sie kann Folgen für das Erinnern und Gedenken der betroffenen verwaisten Eltern haben.

Daher ist es notwendig, dass sich die Weiterentwicklung der Bestattungsgesetze in den Ländern vor allem an dem Begriff des „menschlichen Lebens von Anfang an“ und den Bedürfnissen der verwaisten Eltern orientiert:

- In den Bestattungsgesetzen der Länder und im Personenstandsgesetz werden die gleichen Begriffe und Definitionen verwendet, denn eine Harmonisierung der Begrifflichkeiten Tot-, Lebend- und Fehlgeburt dient dem besseren Verständnis der betroffenen verwaisten Eltern.

- Die Bestattungspflicht gilt für alle Tot-, Lebend- und Fehlgeborenen ab einem Gewicht von 500 Gramm. Das Personenstandsrecht knüpft die Pflicht zur Mitteilung an das Standesamt und die Beurkundung an diese Gewichtsgrenze, es erscheint daher sinnvoll, die Voraussetzungen für die Bestattungspflicht identisch zu regeln.

- Das Bestattungsrecht gilt für alle verstorbenen Kinder, unabhängig von ihrem Gewicht und der Schwangerschaftswoche des Todes. Alle verwaisten Eltern sollten selber entscheiden können, ob ihr Kind unter 500 Gramm bestattet wird oder nicht. Dieses Bestattungsrecht gilt auch im Falle eines Schwangerschaftsabbruchs, weil es auch bei einem Abbruch trauernde Eltern gibt, denen eine würdige Bestattung hilft.

- Gemeinschaftliche Bestattungen für alle tot-, lebend- und fehlgeborenen Kinder unabhängig von ihrem Gewicht sollten auf Wunsch der verwaisten Eltern möglich sein. Die Erfahrungen zeigen, dass diese den Bedürfnissen in höherem Maße gerecht werden als Einzelbestattungen

- Der Staat sorgt für eine würdige und dokumentierte Bestattung aller verstorbenen Kinder und Leibesfrüchte, sofern die verwaisten Eltern das Bestattungsrecht nicht wahrnehmen. Dabei wird auch die Dokumentation des Bestattungsortes sichergestellt für den Fall, dass die Angehörigen später doch einen Ort benötigen, der ihnen in der Trauer hilft. Es erscheint sinnvoll, dass die entsprechenden Kliniken und Geburtshäuser die (Sammel-)Bestattungen organisieren. Die Bestattungskosten sollten von den Kliniken und den Kommunen getragen werden.

- Die Kliniken und Geburtshäuser sind verpflichtet, über die aktuelle Rechtslage zu informieren. Verwaiste Eltern benötigen direkt in der Situation des Versterbens ihres Kindes die Informationen über das Personenstandsrecht und ihre Rechte und Pflichten in Bezug auf die Bestattung. Um die Kliniken und Geburtshäuser bei der Vermittlung der Regelungen zu unterstützen, sollten Bund und Länder Informationsmaterial in verschiedenen Sprachen erstellen und den Kliniken und Geburtshäusern kostenfrei zur Verfügung stellen. Manchen Eltern helfen persönliche Erklärungen, manche benötigen auch aufgrund von eventuellen Sprachbarrieren (ergänzend) eine schriftliche Erklärung.

- In Bestattungsgesetzen der Länder ist geregelt, dass eine anderweitige Verwendung als die Bestattung der Tot-, Lebend- und Fehlgeburten sowie der Leibesfrüchte aus Schwangerschaftsabbrüchen einer vorherigen ärztlichen Aufklärung und schriftlichen Zustimmung der verwaisten Eltern bedarf.

Neben der notwendigen Fortentwicklung des Rechts ist auch die Unterstützung der verwaisten Eltern in den Blick zu nehmen. Trotz der rechtlichen Unzulänglichkeiten gibt es in einigen Orten in Hessen, Rheinland-Pfalz und Thüringen bereits gemeinsame Bestattungen von Sternenkindern und Trauerfeiern für ihre Angehörigen.

Manchmal werden diese Bestattungen durch die Kliniken organisiert und auch bezahlt. Kirchengemeinden, Kommunen und Selbsthilfegruppen arbeiten an einigen Orten mit den Kliniken zusammen. Sie führen die Bestattungen und Trauerfeiern gemeinsam durch und finanzieren sie auch. Die Trauerfeiern finden überwiegend in der Gemeinschaft der verwaisten Eltern und ihrer Angehörigen statt. Sie erhalten auch Unterstützung von Chören, Einzelpersonen und manchmal auch von Bestattern und Blumengeschäften. Dieses Angebot gemeinschaftlicher Bestattungen und Trauerfeiern sollte es flächendeckend geben.

Pragfriedhof Stuttgart | Grabstein

Praktisch-theologische Perspektiven

Wenn ein Mensch stirbt, hinterlässt er eine bleibende Lücke im Leben der Hinterbliebenen. Dietrich Bonhoeffer schreibt: „Es gibt nichts, was uns die Abwesenheit eines lieben Menschen ersetzen kann, und man soll es auch gar nicht versuchen; man muss es einfach aushalten und durchhalten; das klingt zunächst sehr hart, aber es ist doch zugleich ein großer Trost; denn indem die Lücke wirklich unausgefüllt bleibt, bleibt man durch sie miteinander verbunden. Es ist verkehrt, wenn man sagt, Gott füllt die Lücke aus; er füllt sie gar nicht aus, sondern er hält sie vielmehr gerade unausgefüllt und hilft uns dadurch, unsere echte Gemeinschaft miteinander – wenn auch unter Schmerzen – zu bewahren" (Zitiert nach: Klaus Dirschauer, Worte zur Trauer, S. 82). Kirchliches Handeln nach dem Tod eines Menschen unterstützt Lebende und Tote als Glieder am Leib Christi, die Gemeinschaft miteinander zu bewahren. Mit ihren gottesdienstlichen, seelsorglichen und diakonischen Angeboten trägt sie dazu bei, dass die Toten würdig bestattet und nicht vergessen werden und die Hinterbliebenen eine neue Identität ausbilden und mit ihrem Verlust leben lernen können.

Auch wenn die kirchlichen Ritualangebote in der Praxis nicht mehr selbstverständlich von den Menschen angenommen werden, ist dennoch die Beerdigung immer noch „die bedeutendste kirchliche Amtshandlung, gemeindlich wie gesellschaftlich. [...] Die Trauerfeier ist mit deutlichem Abstand die Gestalt des Gottesdienstes, an der am meisten Menschen partizipieren. Die Traueransprache ist heute die Form der Predigt, die die größte Zahl an Menschen erreicht, und dies in einer emotional und existentiell besonders dichten Situation" (Kristian Fechtner, Kirche von Fall zu Fall, S. 54). Dies zeigt, wie wichtig für die Menschen die kirchlichen Angebote in existentiellen Lebenssituationen sind und wie sehr sie von ihnen wertgeschätzt werden.

Die stetigen Veränderungen in der Gesellschaft und in der Bestattungs- und Friedhofskultur stellen die evangelische Kirche aber vor Herausforderungen. Sie hat vielfältige Stärken auch darin, Menschen würdig zu bestatten und Trauernde dabei zu unterstützen, mit ihrem Verlust leben zu können. Es gilt, diese Stärken erfahrbar zu gestalten. Handlungsleitend ist hierbei die Frage Jesu „Was willst du, dass ich für dich tun soll?" (Mk 10, 51). Ausgehend von der Haltung, nach den Bedürfnissen der Menschen zu fragen, ist es sinnvoll, die Bestattung als gottesdienstliches Geschehen im Kontext einer seelsorglichen Trauer-, Gedenk- und Erinnerungskultur zu verorten.

Seelsorge in Zeiten der Trauer

Welchen Beitrag kann die Seelsorge leisten, damit trauernde Menschen mit ihrem Verlust leben können? Was brauchen trauernde Menschen? Zuallererst: Mitmenschen! Menschen, die sich berühren lassen von ihrem Schmerz, die einfach nur da sind und nicht vor ihren Tränen zurückweichen. Sie brauchen Mitmenschen, die Anteil nehmen, die mit ihnen leiden im Sinne eines „schöpferischen" Mitleidens, so wie Stefan Zweig es in seinem Roman „Ungeduld des Herzens" eindrücklich beschreibt: „Es gibt eben zweierlei Mitleid. Das eine, das schwachmütige und sentimentale, das eigentlich nur Ungeduld des Herzens ist, sich möglichst schnell freizumachen von der peinlichen Ergriffenheit vor einem fremden Unglück, jenes Mitleid, das eigentlich gar kein Mitleiden ist, sondern nur instinktive Abwehr des fremden Leidens vor der eigenen Seele. Und das andere, das einzig zählt – das unsentimentale, aber schöpferische Mitleid, das weiß, was es will, und entschlossen ist, geduldig und mitduldend alles durchzustehen bis zum Letzten seiner Kraft und noch über dies Letzte hinaus" (Stefan Zweig, Ungeduld des Herzens, S. 16).

Schöpferisches Mitleid ist empathisch, macht aber das Leid der anderen nicht zum eigenen Leid. Es ist die Urform aller Menschenliebe. In der Trauerseelsorge zeigt es sich im einfachen „Da-Sein", wo Menschen das Gefühl haben, den Boden unter den Füßen zu verlieren. Es zeigt sich im Zuhören und Anteilnehmen, und es zeigt sich im Wahrnehmen dessen, was Trauernde brauchen. Schöpferisches Mitleid hält die Trauer der anderen aus und stärkt dadurch auch die Hoffnung, dass der Tod nicht das letzte Wort haben wird.

Christliches Handeln und christliche Hoffnung werden geleitet von dem Glauben, dass Gott seine bedingungslose Liebe zu uns Menschen in Jesus Christus offenbart hat. Als Gott sich mit dem Toten Jesus von Nazareth am Kreuz identifizierte, hat er den Tod besiegt. Daraus ist eine neue Beziehung Gottes zu den Menschen erwachsen, aber nicht indem er den Tod, die Beziehungslosigkeit, ertragen hat, sondern indem er liebte. „Denn wo alles verhältnislos geworden ist, schafft nur die Liebe neue Verhältnisse. Wo alle Beziehungen abgebrochen sind, schafft nur die Liebe neue Beziehungen. Liebe ist also das Motiv nicht nur des göttlichen Handelns, sondern auch des göttlichen Seins." (Eberhard Jüngel, Tod, S. 139) Christliches Handeln und christliche Hoffnung wird darum von dem Glauben geleitet, dass „in jedem Menschen – getauft oder nicht getauft – Gott schon längst am Werk ist, als seine innerste Sehnsucht – […] als ein innerster Schmerz" (Henning Luther, in Anlehnung an ein Zitat von Karl Rahner, Religion und Alltag, S. 252).

Neben Menschen, die sich ihnen als Mitmenschen erweisen, brauchen Trauernde auch eine neue Form der inneren, emotionalen Beziehung zu ihren Toten, um sich an ein Leben mit dem Verlust umfassend und dauerhaft anpassen zu können. Der Psychotherapeut Roland Kachler schildert in seinem Buch „Hypnosystemische Trauerbegleitung" ein gutes Beispiel:

„Eine Mutter hat vor 30 Jahren ihre einzige Tochter verloren. Nach mehreren Jahren der Trauer konnte sie ihr Leben wieder aktiv gestalten. Sie selbst sagt, dass es ihr schon lange wieder gut gehe. Als Beleg führt sie ihre häufigen Reisen, eine neue Partnerschaft und ihre Zufriedenheit mit dem Leben an. Dennoch geht sie einmal monatlich zum Friedhof, an die Stelle, an der sich das Grab ihrer Tochter befand. Inzwischen ist das Grab aufgelassen. Auf die Frage, warum sie nach so langer Zeit die regelmäßigen Friedhofsbesuche macht, antwortet sie: „Das gehört ganz normal zu meinem Leben. Irgendwie ist das nichts Besonderes, und doch muss ich es tun. Ich bin dann bei meiner Tochter und rede ein bisschen mit ihr. Und dann gehe ich wieder und mache wie gewohnt meine Dinge“ (Roland Kachler, Hypnosystemische Trauerbegleitung, S. 186).

Je nach Schwere des Verlustes kann es mehrere Jahre dauern, bis Trauernde diese neue Form der Beziehung zu ihren Toten in ihr Leben integrieren können, mit dem Gefühl, sie gehörten selbstverständlich zu ihrem Leben dazu. Seelsorge kann Trauernde in diesem Prozess mit ihren spezifischen Gesprächsangeboten unterstützen, indem sie die Integration eines inneren Dialogs mit den Verstorbenen fördert, und sie kann bei der Gestaltung und Integration von Beziehungsritualen und Erinnerungs- und Gedenktagen mitwirken.

Für die Pflege von Beziehungsritualen sind Erinnerungsstätten wichtig, das kann das Grab sein, die Unfallstelle oder auch ein Gedenkort in der Wohnung. Für viele ist z. B. die Grabpflege ein Ritual, bei dem sie das Gefühl haben, ihren Verstorbenen nah zu sein. Problematisch ist es, wenn es kein Grab gibt. In einigen Kirchen, wie z. B. in der Antoniterkirche in Köln, gibt es mittlerweile Gedenkstätten für Tote, an denen ein Buch ausliegt, in das die Namen von anonym bestatteten Menschen geschrieben wurden.

Einen wichtigen Beitrag zum Gedenken und Erinnern bietet die Kirche mit ihren Gedenkgottesdiensten an, traditionell am Volkstrauertag und am Ewigkeitssonntag. Zu überlegen wäre, ob es nicht auch möglich wäre, seelsorglich-rituelle Angebote für die wiederkehrenden Gedenktage und für besondere Festtage wie Weihnachten anzubieten.

Neben Menschen, die sich als Mitmenschen erweisen, und einer neuen Form der Beziehung zu ihren Toten brauchen Trauernde auch Unterstützung in ihrem Trauerprozess. Trauernde müssen den Tod als Realität akzeptieren, den Schmerz verarbeiten und sich an eine Welt ohne den Verstorbenen anpassen. Kerstin Lammer hat gezeigt, dass es sinnvoll ist, die erste Zeit nach dem Tod, die oft als „Schockphase“ bezeichnet wurde, intensiv seelsorglich zu begleiten, weil hier für die Trauernden die Aufgabe beginnt, den Tod zu realisieren. Seelsorgliche Angebote sollten darum gerade dort angeboten werden, wo der Tod eintritt und körperlich erfahrbar ist: in der Todesstunde, am Sterbe- und Totenbett (Kerstin Lammer, Den Tod begreifen, S. 14). Seelsorge kann dabei unterstützen, dass Trauernde den nötigen Raum und die Zeit zum Abschiednehmen von ihren Toten bekommen, den sie brauchen. Sie kann Angehörige wenn gewünscht auch begleiten beim Gang in das Zimmer oder in den Abschiedsraum, in dem der Leichnam aufgebahrt wurde. Sie kann Rituale anbieten: ein Gebet sprechen oder den Verstorbenen aussegnen.

Für die Gestaltung der Trauerbeziehungen, die Verarbeitung der Trauer und die Anpassung an das neue, veränderte Leben ist die kirchliche Bestattungs-, Gedenk- und Erinnerungskultur von unschätzbarem Wert, weil sie mit ihren religiös qualifizierten Ritualen, Symbolen und Handlungen einen Übergang vom Bereich des Lebens in den Bereich des Todes vollzieht, der Resonanzerfahrungen ermöglicht, von denen Trauernde sich berührt oder auch getröstet fühlen. Es kommt viel darauf an, welche rituellen Ausdrucksformen eine Kultur bereitstellt, um der verborgenen Symbiose zwischen Lebenden und Toten eine kulturelle Gestalt zu geben, schreibt Jan Assmann (Jan Assmann, Die Lebenden und die Toten, in: Der Abschied von den Toten, S. 18). Der Begriff „Resonanz" eignet sich in besonderer Weise als Metapher, um die Qualität der Beziehung zu erfassen und für die Überlegungen zur Gestaltung der seelsorglichen Angebote von kirchlichen Handlungen zu nutzen.

Menschen sind Beziehungswesen und haben ein Grundbedürfnis nach Resonanz. Resonanz entsteht, wenn durch die Schwingungen des einen Körpers die Eigenfrequenz des anderen angeregt wird und wenn es ein schwingungsfähiges dazwischentretendes Medium gibt, das die verschiedenen Resonanzwirkungen zulässt, aber nicht erzwingt (Hartmut Rosa, Resonanz, S. 284). Solche Medien können im trauerseelsorglichen Kontext religiös-rituelle Handlungen sein, wie die Aussegnung oder die Bestattung, es können Worte sein, die zu Herzen gehen, oder der Klang von Musik, der berührt. Doch allein das kirchliche Ritual löst noch keine Resonanzerfahrung aus. Es muss anschlussfähig an die Lebenswelt der Betroffenen sein. Wer in seinem Leben nur Heavy-Metal-Musik hört, kann mit Kirchenliedern wie „So nimm denn meine Hände" vermutlich nicht so viel anfangen. Menschen müssen sich mit ihrem Leben und dem des Verstorbenen in dem Ritual wiederfinden können. Genau darin besteht auch die liturgische und seelsorgliche Kompetenz von Pfarrerinnen und Pfarrern: wahrzunehmen, wie die Beziehung zwischen dem Toten und den Lebenden war, das Leben des Verstorbenen in der Traueransprache würdigen und beides mit den wesentlichen Merkmalen der christlichen Bestattung verbinden und liturgisch gestalten.

Ziel der Trauerseelsorge ist es, Resonanzerfahrungen zu ermöglichen, die dazu beitragen, dass Trauernde mit ihrem Verlust leben können. Trauerseelsorge beginnt da, wo der Tod eintritt und körperlich erfahrbar ist. Sie begleitet Trauernde beim Abschiednehmen und unterstützt sie in ihrem Trauerprozess. Für die Gestaltung von seelsorglichen Gedenk- und Erinnerungszeiten bietet sich neben Kirchenräumen auch der Friedhof in besonderer Weise an.

Würdig bestatten

Unser christliches Handeln wird geleitet von unserem Glauben, dass Gott seine bedingungslose Liebe zu den Menschen in Jesus Christus offenbart hat. Von daher ist jeder Mensch seinem Wesen nach auch zur Gemeinschaft mit Gott bestimmt – zu einem Leben in und mit Liebe –, und ihm kommt eine unverlierbare Würde zu.

Der Mensch kann und muss sich seine Würde nicht verdienen. Sie wird ihm von Gott geschenkt, unabhängig von seinen Eigenschaften, Fähigkeiten oder Leistungen, seiner Unvollkommenheit und Verletzlichkeit. Er kann seine Würde auch nicht durch eine Art der Bestattung verlieren, die einer Entsorgung seines toten Körpers gleichkommt.

Weil uns nichts trennen kann von der Liebe Gottes (Röm 8, 39), hängt unser Heil nach evangelischem Verständnis nicht davon ab, wie und wo wir beerdigt werden. Was davon aber abhängt, ist unser Ansehen in der Welt. Die Art und Weise, wie Tote bestattet werden, zeigt, wie die Lebenden in eine würdevolle Beziehung mit ihnen treten und sie als Mit-Geschöpf Gottes achten und wertschätzen. Aus christlicher Perspektive ist es der Menschen würdig, Verstorbene nicht anonym in einem gesonderten Friedhofsbereich zu begraben, sondern in einem namentlich gekennzeichneten Grab. Sein Name ist Ausdruck seiner Individualität. Gäbe es keinen Ort, an dem seiner gedacht würde, so würde er der menschlichen Gemeinschaft fehlen.

Der Menschen würdig ist es auch, der lebensgeschichtlichen Individualität des Verstorbenen in einem Gottesdienst zu gedenken. Dadurch wird bezeugt, „dass es vor Gott um den unverwechselbar und unvertretbar Einzelnen geht und dass es auf jeden Einzelnen ankommt – auch und gerade wenn dies die gesellschaftlichen Funktionsmechanismen permanent bestreiten" (Kristian Fechtner, Kirche von Fall zu Fall, S. 63).

Und Menschen würdig ist es, die Toten nicht im Verborgenen zu beerdigen, sondern sie öffentlich und gemeinschaftlich aus der Mitte der Lebenden zu ihrer Ruhestätte zu geleiten. In diesem Sinn heißt es in der Lebensordnung der Evangelischen Kirche von Hessen und Nassau von 2013: „Die kirchliche Bestattung ist eine gottesdienstliche Handlung, mit der die Gemeinde ihre verstorbenen Glieder zur letzten Ruhe geleitet, sie der Gnade Gottes befiehlt und bezeugt, dass Gottes Macht größer ist als der Tod. Die Gemeinde begleitet die Toten im Ritus der Bestattung. Sie begleitet die Hinterbliebenen mit Seelsorge und Fürbitte." Wenn der Tote keine Angehörigen hat, fühlt sich die Gemeinde mitverantwortlich für die Bestattung. „Ist bei einer Bestattung keine Gemeinde anwesend, begleitet die Pfarrerin oder der Pfarrer die Verstorbenen mit Bibelwort und Gebet" (Lebensordnung 3.4).

Die evangelische Bestattung ist aus ritualtheoretischer Perspektive ein Übergangsritual (Arnold van Gennep), mit dem die Toten würdig bestattet und die Hinterbliebenen in ihrem Trauerprozess unterstützt werden sollen.

Rituale tragen dazu bei, dass der Alltag wieder lebbar werden kann. Durch verschiedene symbolische Handlungen wird ein umfriedeter Raum geschaffen, in dem die Beteiligten sich bewegen und den sie gestalten, in dem der Schmerz zum Ausdruck kommen kann, aber auch die Verkündigung der Hoffnung, dass der Tod nicht das letzte Wort haben wird.

Das Übergangsritual zeichnet sich durch eine dreigliedrige Abfolge aus, die performativ begangen und vollzogen wird:

1. Trennung (Feststellen des Todes – Ausdruck des Schmerzes)
2. Umwandlung (Abschied – Übergabe in den Bereich des uns Entzogenen)
3. Integration (Vaterunser – Segen – Rückkehr ins Leben)

(Evangelische Kirche von Kurhessen-Waldeck, Agende IV „Bestattung" von 2006, S. 8)

Die evangelische Bestattung ist heute allerdings kein festes Ritual mehr, das als kollektiv verpflichtende Handlung vollzogen wird, sondern es handelt sich um eine ritualisierte Handlung, die „mit Bezug auf das ererbte oder auch neu aufgefüllte Reservoir symbolischer Formen eigenständig gestaltet" werden muss (Kristian Fechtner, Kirche von Fall zu Fall, S. 37). Kirchliche Symbole und Rituale sind für viele Menschen nicht mehr selbstverständlich und nicht mehr selbsterklärend. Die Gestaltung ist zudem abhängig von den individuellen Lebensbedingungen der Menschen, denn durch gesellschaftlich bedingte Individualisierungsentwicklungen gibt es mittlerweile eine Vielfalt an Lebensformen und Lebensstilen, die auch Auswirkungen auf die Ritualpraxis haben. Damit Rituale ihre Funktion erfüllen, müssen die kirchlichen Handlungen anschlussfähig an die Lebenswirklichkeit der Menschen sein. Denn „nur was trifft, trifft auch zu" (Walter Benjamin).

Ein wichtiges Kriterium ist hierbei auch die sinnliche und körperliche Erfahrbarkeit des Rituals. Menschen sind leibliche Wesen, die ihre Umwelt mit ihren Sinnen wahrnehmen. Der Tote verschwindet ja nicht, er ist weiterhin in der Welt der Lebenden präsent, sein biologischer Körper als Leichnam und seine Person als Erinnerungen. Um den Tod begreifen zu können, brauchen sie sinnlich wahrnehmbare Berührungspunkte mit dem Toten. Thomas Quartier konnte mit einer Studie zeigen, dass die Elemente einer Bestattung, die sich direkt auf den Leichnam bezogen, die deutlichsten emotionalen Reaktionen bei den Anwesenden hervorriefen: z. B. wenn der Sarg aus der Kirche oder aus der Friedhofskapelle getragen wird, beim Gang hinter dem Sarg, beim Herablassen der Urne in das Grab, beim Erdwurf (Thomas Quartier, Die Grenze des Todes, S. 33).

Menschen brauchen einen sinnlich erlebbaren Umgang mit dem Toten und mit ihrer Trauer. Eine solche körperliche Erfahrbarkeit muss das Bestattungsritual möglich machen (Lutz Friedrichs, Bestattung, S. 26). Die Bestattungsagende der Evangelischen Kirche von Kurhessen-Waldeck schreibt hierzu: „So können zum Beispiel die vielfältigen abschiedlichen Kontakte mit dem Verstorbenen, auch wenn er selbst nicht wirklich angesprochen werden kann, ihre Klärung und Intensivierung erfahren durch den Umgang mit dem Symbol seiner Gegenwart, dem Leichnam oder dem Sarg: Es ist die deutliche körperliche Zuwendung des Pfarrers oder der

Pfarrerin, Geste, Blick und Stimme; seine Berührung, seine Bezeichnung mit dem Kreuz; die Handauflegung bei der Aussegnung (zusätzlich zu den Worten, die gesprochen werden); die Ermutigung oder auch nur die leise Erlaubnis für die Angehörigen, sich selbst dem Toten ohne Scheu, aber doch ritualisiert körperlich zuzuwenden, mit der Hand oder mit einem Kuss, mit persönlichen Beigaben wie Abschiedsbrief, Ehering, Reiseerinnerung; mit Gegenständen gelebter Frömmigkeit: Kreuz, Taufkerze, Gebetbuch; bei Kindern Zeichnungen, Kuscheltiere, Taufkerze (die bei der Aufbahrung entzündet werden kann)" (Agende IV „Bestattung" von 2006, S. 13).

Eine wichtige Frage für die Gestaltung der Trauerfeier spielt auch die Musik. Denn sie definiert den Raum. „Von ihrer Auswahl hängt die Chance ab, ob der Raum der Bestattungsfeier hier und jetzt als Begegnungsraum, als Schwelle zwischen dem Lebensraum und dem mit dem Sarg sichtbar bestimmten Raum des Todes erlebt werden kann, sodass Trauer provoziert, die Realisierung des Todes erleichtert und auch Schutz gegenüber dem Bedrohlichen des Todes angeboten werden kann" (Hans-Martin Gutmann, Mit den Toten leben, S. 72 f.).

Nicht immer ist dies mit kirchlichen Liedern möglich; für einige Menschen klingen sie so fremd, dass sie diese Kraft nicht entfalten. Wo die Musik weder das Potenzial besitzt, verkündigend noch identitätsgebend zu sein, wäre es auch wenig hilfreich für die Trauergemeinde, wenn der Pfarrer oder die Pfarrerin darauf bestehen würde. Es kann aber auch sein, dass kirchliche Lieder ausdrücklich von Angehörigen gewünscht werden, weil es so „üblich" ist. Die Einbindung in die Tradition kann ihnen das Gefühl geben, ihre Verstorbenen angemessen zu würdigen. Leitend sollte zuallererst das Anliegen sein, mit der Auswahl der Musik Menschen zu unterstützen, die schwierige Situation zu bewältigen.

Auch der Ort der Trauerfeier spielt für das Erleben des Abschieds eine nicht unerhebliche Rolle. Kristian Fechtner plädiert darum mit anderen entschieden dafür, dass sie „(mit Sarg oder Urne!) in der Kirche stattfinden kann, weil hier sehr viel deutlicher als in der Friedhofskapelle das gottesdienstliche Erleben dieser Situation räumlich sinn(en)fällig wird" (Kristian Fechtner, Kirche von Fall zu Fall, S. 23).

„Die Würde des Menschen wird da gefunden, wo wir den Menschen nicht danach beurteilen, wer er für uns ist, sondern danach, wer er für Gott ist."

Stefan Heuser, Menschenwürde, S. 17

Parkfriedhof Hamburg-Ohlsdorf | Kriegsgräber

Der Toten gedenken

Das Christentum ist seinem Wesen nach auch eine Erinnerungs- und Gedächtnisgemeinschaft. Sie erinnert sich der Geschichte Gottes mit den Menschen, in der Jesu Tod und Auferstehung das herausragende Ereignis ist, aus dem die Gläubigen für sich ihre Hoffnung schöpfen auf ein Leben nach dem Tod. In Römer 8, 38–39 heißt es: „Denn ich bin gewiss, dass weder Tod noch Leben, weder Engel noch Mächte noch Gewalten, weder Gegenwärtiges noch Zukünftiges, weder Hohes noch Tiefes noch irgendeine andere Kreatur uns scheiden kann von der Liebe Gottes, die in Christus Jesus ist, unserm Herrn."

Der österliche Ursprung der Kirche war eine Protestbewegung gegen den Tod. „In der Auferstehungshoffnung drückt sich der Glaube an ein Leben aus, das nicht vom Tode bestimmt ist" (Henning Luther, Tod und Praxis, S. 420). Würde die Trauer über die Toten und das Gedächtnis ihres Leidens vergessen, so schreibt Henning Luther, würde auch die Hoffnung auf Auferstehung an Bedeutung verlieren. Für ihn ist darum das Kreuz auch ein Symbol für die Überwindung des Vergessens der Toten, das zum Symbol einer Treue wird, „die, anders als die kirchlich verordnete Treue der Eheleute, gerade nicht im Tod ihre Grenze und ihr Ende findet. ‚Bis dass der Tod euch scheidet' – diese Logik geschichtlichen Fortschritts gilt mit dem Kreuz gerade nicht" (Henning Luther, Tod und Praxis, S. 424). Für Henning Luther folgt daraus, dass die Kirche sich auch als Gedächtnisgemeinschaft verstehen muss, die auf individueller und auf gesellschaftlicher Ebene dem Vergessen der Toten entgegenwirkt und den Sprachlosen Sprache gibt; dies gilt dann auch und gerade für die verschwiegenen Toten. Im Gedenken an die Toten gibt die Kirche diejenigen, die uns vorangegangen sind, nicht dem Vergessen anheim. Sie verkündigt damit die christliche Hoffnung auf Auferstehung von den Toten und eine geglaubte Gemeinschaft der Lebenden und der Toten.

An die Verstorbenen auf individueller und gesellschaftlicher Ebene zu erinnern geschieht im Licht der christlichen Hoffnung. Ein zentraler Ort für das Gedenken der Toten ist der Gottesdienst, in dem Christen das Heilshandeln Gottes an uns Menschen feiern. Es geschieht im Erzählen, im Bekennen, im Erinnern an Geschehenes und im teilnehmenden und teilhabenden Mitleiden. Einen geschützten und aus Alltagskommunikationen herausgehobenen Raum für die Beziehung zwischen Lebenden und Toten geben besonders die Rituale des Gedenkens: Aussegnung und Glockengeläut, Trauergespräch und Bestattung, Abkündigung der Verstorbenen im Gemeindegottesdienst. Im Kirchenjahr findet es am Totensonntag und Volkstrauertag statt, am Karfreitag und in Passionsandachten. Zu überlegen wäre, ob nicht weitere Angebote, wie etwa „Heiligabend auf dem Friedhof" oder Gedenkgottesdienste für Angehörige vierzig Tage nach der Bestattung sinnvoll wären anzubieten.

Für die Ausgestaltung dieser Gedenkfeiern sind besonders die Namens- und Kerzenrituale von großer symbolischer Wirkkraft. Petra Zimmermann schreibt: „Mit dem Aussprechen der Namen werden auf der Ebene des subjektiven Erlebens die Toten selbst angerufen, gleichsam herbeigerufen und als anwesend erlebt. Die Lichter können zu symbolischen Repräsentanten der Toten werden, mit ihrer Hilfe kann gleichsam über die Grenze des Todes hinweg ‚kommuniziert werden'. Der Gnadenspruch, der auf das Kyrie antwortet, vermag diese Wahrnehmung zu stützen" (Petra Zimmermann, Den Totensonntag erleben, Praktische Theologie (3) 2002, S. 212.).

Einen besonderen Stellenwert hat für die Kirche das Gedenken an die Opfer von Krieg, Terror und Gewalt. In der Dreikönigsgemeinde in Frankfurt am Main wird zum Beispiel im Rahmen eines Gedenkprojekts der Opfer des Nationalsozialismus gedacht. Das Gedenken an diese Toten begann, als durch eine geplante Stolpersteinverlegung 2010 in Frankfurt-Sachsenhausen einige engagierte Gemeindemitglieder der Frage nachgingen, ob auch Menschen aus der Dreikönigsgemeinde dem Terror des NS-Regimes zum Opfer gefallen sind. Die Gruppe fand bei ihren Recherchen heraus, dass 26 Frauen, Männer und Kinder, die der Dreikönigsgemeinde nahestanden, aufgrund ihrer jüdischen Herkunft von den Nationalsozialisten ermordet wurden. Doch wie geht man als Kirchengemeinde mit der Entdeckung solcher Gräueltaten um? Anlässlich der Stolpersteinverlegung am 3. Juni 2011 beantwortete Pfarrer Martin Vorländer die Frage so: „Was wir tun können, ist gedenken. Die Nationalsozialisten machten Menschen zu Nummern, die sie in die Haut der KZ-Häftlinge tätowierten. Wir erinnern ihre Namen, ihr Leben, ihr Leiden, das, was ihnen angetan wurde. Das Gedenken führt uns zusammen und verbindet uns. Das Gedenken stärkt uns, Mitmenschlichkeit, Nächstenliebe und die Achtung vor jedem einzelnen Menschen hochzuhalten"
(http://archiv.dreikoenigsgemeinde.de/reportage/reportage_20110604.php).

Das Gedenken an die NS-Opfer in der Dreikönigsgemeinde findet auf vielfältige Weise statt. Die Konfirmandinnen und Konfirmanden beschäftigen sich mit den Biografien der Ermordeten und informieren sich im Gespräch mit Zeitzeugen über die Verbrechen. Einmal im Jahr findet ein Gedenkgottesdienst statt, in dem die Namen der Ermordeten verlesen werden. Die Gemeinde beteiligt sich seit 2011 an der Verlegung von Stolpersteinen. Eine Wanderausstellung über Evangelische jüdischer Herkunft in den Jahren 1933–1945 wurde erstellt, und die Biografien der Ermordeten wurden in ein „Buch des Lebens" geschrieben. Auf der Webseite der Gemeinde heißt es: „Ihr Leben, das Unrecht, das ihnen angetan wurde, ihr gewaltsamer Tod sollen nicht vergessen werden. Erinnern heißt handeln. Es verpflichtet, wach zu sein und sich für eine Gesellschaft einzusetzen, in der die Würde eines jeden Menschen geachtet wird"
(http://dreikoenigsgemeinde.ekhn.de/ueber-uns/gedenkprojekt-ns-opfer.html).

Ein anderes Beispiel zeigt, wie unter den Bedingungen des gesellschaftlichen Wandels, in dem sich die evangelische Kirche von einer Volkskirche hin zu einer pluralismusfähigen Großkirche neben anderen religiösen Gemeinschaften wandelt, auch neue Formen von Gedenkinstallationen für Tote im säkularen Raum mit einem bewussten Bezug zum kirchlichen Raum entstehen.

Im Hamburger Stadtteil St. Georg verlegte der Künstler Tom Fecht kurz vor dem Welt-AIDS-Tag am 1. Dezember 1994 im Zuge seines Projekts „Namen und Steine" etwa fünfzig Steine in Kreuzform vor der Dreieinigkeitskirche zum Gedenken an verstorbene Menschen mit HIV/AIDS. In einige Steine wurden von ihm Namen von unbekannten und von bekannten Menschen

gemeißelt, wie Freddie Mercury, andere ließ er bewusst unbeschriftet, für die anonymen und zukünftigen AIDS-Opfer. Damit wollte er die Einmaligkeit eines jeden Menschen in der Gemeinschaft aller zum Ausdruck bringen. Der Künstler hat „die Steine vor eine Kirche gesetzt und mit ihrer kreuzförmigen Ausrichtung einen formalen Bezug zum Kirchengrundriß hergestellt. Dieser Bezug aber ist ambivalent. Er dient sich nicht der Kirche an, sondern will, ebenso wie sie, einen Denkraum eröffnen, der von Tod und Leben handelt"
(Wolf Jahn, http://fhh1.hamburg.de/Behoerden/Kulturbehoerde/Raum/artists/fech.htm).

Auch auf dem Friedhof bieten sich Chancen, neue Gedenkräume zu gestalten. Der evangelische Friedhof in Ahrensburg hat zum Beispiel einen Maritimen Gedenkgarten angelegt, als Trauer- und Gedenkort für die Hinterbliebenen, deren Angehörige und Freunde auf See bestattet wurden. An dem Weg, der durch den Gedenkgarten führt, wurden Bäume gepflanzt, die als Gedenkbaum für Verstorbene erworben werden können, mit der Möglichkeit, auf Schildern ihre Namen anzubringen (www.friedhof-ahrensburg.com).

Digitale Gedenk- und Erinnerungskultur im Internet

Durch die digitalen Medien sind neue Formen der Gedenk- und Erinnerungskultur entstanden. Das Internet ist ein öffentlicher Raum, in dem es möglich wurde, der Toten zu gedenken, der eigenen Trauer einen Ausdruck zu verleihen und sich mit anderen Betroffenen zu vernetzen. Eine der ersten Webseiten für Trauernde (www.schmetterlingskinder.de) wurde bereits in den frühen Anfängen des Internets, im Jahr 1997, von einer jungen Mutter online gestellt, die damals ihr drittes Kind in der 15. Schwangerschaftswoche verloren hatte. Entstanden ist daraus ein Verein, der sich um betroffene Eltern kümmert. Oft sind es Eltern, deren Kinder gestorben sind, die im Internet Gedenkseiten anlegen. Neben dem Grab und dem Ort des Todes sind Gedenkseiten ein weiterer „Ort" des Gedenkens. Auch die Gedenkseiten können wie brennende Kerzen zur symbolischen Repräsentanz der Toten werden und dabei helfen, die Beziehung zu den Toten zu leben. Die evangelische Kirche bietet auf ihrer Internetseite für Trauernde www.trauernetz.de seit 2001 einen virtuellen Gedenkraum für Tote an. Neben dem Angebot von Gedenkseiten findet hier am Ewigkeitssonntag eine Chatandacht statt. Einige Tage zuvor können hierfür die Namen und Lebensdaten von Verstorbenen eingetragen werden. Im ersten Teil der Andacht erscheinen mehrere Hundert Namen nacheinander auf dem Bildschirm. Achtet man auf die Sterbedaten, dann fällt auf, dass die meisten mehr als ein Jahr tot sind. Dies zeigt, dass das Bedürfnis der Hinterbliebenen, ihrer Toten zu gedenken, eines ist, das nicht mit dem Trauerjahr endet.

Hauptfriedhof Karlsruhe | Trauerbegleitung für Jugendliche

Kraft der Erinnerungen

Von Toten wird oft gesagt, sie lebten in den Erinnerungen weiter. Das klingt, als sei dies ein natürliches Geschehen. In Wirklichkeit handelt es sich aber „um einen Akt der Belebung, den der Tote dem entschlossenen Willen der Gruppe verdankt, ihn nicht mit dem Verschwinden preiszugeben, sondern kraft der Erinnerung als Mitglied der Gemeinschaft festzuhalten und in die fortschreitende Gegenwart mitzunehmen“ (Jan Assmann, Das kulturelle Gedächtnis, S. 33). Wer einen bedeutsamen Verlust erleiden musste, hat in aller Regel das Bedürfnis, sich an seine Toten zu erinnern. Wer wichtig für unser Leben ist, der bleibt es, auch wenn er stirbt. Was wir mit ihnen erlebt haben, gehört unauflösbar zur eigenen Lebensgeschichte dazu.

Alle Erfahrungen, die wir selbst machen und die für uns eine persönliche Bedeutung haben, werden Teil unseres autobiographischen Gedächtnisses. Von unseren autobiographischen Erinnerungen haben wir eine bildhafte Vorstellung, und wir können sie zeitlich und räumlich zuordnen. In der Regel werden sie von Emotionen begleitet, die in gewisser Weise ein Wieder-Erleben des Erlebten ermöglichen. Ausgelöst werden diese Erinnerungsprozesse durch Hinweisreize. Das können Wörter, Bilder, Symbole, Gefühle etc. sein. Diese können von außen oder aus dem eigenen Gedächtnis kommen (Rüdiger Pohl, Das autobiographische Gedächtnis, in: Gedächtnis und Erinnerung, S. 75).

Indem wir uns Gewesenes vergegenwärtigen, rekonstruieren wir die Vergangenheit, die wir dann von der Gegenwart unterscheiden können. Vergangenheit entsteht so gesehen erst dadurch, dass wir uns auf sie beziehen (Jan Assmann, Totengedenken als kulturelles Gedächtnis, in: Rainer Beck (Hg.), Der Tod, S. 16). Sich an die Toten und das mit ihnen Erlebte zu erinnern, trägt im Trauerprozess dazu bei, eine neue Identität auszubilden und an das veränderte Leben anzupassen. Es ermöglicht zu begreifen, dass die Toten wirklich tot sind und das eigene bisherige Leben unumkehrbar vorbei ist. Ohne das Erinnern an die Toten wäre kein Neuanfang möglich.

Der Psychoanalytiker Sigmund Freud vertrat die These, Trauernde müssten sich emotional von ihren Toten lösen und ihre Liebesenergie von ihnen abziehen. Diese Annahme erzeugt bei vielen Trauernden große Widerstände. Inzwischen wissen wir, dass es im Trauerprozess um das Finden einer dauerhaften neuen Form der Verbindung zur verstorbenen Person geht (James William Worden, Beratung und Therapie in Trauerfällen, S. 10). Auf Trauernde kommt es zu, den Verlust eines Menschen als Tatsache zu realisieren und zu akzeptieren, sie haben den Schmerz zu verarbeiten und sich an ein Leben ohne den verstorbenen Menschen anzupassen. Um dies tun zu können, müssen sie dem Toten einen neuen, angemessenen Platz in ihrem Leben geben. Es geht nicht darum, ihn „loszulassen“, sondern ihn „sein zu lassen“, im Sinne von ihn „Erinnerung werden zu lassen“.

Auch wenn Trauernde den Tod eines für sie bedeutsamen Menschen realisiert, akzeptiert und sich an ihr neues Leben angepasst haben, bleibt die emotionale Beziehung weiterhin bestehen. Ihre Liebe lebt als Erinnerung weiter. An Gedenktagen oder unter bestimmten Bedingungen kann sich dies u. a. in Wehmut äußern, wie paradoxerweise auch Zeugnisse aus der Lebensgeschichte von Sigmund Freud belegen. Seine Tochter Sophie starb im Alter von 27 Jahren an einer Lungenentzündung, als Folge einer Grippeepidemie. Neun Jahre nach ihrem Tod schreibt er an ihrem Geburtstag einen Brief an den Psychiater Ludwig Binswanger, der wie er ein Kind verloren hat: „Gerade heute wäre meine verstorbene Tochter 36 Jahre alt geworden … Man weiß, dass die akute Trauer nach einem solchen Verlust ablaufen wird, aber man wird ungetröstet bleiben, nie einen Ersatz finden. Alles, was an die Stelle rückt, und wenn es sie auch ganz ausfüllen sollte, bleibt doch etwas anderes. Und eigentlich ist es recht so. Es ist die einzige Art, die Liebe fortzusetzen, die man ja nicht aufgeben will" (G. Fichtner (Hg.), Sigmund Freud – Ludwig Binswanger: Briefwechsel 1908–1939, Frankfurt 1992, S. 222 f.). Dreizehn Jahre nach dem Tod von Sophie Freud erwähnt eine Analysandin in einer Therapiesitzung die Grippeepidemie von 1920. Freud antwortet ihr daraufhin, er habe Grund, sich an diese zu erinnern, da er durch sie seine liebe Tochter verloren habe. Weiter sagt er: „Sie ist hier", und zeigt der Analysandin dabei ein kleines Medaillon, das er an seiner Uhrkette befestigt hatte. Symbolisch ist seine Tochter für ihn in Form des Medaillons präsent. Die Erwähnung der Grippeepidemie genügte, um seine Erinnerung an sie zu wecken.

Im Akt des Erinnerns wird den Toten ein Platz im Leben der Hinterbliebenen eingeräumt. Trauernde brauchen günstige Bedingungen, die ihnen ermöglichen, sich an ihre Toten erinnern zu können. Diese entstehen durch Kommunikation und Interaktion in sozialen Gemeinschaften, durch Zeugnisse, die eine Differenz zum Leben vermitteln (Friedhof, Grabstein etc.) und durch rituelle Ausdrucksformen.

Das Erzählen von der gemeinsamen Zeit vor dem Verlust, von der Geschichte des Verlustes und von dem, was sie emotional durchlebt haben, trägt dazu bei, den Verlust und den Verstorbenen in die eigene Lebensgeschichte zu integrieren.

Neben der sozialen Gemeinschaft sind für das Erinnern auch Zeugnisse, die eine Differenz zur Gegenwart vermitteln, wichtig: Zeichen, Symbole, das Grab und die Grabpflege, Erinnerungsfotos u. a. Sie führen den Verlust sinnbildlich vor Augen und wecken damit verbundene Emotionen.

Erinnern wird auch durch rituelle Ausdrucksformen gestärkt. Ein wichtiges Gedenk- und Erinnerungsritual ist die Bestattung der Toten. Es vergegenwärtigt den Übergang vom Leben zum Tod, aus christlicher Perspektive auch den Übergang in ein neues Leben. In der Bibel heißt es: „Ich bin die Auferstehung und das Leben. Wer an mich glaubt, der wird leben, auch wenn er stirbt." (Joh 11,25) Die Lebenden begleiten die Verstorbenen rituell aus der Gemeinschaft der Lebenden zur Ruhestätte der Toten. Sie gehen mit ihnen gemeinsam den Weg bis zu ihren Gräbern und ohne sie zurück in ihr Leben. In dem Ritus wird der Übergang in ein neues, verändertes Leben vollzogen. In ein Leben ohne diejenigen, die nicht mehr leiblich präsent sind. Gleichzeitig werden die Lebenden an ihre eigene Sterblichkeit erinnert.

Erinnerungen brauchen aber auch Orte der Erinnerung. Orte können in der Natur sein, am Ort des Sterbens oder da, wo die Toten begraben liegen. „Erinnerung stirbt, wenn sie keine Nahrung hat, wenn sie nichts gilt, wenn es keinen Ort gibt, wo sie wohnen kann, keine Stelle, wo sie öffentlich geteilt wird. Sie geht ein an der totalen Privatisierung des Lebens (Dorothee Sölle, Fulbert Steffensky, Wider den Luxus der Hoffnungslosigkeit, S. 20 f.).

Aus kirchlicher und diakonischer Perspektive stellen sich darum Fragen: Welche Möglichkeiten gibt es, sich an der Gestaltung von Friedhöfen zu beteiligen, damit sie zu individuellen Erinnerungsorten werden? Wie können der christliche Glaube an ein Leben nach dem Tod und die Hoffnung auf Auferstehung symbolisch dort sichtbar werden? Welchen diakonischen und seelsorglichen Unterstützungsbedarf haben Trauernde auf dem Friedhof?

Bestattungsdiakonat

Die Bestattung der Toten gehört nach christlichem Verständnis zu den Werken der Barmherzigkeit, „sie ist ein Liebesdienst, also im elementarsten Sinne diakonia“ (Kristian Fechtner, Kirche von Fall zu Fall, S. 59).

Über Jahrhunderte zählten die Unterhaltung der Begräbnisstätten und die Bestattung der Toten zu den Kernaufgaben der Kirche. Auch wenn die Friedhöfe heute weitgehend in kommunaler Trägerschaft sind, gilt es dennoch zu fragen: Was kann die evangelische Kirche dazu beitragen, dass es bezahlbare Begräbnisstätten gibt? Und wie kann sie verhindern, dass Menschen namen- und zeichenlos bestattet werden und damit das soziale Umfeld keinen Ort der Erinnerung an sie hat?

Für viele Menschen sind bereits heute die Bestattungskosten zu hoch. Dieses Problem wird in den kommenden Jahren vermehrt auftreten und vor allem ältere Menschen betreffen, die im Niedriglohnbereich gearbeitet haben oder alleinerziehend waren und während der Kindererziehungszeit von sozialen Leistungen leben mussten. Ein weiteres Problem ist für Angehörige auch die Pflege der Gräber. Die Familien leben meist nicht mehr zusammen an einem Ort, und ihnen fehlt die Zeit, regelmäßig zum Friedhof zu fahren. Wer aber kann an ihrer Stelle die Grabpflege übernehmen?

Wir brauchen bezahlbare alternative Bestattungsformen, die eines Menschen würdig sind, und wir brauchen Gräber, die von Angehörigen nicht gepflegt werden müssen. Gemeinschaftsgräber in christlicher Trägerschaft könnten eine Alternative sein, vorausgesetzt, sie sind kostengünstiger als anonyme Bestattungen und die Grabpflege würde von Kirchengemeinden oder regionalen diakonischen Werken übernommen.

Eine weitere Frage ist: Was kann die evangelische Kirche für Verstorbene tun, die keine Angehörigen haben? Für Friedhofsmitarbeiter und Pfarrerinnen ist es schmerzlich, wenn sie erleben, dass außer ihnen niemand da ist, der diesem einen Menschen, den sie gerade zu Grabe tragen, den Abschied gibt.

Eine Möglichkeit, sich dieser Probleme anzunehmen, wäre, über die Einrichtung von Bestattungsdiakonaten nachzudenken, in Anlehnung an die traditionellen Bestattungs-Bruderschaften (Hans-Martin Gutmann, Mit den Toten leben, S. 69). Dies wäre für die Bestattungspraxis einer Kirchengemeinde denkbar, könnte aber auch über diese hinaus erweitert werden, zum Beispiel auf Dekanats- oder Kirchenkreisebene oder in der Kommune. Kirchenmitglieder könnten Verstorbene ohne Angehörige mit dem Pfarrer zusammen zum Grab begleiten und verabschieden.

Ein Bestattungsdiakonat könnte aktiv zur Vernetzung verschiedener Akteure im Bereich der Bestattungs- und Friedhofskultur beitragen. Miteinander ließen sich so Probleme beheben, die dazu führen, dass Menschen unwürdig bestattet werden und dass Angehörige keinen Begräbnisplatz als Erinnerungsort haben.

Zu bedenken wäre auch, ob ein Bestattungsdiakonat nicht auch eine Anlaufstelle für Fragen rund um das Thema Bestattung sein könnte, denn der überwiegende Anteil der evangelischen Kirchenmitglieder ist heute nicht mehr mit der kirchlichen Bestattungspraxis vertraut. Die fünfte EKD-Erhebung über Kirchenmitgliedschaft (2014) hat gezeigt, dass die meisten Kirchenmitglieder sich zwar mit ihrer Kirche freundlich verbunden fühlen, aber ihr gegenüber distanziert sind. Sie nehmen nur noch gelegentlich und anlassbezogen aktiv am kirchlichen Leben teil. 75 Prozent der Befragten gaben an, überhaupt nicht am kirchlichen Leben teilzunehmen. Auf die Nachfrage, ob sie sich grundsätzlich gerne beteiligen würden, sagten 87 Prozent nein. Mehrheitlich nehmen Menschen kirchliche Trauerfeiern in Anspruch, ohne den Kontakt zur Ortsgemeinde aufnehmen oder vertiefen zu wollen. Das spricht für Lutz Friedrichs dafür, „die kirchliche Bestattungspraxis aus ihrer einseitigen gemeindetheologischen Bindung zu lösen und sie im Anschluss an ihre altkirchlichen Wurzeln diakonisch als ‚Aktion des Beistands' zu verstehen, also als ein in die Gesellschaft wirkendes Geschehen, das Menschen immer dann im Sinne des Evangeliums begleitet, wenn sie auf die Kirche zukommen und darum bitten" (Lutz Friedrichs, Die kirchliche Bestattung. Tradition im Wandel, in: Thomas Klie et al. (Hg.), Praktische Theologie der Bestattung, S. 81).

Ein neues diakonisches Angebot könnte auch eine Art „Kümmerer" sein. Haupt- oder Ehrenamtliche könnten über die Angebote und Leistungen zur Bestattung informieren, Auskunft geben, wer für was zuständig ist und was etwas kostet und was nicht. Denn es gibt inzwischen eine „neue Unübersichtlichkeit" bei Bestattungsangelegenheiten, die für Angehörige eine potenzielle Belastung darstellen kann: „Auf ihre Rolle als Bestattungskunden würden die meisten Betroffenen vermutlich gerne verzichten. Überdies liegt häufig ein Informationsdefizit vor, da der Kauf von Totenfürsorgeleistungen ein vergleichsweise seltenes Lebensereignis darstellt" (Matthias Meitzler, Postexistentielle Existenzbastelei, S. 140).

Hamburg-Volksdorf | Gemeinschaftsgrabfeld „Säulen der Begegnung“

Die Situation ist sicherlich von Ort zu Ort und zwischen Stadt und Dorf unterschiedlich, ebenso die Gründe, die dazu führen, warum Kirchenmitglieder nicht kirchlich bestattet werden. Dennoch können Probleme benannt werden, die in der Bestattungspraxis immer wieder auftauchen und für die es Lösungen braucht:

- nicht ständige Erreichbarkeit von Pfarrerinnen und Pfarrern
- der gewünschte Bestattungstermin kann von ihnen in Einzelfällen nicht wahrgenommen werden
- der zuständige Ortspfarrer oder die Ortspfarrerin erteilt keine Erlaubnis, dass der oder die von den Angehörigen gewünschte Geistliche die Bestattung übernimmt
- Pfarrer oder Pfarrerinnen werden bei Bestattungen ohne Angehörige durch das Ordnungsamt nicht verständigt
- weltliche Trauerredner werden vorgezogen, weil sie als einfühlsamer erachtet werden
- kirchliche Bestattungsrituale wirken sinnentleert, wenn sie nicht mit der Lebenswirklichkeit der Menschen in Einklang gebracht werden
- Bestattungsunternehmen übernehmen die zeremonielle Gestaltung des Abschieds
- Wünsche der Angehörigen, insbesondere zur musikalischen Gestaltung der Trauerfeier, werden nicht berücksichtigt

Ein drängendes Problem ist die Erreichbarkeit von Pfarrern. Heute ist die sehr zeitnahe Beantwortung von Anfragen die Regel. Im Pfarralltag einer Ortsgemeinde kann eine 24-stündige Erreichbarkeit für Kasualien von einer Person allein auf Dauer nicht sichergestellt werden. Dies ist auch niemand zumutbar. Für die Erreichbarkeit von Pfarrerinnen braucht es andere Strukturen, die den gesellschaftlichen Anforderungen Rechnung tragen.

Die evangelische Kirche steht vor der Aufgabe, ihre Bestattungspraxis, mit all ihren seelsorglichen, rituellen und diakonischen Kompetenzen, an die veränderten gesellschaftlichen Bedingungen anzupassen.

Denkbar wäre auch, auf Kirchenkreis- bzw. Dekanatsebene oder in der Region mit einem Bestattungsdiakonat eine zentrale Anlaufstelle zu schaffen, an die sich Bestatter, Behörden wie das Ordnungsamt und Angehörige gleichermaßen wenden könnten. Von dort ließen sich Bestattungsanfragen an die Pfarrer weiterleiten. Einzelne Kirchen könnten auch als Kasualkirchen gestärkt und Kasualpfarrerinnen und -pfarrer beauftragt werden, wie Kristian Fechtner vorschlägt (Kristian Fechtner, Kirche von Fall zu Fall, S. 49).

Hauptfriedhof Karlsruhe | Skulptur im „Lebensgarten"

Friedhofskultur

Friedhöfe spiegeln die Kultur einer Gesellschaft. Gräber zeugen von dem Leben der Menschen, ihren Werten und Einstellungen und davon, welche Bedeutung die Verstorbenen für die Lebenden haben. Es gibt keinen Tod, „der losgelöst von sozialen Strukturen gedacht werden könnte – genauso, wie es auch kein Leben gibt, das entkoppelt von der Gesellschaft vorstellbar ist. Wenn die Gesellschaft sich ändert, ändert das Ende des Lebens sich mit" (Thorsten Benkel, Die Zukunft des Todes, S. 8).

Seit etwa zwanzig Jahren ist ein deutlicher Wandel in der Friedhofskultur wahrnehmbar, der bereits vielfach beschrieben und analysiert wurde. (Vgl. Reiner Sörries, Ruhe sanft; Barbara Happe, Der Tod gehört mir; Frank Thieme, Bestattung zwischen Wunsch und Wirklichkeit.) Von tektonischen Verschiebungen ist mitunter die Rede. Wesentliche Faktoren, die mit dazu beigetragen haben, sind die demographischen Entwicklungen, beruflich bedingte Mobilität, eine erstarkende Autonomie des Individuums, einhergehend mit einer Pluralisierung der Lebensstile und Lebensmodelle.

Für Reiner Sörries lässt sich der Wandel in der Friedhofskultur an drei Wendepunkten festmachen, die mit konkreten Phänomenen verbunden sind. Der erste Wendepunkt war Ende der 1980er-Jahre, als namen- und zeichenlose Bestattungen drastisch zunahmen und diese Bestattungsform zu einer Alternative zu den klassischen Einzel- und Familienreihengräbern wurde.

Ein weiterer Wendepunkt war 2001, als der erste Friedwald im Reinhardswald bei Kassel eröffnet wurde und die Möglichkeit der naturnahen Bestattung geschaffen wurde. In den darauffolgenden Jahren kamen in ganz Deutschland zahlreiche Friedwälder, Ruheforste oder Trauerwälder hinzu.

Zeitweise wurde befürchtet, dass die Friedhöfe „sterben" würden. Das war nicht der Fall. Allerdings haben manche derjenigen, die beruflich mit dem Friedhof zu tun haben, drastische finanzielle Einbußen hinnehmen müssen. Die Friedhöfe mussten, wenn sie weiterhin wirtschaftlich bleiben wollten, die Wünsche nach alternativen Bestattungsformen in ihren Angeboten berücksichtigen.

Ein dritter Wendepunkt war schließlich, als die römisch-katholische Kirche aus finanziellen Gründen Kirchen zu Kolumbarien umwidmete. Die erste Kirche, die 2006 zu einer Begräbniskirche wurde, war vermutlich St. Konrad in Marl. Reiner Sörries schreibt: „Bis zu diesen Zeiten waren die Bestattungsmöglichkeiten in Deutschland durch ein rigides Gesetzeswerk auf die öffentlichen Friedhöfe eingeschränkt." Inzwischen können die Menschen im Rahmen ihrer finanziellen Möglichkeiten wählen und ihre eigenen Wünsche und Vorstellungen verwirklichen. Doch dieser Wandel sei noch nicht an sein Ende gekommen, prognostiziert er, eine politische Liberalisierung und eine wachsende Ökonomisierung des Bestattungswesens werden im Sinne einer multioptionalen Gesellschaft weitere Alternativen hervorbringen (Reiner Sörries, Ein letzter Gruß, S. 15).

Zeichen des Wandels

Vielerorts sind die Veränderungen in der Friedhofskultur durch neue landschaftliche Gestaltungen der Friedhöfe erkennbar. Die durchweg flächendeckenden klassischen Anordnungen von Reihengräbern – als Einzel- oder Familiengrabstätten – gibt es kaum noch. Stattdessen sieht man beinahe überall große Rasenflächen, die entweder Bestattungsorte für anonyme Beisetzungen sind oder ungenutzte Areale, sogenannte Überhangflächen. Auffallend sind auch die zunehmend gebauten Urnenwände und -grabstätten, neben naturnahen Miniaturlandschaften. In einem Forschungsprojekt zum Wandel in der Bestattungskultur wurden 950 Friedhöfe im deutschsprachigen Raum untersucht. Ein deutliches Ergebnis war, dass der soziale Wandel sich sowohl in der Wahl der Grabart als auch in der Grabgestaltung zeigt. In beiden Fällen sind Pluralisierungseffekte und die Abkehr von Traditionen festzustellen (vgl. Matthias Meitzler, Postexistentielle Existenzbastelei).

Kremation

Möglich wurde der Wandel erst durch die Feuerbestattung, die im Vergleich zu Erdbestattungen platz- und kostensparender und weniger pflegeintensiv ist. Mehrheitlich entscheiden die Menschen sich heute für eine Einäscherung. Im Jahr 2016 wurden von rund 900.000 Verstorbenen in Deutschland schätzungsweise 64 Prozent kremiert (Bundesverband Deutscher Bestatter e. V., Pressemitteilung vom 3.7.2017).

Autonomie statt Fremdbestimmung

In Bestattungsfragen ist die Selbstverantwortung des Einzelnen maßgeblich geworden. Auf der einen Seite sind damit auch die Erwartungen an Beerdigungen und die damit verbundenen Gestaltungswünsche individueller, persönlicher und selbstbestimmter geworden, auf der anderen Seite nehmen aber auch Beisetzungen ohne Trauerfeiern zu, und der Anteil an namen- und zeichenlosen Rasenbeisetzungen, sogenannte anonyme Bestattungen, ist seit den 1980er Jahren deutlich gestiegen.

Mit dem Erstarken eines Rechts auf Selbstbestimmung geht eine Absage an jegliche Form von Fremdbestimmung einher. Kirchliche Vorgaben in Friedhofsordnungen werden darum teilweise von der Bevölkerung als unangebracht und nicht mehr zeitgemäß empfunden. So auch, als die katholische Kirchengemeinde Mariä Heimsuchung in Dortmund-Bodelschwingh im Jahr 2012 Eltern untersagte, an dem Grabstein ihres verstorbenen 9-jährigen Sohnes das BVB-Logo mit dem Schriftzug „Echte Liebe“ anzubringen. Die Kirchengemeinde begründete ihre Entscheidung damit, dass es kein religiöses Symbol sei. Daraufhin brach eine Welle der Empörung in der Bevölkerung aus. Allein im Internet fanden sich innerhalb kürzester Zeit 80.000 Menschen, die die Eltern unterstützen wollten.

Biografische Elemente ersetzen religiöse Zeichen und Texte auf Grabsteinen

Außer dem Namen und den Lebensdaten hatten traditionell gestaltete Grabsteine früher in der Regel einen religiösen Bezug. Aus den Inschriften ging oft die Hoffnung auf ein Leben nach dem Tod hervor. Heute gibt die Gestaltung der Grabsteine tendenziell eher Auskunft über den Menschen, der dort begraben liegt. Die Gräber berichten über die Biografie und die Persönlichkeit der Verstorbenen.

Auffällig ist seit den 1990er Jahren die Einbindung von Fotos in die Gestaltung der Grabsteine wie auch der Trauerfeiern. „Der Gang über den Friedhof erinnert heute zunehmend an das Betrachten eines Fotoalbums, dessen Bilder gewissermaßen als Individualgaranten wirken: Mögen symbolische Versinnbildlichungen von Berufen, Freizeitkontexten, Lebenseinstellungen und dergleichen zwar Essenzielles über den Toten verraten, so erscheint doch nichts persönlicher und besitzt mehr Wiedererkennungswert als eine vermeintlich ‚unbestechliche' visuelle Vergegenwärtigung" (Matthias Meitzler, Postexistentielle Existenzbastelei, S. 146).

Entindividualisierung

Neben einem Trend zur postmortalen Identitätsstiftung lassen sich aber auch gegenteilige Entwicklungen beobachten. Nicht nur bei anonymen Beisetzungen fehlen die Namen der Verstorbenen an ihren Grabstätten, sondern auch an Reihen- bzw. Wahlgräbern: „Mal fehlt der Name ganz, mal wird er durch die (mutmaßlichen) Initialen des Verstorbenen bloß angedeutet, mal ist nur der Vor- oder Nachname zu lesen, und mal wird er durch einen Kose- oder Spitznamen ersetzt" (Matthias Meitzler, Postexistentielle Existenzbastelei, S. 153).

Die Formen der „postmortalen Anonymisierung" an Grabsteinen lassen sich für Matthias Meitzler durchaus mit dem Individualisierungsgedanken verbinden, denn sie könnten seiner Ansicht nach auch ein Ausdruck einer Lebenseinstellung sein.

Gruppenspezifische identitätsstiftende Gemeinschaftsgräber

Mit dem Anspruch auf Individualität wird auch das Gefühl der Verschiedenheit als ein Teil der Identität bedeutsam. Gruppenspezifische Gemeinschaftsgräber sind ein Ausdruck des Bewusstseins von Verschiedenheit in einer multikulturellen Welt (Reiner Sörries, Ein letzter Gruß, S. 34). Da, wo Gemeinschaftsgräber angeboten werden, sind sie bereits heute die meist nachgefragte Bestattungsform.

Die Anfänge dieser neuen Gemeinschaftsgrabanlagen gehen auf Menschen zurück, die an HIV/AIDS erkrankt waren und nicht anonym bestattet werden wollten. Sie schlossen sich etwa in Hamburg 1995 zu dem Verein Memento e. V. zusammen und machten sich zur Aufgabe, gemeinsame Grabstätten anzubieten, für Menschen, die in irgendeiner Weise von AIDS betroffen sind.

Eines der ersten kirchlichen Gemeinschaftsgräber wurde 1997 von der Kirchengemeinde St. Michaelis in Hamburg angelegt. Auf dem Grabstein steht als Begründung für die Grabstätte geschrieben: „Gemeinsam wollen wir leben, im Sterben einander beistehen und im Tod beieinander bleiben."

Seit etwa 2005 reagieren Kirchengemeinden vermehrt auf die Wünsche und Bedürfnisse ihrer Mitglieder, indem sie Gräber anbieten, die für die Angehörigen keinen Pflegeaufwand bedeuten und die häufig kostengünstiger sind als anonyme Bestattungen. Die Kirchengemeinde in Maintal-Wachenbuchen begründet die Wiederbelegung ihres Kirchhofs auf ihrer Internetseite so: „Die langjährige Grabpflege ist für viele Menschen ein Problem geworden. Die Kinder sind – sofern überhaupt vorhanden – häufig an fernen Orten. Gleichzeitig ist die Feuerbestattung inzwischen die Regel geworden. Anonyme Bestattungen, Friedwälder und Urnenwände sind Ausdruck dieses Kulturumbruchs. In Wachenbuchen haben wir darauf reagiert durch die Wiederbelegung des alten Totenhofes um die Kirche. Gleichzeitig wurde die Stiftung „Kirche Wachenbuchen" gegründet. Damit hat jeder Mensch unabhängig von der Zugehörigkeit zur Landeskirche die Möglichkeit, hier ein würdevolles Begräbnis und seine letzte Ruhe zu finden. Angehörige können ihre Trauer in evangelischer Freiheit ausdrücken. Ein Kreuz oder eine Steinplatte erinnern an den Namen des Verstorbenen" (www.buchen-kirche.eu/friedhof-an-der-kirche.php).

Etwa zur gleichen Zeit entstand auf den kirchlichen Friedhöfen in Neumünster auf Wunsch von Kirchenmitgliedern ein kirchliches Gemeinschaftsgrab. Gestaltet wurde es als Lutherrose. Sieben weitere Gemeinschaftsgräber, in christlicher Symbolik gestaltet, kamen in den darauffolgenden Jahren hinzu.

Gemeinschaftsgräber nehmen die Sorge vor dem ungepflegten Grab, entpflichten von der Grabpflege und ermöglichen ein menschenwürdiges Erinnern an die Verstorbenen. Sie sind eine Alternative zu anonymen Beisetzungen.

Auch wenn die kirchlichen Gemeinschaftsgräber aus sozialen Erwägungen angelegt wurden, haben sie doch auch eine theologische Wirkung auf Menschen. Die erkennbare Gestaltung mit christlichen Symbolen spiegelt die Hoffnung auf ein Leben nach dem Tod und das Vertrauen, dass die Verstorbenen bei Gott sind.

Grabpflege ist für Angehörige nur noch selten leistbar

Durch die gesellschaftlich geforderte räumliche und soziale Mobilität der Bevölkerung ist die Grabpflege für viele Menschen nicht mehr leistbar. Es sind vor allem ältere Menschen, die Angst vor einem ungepflegten Grab haben. Die ihren Angehörigen nicht zur Last fallen wollen oder die niemanden haben, der diese Aufgabe übernehmen könnte; sei es, weil sie allein sind oder weil Kinder und Enkelkinder an anderen Orten lebten. Pflegefreie Gräber liegen darum schon länger im Trend. Vor allem die größeren Friedhofe im städtischen Bereich bieten Gemeinschaftsgräber in verschiedenen Gestaltungsvarianten an. Eine der ersten Anlagen war „Mein letzter Garten“ auf dem Hauptfriedhof in Karlsruhe (2003 eröffnet und 2007 erweitert).

Naturnahe Bestattungen im Wald

Naturnahe Bestattungen im Wald sind weit weniger häufig, als zeitweise befürchtet wurde. Der überwiegende Anteil aller Bestattungen findet weiterhin auf Friedhöfen statt. Aus evangelischer Perspektive gibt es keine theologischen Bedenken gegen Bestattungen in einem Friedwald oder Ruheforst, solange die Möglichkeit besteht, auf Wunsch des Verstorbenen bzw. der Angehörigen den Namen des Verstorbenen z. B. an einem Baum anzubringen. Ebenso sollte eine Kennzeichnung mit einem christlichen Symbol nicht verwehrt werden (EKD, Herausforderungen evangelischer Bestattungskultur, S. 16 f.).

Dennoch sind naturnahe Bestattungen im Wald nicht unproblematisch, weil die Wege zu den Begräbnisplätzen für ältere und gehbehinderte Menschen häufig erschwert wird. Dadurch können sie nicht oder nur mit größerem Aufwand zum Grab gehen.

Evangelische Friedhofskultur

Seit frühchristlicher Zeit sind die Sorge um die Lebenden und die Toten Grundanliegen von christlichen Gemeinschaften. Hieraus entwickelten sich diakonische Strukturen, die neben der Grundversorgung mit dem lebensnotwendigen auch gemeinschaftliche Friedhöfe hervorbrachten.

Bis zur Neuzeit und dem Beginn der Reformation waren Kirche und Kirchhof der klassische Ort der Bestattung. Dies änderte sich, als mit Beginn des 16. Jahrhundert aus überwiegend hygienischen Überlegungen und begünstigt durch die reformatorische Theologie die ersten Friedhöfe vor die Stadtmauern verlagert wurden. Zu Beginn des 19. Jahrhunderts verloren die Kirchen in vielen Regionen mit der Säkularisation kirchlichen Eigentums auch ihr Friedhofsmonopol, zumindest in den ehemals französisch besetzten Gebieten.

Von den bundesweit rund 32.000 Friedhöfen sind heute etwa 8.800 evangelische und 3.600 katholische. Der Anteil der kirchlichen Friedhöfe ist regional sehr unterschiedlich. Die meisten befinden sich im Norden und im Osten von Deutschland und in Bayern. Auf dem Gebiet der Evangelischen Kirche in Mitteldeutschland sind es 1.846, in der Evangelisch-lutherischen Landeskirche Sachsens etwa 1.300, in der Evangelischen Kirche Berlin-Brandenburg-schlesische Oberlausitz 1.126 und in der Evangelisch-lutherischen Kirche in Norddeutschland 1.467 Friedhöfe (Pressemitteilung von Aeternitas vom 2.08.2017).

Auf dem Gebiet der Evangelischen Kirche von Kurhessen-Waldeck (EKKW) sind aktuell 302 Friedhöfe in Trägerschaft von evangelischen Kirchengemeinden. Hinzu kommt die Besonderheit, dass Kassel bundesweit die einzige Großstadt ist, in der alle Friedhöfe bis auf den jüdischen von der evangelischen Kirche verwaltet werden. Anders sieht die Situation auf dem Gebiet der Evangelischen Kirche in Hessen und Nassau (EKHN) aus. Hier gibt es nur acht evangelische Friedhöfe.

Vergleicht man die beiden hessischen Kirchen im Hinblick auf die Anzahl ihrer Friedhöfe, waren mit dem Wandel in der Friedhofskultur für die EKKW die Fragen einer evangelischen Friedhofskultur in der Vergangenheit bereits drängender gewesen als in der EKHN. Dennoch hat auch die EKHN, als sie im Jahr 2013 ihre Ordnung des kirchlichen Lebens (Lebensordnung) überarbeitete, auch Änderungen zur Frage der Friedhofsgestaltung vorgenommen (Abschnitt VI 3.9). Weiterhin gilt: „Für die christliche Gemeinde ist die Ruhestätte der Toten ein Ort stiller Besinnung und Einkehr." Gestrichen wurde: „In der Gestaltung der Grabstätten sollten Gemeindeglieder übertriebenen Aufwand meiden. Inschriften und Sinnbilder der Grabmäler sollten Hinweis auf die Gewissheit des christlichen Glaubens sein." Stattdessen wurde aufgenommen: „Darum trägt sie ihren Teil zur würdigen Gestaltung und Pflege der Friedhöfe bei. Orte des Gedenkens, die die Namen der Bestatteten aufführen, sollen auch bei anonymen Bestattungen vorhanden sein."

Für die Evangelische Kirche von Kurhessen-Waldeck mit ihren vielen kirchlichen Friedhöfen hatte sich, bedingt durch den Wandel in der Bestattungs- und Friedhofskultur, aber auch durch knapper werdende kirchliche Ressourcen, die Frage gestellt, ob die Trägerschaft von Friedhöfen zu ihren Kernaufgaben gehört. Aus diesem Grund hat sich die Theologische Kammer der Evangelischen Kirche von Kurhessen-Waldeck mit der Thematik befasst und 2012 in einer Ausarbeitung neben den Problemen und Chancen auch Kriterien benannt, die eine evangelische Friedhofskultur und die Gestaltung und Nutzung des Friedhofs unabhängig von der Trägerschaft prägen sollen. Auf den folgenden Seiten sind wichtige Abschnitte wiedergegeben.

Verkündigung

Das kirchliche Handeln dient der Bezeugung des Evangeliums. Christliche Erinnerungskultur bringt entsprechend das Evangelium in Wort und Tat zum Ausdruck. Zentrale Inhalte des christlichen Glaubens – wie das Bekenntnis zur Auferstehung der Toten, der Gemeinschaft der Heiligen und dem ewigen Leben – werden lebensnah kommuniziert und in diakonischer Perspektive anschaulich gemacht. Die Gestaltung des Friedhofs soll ermöglichen, den Auftrag zur Verkündigung christlicher Hoffnung angesichts des Todes zum Ausdruck zu bringen.

Öffentlichkeit

Der kirchliche Auftrag zur Verkündigung ist ein öffentlicher Auftrag. Trauerfeiern sind entsprechend öffentliche Gottesdienste. Es entspricht christlicher Trauerkultur, der Verstorbenen in einem öffentlichen Gottesdienst zu gedenken und sich in Ritual und Feier von diesen zu verabschieden. Angesichts von Tendenzen, Verstorbene unter Ausschluss der Öffentlichkeit zu bestatten, verweist die kirchliche Praxis auf die Chancen, die in einer Öffnung des Gottesdienstes für alle bestehen: Die Verstorbene wird als Teil einer Gemeinschaft wahrgenommen, der Abschied wird gemeinsam gestaltet. Trauer und Klage, aber auch Dank und Hoffnung werden nicht schamhaft verborgen, sondern ihnen wird als Ausdrucksformen des menschlichen Lebens Raum gegeben. Die Friedhofsgestaltung sollte deshalb öffentliche Trauerfeiern und den öffentlichen Zugang zu den Grabstätten gewährleisten.

Gemeinschaft

Der Mensch wird in evangelisch-theologischer Perspektive als Beziehungswesen verstanden. Das gilt allgemein (aus schöpfungstheologischer Perspektive) sowie besonders für Christen untereinander (Kirche als Leib Christi). Verstorbene, bei denen keine Angehörigen ausfindig gemacht werden können oder Angehörige sich weigern, Verantwortung für die Bestattung zu übernehmen, sollten würdig bestattet werden. Die christliche Gemeinde übernimmt hier stellvertretend (auch für Nichtchristen) einen Dienst im Sinne eines „Werkes der Barmherzigkeit“, so wie es schon bei den ersten Christen der Fall war.

Individualität

Das kirchliche Handeln betont besonders in der Taufe die Individualität und Würde des Einzelnen, die über den Tod hinaus Bestand hat. Im Rahmen christlicher Bestattungskultur steht der Verstorbene im Kontext seiner sozialen Bezüge im Mittelpunkt. Dies ist gegen Tendenzen, Verstorbene ohne Trauerfeier und ohne Kenntlichmachung des Namens zu bestatten, festzuhalten. Besonders die Praxis der Armenbestattungen ist unter diesem Gesichtspunkt kritisch zu durchleuchten. Auf einem Friedhof sollte deutlich gemacht werden, dass jeder Mensch als Geschöpf Gottes der Trauer und der Erinnerung wert ist.

Ist eine kirchliche Friedhofsträgerschaft sinnvoll?

Die dargestellten Kriterien und Grundlagen christlicher Bestattungs- und Erinnerungskultur können sowohl auf einem Friedhof in kirchlicher als auch auf einem Friedhof in kommunaler Trägerschaft zur Geltung gebracht werden. Aus theologischer Perspektive lässt sich zwar keine Notwendigkeit für Kirchengemeinden ableiten, eigene Friedhöfe zu betreiben, die kirchliche Trägerschaft kann aber Chancen eröffnen, wenn eine Kirchengemeinde diese bewusst wahrnimmt und gestaltet.

Es gibt somit keine für alle Kirchengemeinden gleich gültige Handlungsanweisung für die Frage nach der Fortführung, dem Aufgeben oder aber einer bewussten Übernahme einer kirchlichen Trägerschaft, dafür sind die jeweiligen Zusammenhänge zu verschieden. In ländlichen Gebieten etwa zählt der Friedhof in kirchlicher Trägerschaft häufig noch zu den wesentlichen Aufgabengebieten der Gemeindearbeit und hat für das kirchliche Leben identitätsstiftenden Charakter. Hier handelt es sich zudem meist um Monopolfriedhöfe. In städtischen Kontexten hingegen wird der Zusammenhang zwischen Kirche und Friedhof bzw. eine kirchliche Trägerschaft häufig gar nicht mehr bewusst wahrgenommen.

Vor diesem Hintergrund erscheint die Aussage „Kirchengemeinden sollten Friedhöfe nicht ohne Not aus der eigenen Verwaltung geben und an die Kommunen übertragen" (Zeichen der Hoffnung im Angesicht des Todes, didaskalia 50, Kassel 2000, S. 93) zwar verständlich und weiterhin gültig, aber ohne eine Konkretisierung dieser „Not" doch zu pauschal. Zur Entscheidungsfindung in Bezug auf die konkrete Situation vor Ort können vielmehr folgende Überlegungen beitragen.

Innenperspektive

Die kirchliche Trägerschaft eröffnet der Kirchengemeinde gute Möglichkeiten, Akzente christlicher Erinnerungskultur auf dem Friedhof zu setzen. Insbesondere die eigenen Anliegen im Bereich der Verkündigung werden auf einem kirchlichen Friedhof besser zum Tragen kommen können. Auch die seelsorglichen und diakonischen Aspekte kirchlichen Handelns können hier unter Umständen stärker betont und leichter umgesetzt werden, wie beispielsweise das Anbieten kostengünstiger Gemeinschaftsgrabstätten als Alternative zu anonymen Bestattungen. Durch eine Reflexion der Gemeindearbeit und eines Gemeindekonzeptes hat die Gemeindeleitung allerdings den Ort und die Bedeutung dieser Gestaltungsaufgabe zu bestimmen. Welchen Stellenwert soll dieser Teil der Gemeindearbeit und der pastoralen Arbeit im Rahmen des Gemeindekonzeptes einnehmen?

Es ist sorgfältig abzuwägen, welche Ressourcen zur Verfügung gestellt werden können und sollen – im Blick auf hauptamtliche und ehrenamtliche Arbeit, auf wirtschaftlichen und juristischen Sachverstand sowie im Blick auf die Finanzierung. In dieser Hinsicht ist die Frage nach der Trägerschaft eine der genauen Güterabwägung: „Lohnt" es sich, in diesen Arbeitsbereich zu investieren und andere Aufgaben dafür zurückzustellen? „Lohnt" es sich, Probleme auszuhalten? Oder bestehen dauerhaft finanzielle Schwierigkeiten? Gibt es zu große Reibungsverluste ehren- und hauptamtlicher Arbeit? Wird die Gemeinde insgesamt über die Maßen belastet?

Außenperspektive

Kirchliches Handeln ist prinzipiell auf das Gemeinwesen bezogen. Indem eine Kirchengemeinde einen Friedhof trägt, übernimmt sie eine öffentliche Aufgabe und leistet einen wichtigen Beitrag zur Mitgestaltung des Gemeinwesens.

Es ist weiterhin zu bedenken, dass der Auftrag der Kirche zur Bezeugung des Evangeliums grundsätzlich die Aufgabe einer bewussten Gestaltung des Umgangs mit Tod, Trauer und Bestattung impliziert. Die Kirchengemeinde steht somit immer in der Verantwortung, die Bestattungskultur eines Ortes – auch im interreligiösen Kontext – mitzugestalten. Überdies lässt sich gleichsam eine „historische Verbindlichkeit" konstatieren, die es nahelegt, die gewachsene Bestattungskultur eines Ortes, regionale Traditionen und die große Bedeutung kirchlichen Handelns im identitätsbewahrenden und identitätsstiftenden Sinne zu bedenken.

Die beschriebene Gestaltungsaufgabe nimmt eine Kirchengemeinde im Geflecht unterschiedlicher öffentlicher Interessen und Instanzen wahr. Es ist deshalb eine Aufgabe der Kommunikation und zuweilen des Verhandelns, diese zu einem Ausgleich zu führen, jedenfalls zu Kompromissen zu kommen. Dabei kommt es nicht selten zu Konflikten und Verstimmungen, etwa zwischen der Kirchengemeinde und der Kommune, aber auch zwischen Angehörigen Verstorbener und der Friedhofsverwaltung.

Die konkreten Beziehungen, Verflechtungen und Abhängigkeiten zwischen Kirchengemeinde und Kommune sind in vielen Fällen komplex. Es gilt zu bedenken, welches Signal durch einen Rückzug der Kirchengemeinde aus der Trägerschaft gegeben würde. Aus Sicht der Öffentlichkeit hat die Kirche nach wie vor eine große Bedeutung im Blick auf den Umgang mit Sterben und Tod. Die Mitgestaltung der Bestattungskultur gehört in der öffentlichen Wahrnehmung zu den genuin kirchlichen Aufgaben.

Hinweise zur Gestaltung von Friedhöfen in kirchlicher Trägerschaft

Wenn eine Kirchengemeinde die Trägerschaft eines Friedhofs innehat oder plant, eine solche zu übernehmen, können folgende Überlegungen den Blick für die konkrete Gestaltungsaufgabe schärfen.

Äußere Gestaltung

Evangelische Friedhöfe sollen als solche erkennbar sein. Dies beginnt mit einer Beschilderung am Eingang, die den Friedhof als kirchlichen Friedhof ausweist. Der Friedhof soll ferner über eine Trauerhalle mit erkennbarer christlicher Symbolik verfügen bzw. je nach örtlichen Gegebenheiten die Kirche mit einbeziehen. Bei kleinen Friedhöfen ohne Trauerhalle ist über Möglichkeiten für zentrale, den Friedhof als Gesamtanlage prägende Elemente nachzudenken, die die kirchliche Trägerschaft deutlich werden lassen.

Es wäre wünschenswert und sollte dafür geworben werden, dass Gemeinschaftsgrabstätten und Einzelgräber von Christen in ihrer Symbolik die christliche Einstellung zum Tod und die Hoffnung auf Auferstehung sichtbar machen. Pfarrerinnen können dieses Anliegen auf unterschiedliche Weise thematisieren: im Unterricht, im Seniorenkreis, bei Trauernachbesuchen, im Kirchenvorstand und ebenfalls im Gespräch mit Bestattern sowie Steinmetzen.

Die in Gott gegründete Individualität und Würde soll in Form von namentlich gekennzeichneten Gräbern zum Ausdruck gebracht werden. Das bedeutet im Umkehrschluss, dass es auf einem evangelischen Friedhof möglichst keine anonymen Grabstellen geben sollte. Gleichwohl ist es wichtig, kostengünstige und pflegearme Grabstätten (sowohl für Urnen- wie auch für Erdbestattungen) anzubieten, so z. B. Gemeinschaftsgräber für verstorbene Christinnen und Christen. Ein evangelischer Friedhof ist offen für Begräbnisse und Grabstätten von Angehörigen anderer Religionsgemeinschaften und Weltanschauungen.

Diakonische Ausrichtung

Zum Profil eines evangelischen Friedhofs gehört eine diakonische Ausrichtung. Das heißt: Beerdigungen von Verstorbenen ohne Angehörige und sogenannte Armenbestattungen werden durch einen Pfarrer vorgenommen. Wünschenswert wäre hier auch die Begleitung durch weitere Gemeindeglieder. Auf dem Friedhof sollte es Hinweise auf die Gemeinde bzw. die Pfarrerin vor Ort geben, die als Seelsorgerin grundsätzlich ansprechbar ist.

Im Blick auf sogenannte Armenbestattungen (Sozial- oder Ordnungsamtsbestattungen) ist neben dem rechtlichen Rahmen auch der Gedanke der Gemeinschaft starkzumachen, so z. B. durch Gespräche zwischen Kirche und Politik auf der Ebene von Kommunen und Landkreisen, durch eine entsprechende Gestaltung der Friedhofsgebühren oder durch das Sammeln von Spenden.

Bezugspunkt für Verkündigung und Bildung

Der Friedhof sollte als Ort des Totengedenkens, der Tauferinnerung, der Hoffnung auf Auferstehung einer der Bezugspunkte christlicher Verkündigung im Verlauf des Kirchenjahres sein.

In seiner Symbolik kann er Grundgedanken christlicher Verkündigung angesichts des Todes z. B. durch Begehungen im Rahmen einer Friedhofspädagogik für Kinder wie für Erwachsene anschaulich erschließen.

Öffentlichkeit und Ortsnähe

Grabstätten sollten für alle zugänglich und Beerdigungen öffentlich sein. Der öffentliche Charakter soll durch Glockengeläut unterstrichen werden. Friedhöfe sollen nahe am Ort angelegt sein und damit einen leichten Zugang für Trauernde bieten. Auch dies können Gründe für die Beibehaltung einer kirchlichen Trägerschaft sein.

Aus: Theologische Kammer der Evangelischen Kirche von Kurhessen-Waldeck,
Friedhöfe in kirchlicher Trägerschaft, Kassel 2012**.**
www.ekkw.de/media_ekkw/downloads/ekkw_texte_121105_friedhoefe.pdf

Bestatten

Bestatten

Der Abschied von einem verstorbenen Menschen beginnt in seiner Todesstunde, am Totenbett. Hier sollte auch die Trauerbegleitung ansetzen: da, wo Trauernde den Tod eines für sie bedeutsamen Menschen realisieren müssen und mit ihren Sinnen wahrnehmen können.

Für viele Menschen ist die Vorstellung vom Abschied am Leichnam mit Angst besetzt. Henning Luther schreibt: „Erschreckend und bedrohlich ist ja nicht der Tod als solcher, dem wir als solchem niemals begegnen, dessen Gesicht wir nicht kennen. Erschreckend und bedrohlich ist das unerschütterlich stumme Gesicht der Leichen. Was wir auch sagen, es antwortet nicht" (Henning Luther, Tod und Praxis, S. 410). Zu sehen, dass der Mensch, so wie ich ihn kenne, jetzt blass ist, nicht mehr atmet und vielleicht bereits Totenflecken hat, trägt mit dazu bei, das Unbegreifliche irgendwann einmal begreifen können. Dennoch gilt: Auch wenn es für die Realisierung des Todes oft wichtig ist, den Leichnam zu sehen, sollte diese Begegnung niemals erzwungen werden. Wenn Angehörige den Kontakt entschieden verweigern, gibt es gute Gründe dafür.

Für viele Menschen ist der Anblick der Toten aber auch deshalb mit Angst besetzt, weil sie keine Erfahrung im Umgang mit dem Tod haben. Sie wissen nicht, wie ein toter Mensch aussieht, und sie kennen keine Abschiedsrituale, die ihnen dabei helfen können, das Unbegreifliche zu begreifen.

Während in früheren Zeiten allein schon wegen der niedrigeren Lebenserwartung die Menschen oftmals bereits in jungen Jahren Abschied nehmen mussten, werden sie heute in der Regel erst im fortgeschrittenen Erwachsenenalter mit dem Tod konfrontiert. Dadurch sind sie oftmals unerfahren und unsicher. Trauernde brauchen dann im Umgang mit Tod und Trauer kompetente und erfahrene Menschen, die sie individuell begleiten und ihnen dabei helfen, Abschied zu nehmen. Eine wesentliche Aufgabe der Trauerbegleitung ist es, Menschen dabei zu unterstützen, dass sie Zeit und Raum zum Abschiednehmen haben. Gelingt dies, kann sich das hilfreich auf den Verlauf ihres Trauerprozesses auswirken.

Die Formen und Möglichkeiten der seelsorglichen und rituellen Begleitung orientieren sich an den individuellen Bedürfnissen der Hinterbliebenen und an den christlichen Traditionen. Die Begleitung sollte immer ein Angebot sein. Wenn Trauernde zum Beispiel unsicher sind, ob sie am Leichnam Abschied nehmen wollen, können Begleitende als Entscheidungshilfe anbieten, dass sie den Verstorbenen zunächst allein ansehen und ihnen dann erzählen, wie er aussieht. Wenn dies gewünscht wird, sollten die Begleitenden den Leichnam mit wenigen Worten und einfachen Sätzen beschreiben. Wichtig ist hierbei, die sichtbaren Zeichen des Todes nicht zu verschweigen. Wenn Totenflecken da sind, müssen Angehörige darüber informiert werden, damit sie sich darauf vorbereiten können. Und sie müssen auch wissen, dass diese normal sind.

Begleitende können auch fragen: „Wollen Sie, dass ich Sie begleite, oder möchten Sie allein hineingehen?" Wenn sie allerdings merken, dass die Widerstände zu groß sind, können sie die Angehörigen auch darüber informieren, dass sie in den kommenden Tagen immer noch die

Möglichkeit haben, beim Bestatter oder auf dem Friedhof Abschied zu nehmen. Ihnen Zeit zu geben, kann helfen. Wichtig ist, den Druck zu nehmen, etwas tun zu müssen, wozu die Angehörigen in diesem Moment (noch) nicht bereit sind.

Für den Abschied brauchen Trauernde neben Raum und Zeit mit dem Toten auch Rituale, die dem Abschied eine Gestalt geben. Die Trauerzeit ist für die Hinterbliebenen eine Umwandlungsphase, in die sie mit Trennungsriten eintreten und aus der sie mit Hilfe von an die Gesellschaft wieder angliedernden Reintegrationsriten heraustreten (Arnold van Gennep). Die Person des Verstorbenen nimmt dabei einen wichtigen Raum im Ritual ein. Verschiedene rituelle Elemente bringen den letzten Weg symbolisch zum Ausdruck, vom Totenbett zur Ruhestätte.

Bedenkenswert für die kirchliche und diakonische Praxis ist, dass die meisten Menschen heute nicht mehr in ihren eigenen vier Wänden sterben, sondern im Krankenhaus oder in einer Pflegeeinrichtung. Von daher stellt sich die Frage: Wie können die Angehörigen und die Menschen, die dort arbeiten bzw. leben, Abschied nehmen?

Für eine diakonisch verstandene Bestattungspraxis gilt es, Alternativen zu entwickeln, die verhindern, dass Menschen ohne Abschied und Trauerfeier bestattet werden, und aus finanziellen Gründen oder weil sie niemanden haben, der ihr Grab pflegen könnte, anonym bestattet werden.

Friedhof Neumünster | Abschiedsraum

Rituale am Totenbett für Angehörige

Handlungen und Worte am Totenbett fallen nicht leicht. Oft ist es gut Grundlegendes auf einfache Weise zu vollziehen, z. B. mit den Worten:

Ihre Angehörige, Ihr Freund ist gestorben.
Lassen Sie sich Zeit zum Abschiednehmen.
Denn es ist noch immer ein Übergang aus dem Leben in den Tod.
Tun Sie es auf Ihre Weise. Es gibt viele Möglichkeiten.

Das Fenster öffnen
Früher wurde das Fenster geöffnet, damit die Seele gehen kann. Ein Ritual, das hilft zu begreifen, was geschehen ist. Alles, was nun folgt, kann Ihnen helfen, im wahrsten Sinne des Wortes zu be-greifen, dass dieser Mensch gestorben ist. Wenn Sie sich dafür Zeit nehmen, kann Ihnen das in Ihrer Trauer helfen.

Langsam machen
Früher wurden die Uhren angehalten. Denn dies ist eine andere Zeit. Alles steht still. Sie müssen nichts übereilen. Wenn Sie von anderen gedrängt werden sollten, erlauben Sie sich, „Stopp!" zu sagen und erst einmal zu spüren, was nun dran ist.

Sie können Ihren Verstorbenen in einen Abschiedsraum bringen lassen. Sie können Ihre Verstorbene zu sich nach Hause holen, um dort Abschied zu nehmen. Das und vieles andere ist möglich!

Anfassen
Begreifen heißt auch anfassen. Zu spüren, wie die Hand, das Gesicht kälter wird. Haben Sie keine Angst davor. Auch Kindern hilft es, noch einmal Kontakt aufzunehmen, wenn sie das wollen. Sie dürfen Ihren Angehörigen waschen und ankleiden. Vielleicht auch nur das Gesicht, die Hände. Ein letzter Liebesdienst.

Liebesdienste allein und mit anderen
Das Kissen mit Blumen schmücken, ein Lied summen, gemeinsam singen, im Kreis mit den anderen stehen und an den Händen halten, einen Segen sprechen, das Vaterunser beten, die Pfarrerin zu einer Aussegnung bitten, bewusst atmen, letzte Worte sagen, weinen, lachen, essen und trinken in der Nähe des Verstorbenen, so lange, bis Sie sagen können: Jetzt ist es gut. Jetzt kann der nächste Schritt getan werden.

Aussegnung

Von Doris Joachim-Storch

Doris Joachim-Storch
Pfarrerin für Gottesdienst in der Evangelischen Kirche in Hessen und Nassau

Wenn ein Mensch gestorben ist, wird manchmal eine Aussegnung am Totenbett gewünscht. Dazu muss ein äußerer Rahmen geschaffen werden: Wie sieht die Verstorbene aus? Sind die Hände aufeinandergelegt? Ist es gut, den Verstorbenen zu kämmen oder das Gesicht zu reinigen? Ist er gut zugedeckt? Müssen noch medizinische Geräte weggeräumt werden? Wie sieht das Zimmer aus? Liegen noch weitere unnötige Dinge auf einem Nachtschrank oder sogar auf dem Bett? Gibt es Blumen oder eine Kerze? Gibt es ein Symbol, das der Verstorbenen in die Hände gelegt werden soll? Sitzen oder stehen die Angehörigen? Und wo? All dies soll in Ruhe bedacht und geregelt werden. Äußerlichkeiten können helfen, das Innere zur Ruhe zu bringen.

Vor dem eigentlichen liturgischen Akt der Aussegnung wird sicher noch ein wenig gesprochen. Da folgt die Segnende den Bedürfnissen der Angehörigen. In Anwesenheit des Toten zu reden macht das Gespräch besonders. Meist reden wir unwillkürlich leise. Es wird viel geschwiegen. Für alles ist genug Zeit. Letzte Berührungen kann es geben. Manchmal ist da eine Scheu, dies zu tun. Der Segnende kann dazu ermuntern, ohne zu drängen. Niemand soll hier etwas tun, was er oder sie nicht will.

Für die Aussegnung stellt sich die Segnende neben das Bett. Die Angehörigen können sich auf die andere Seite stellen oder, je nach Anzahl, am Fußende gruppieren. Es gibt verschiedene liturgische Formen, je nach Tradition oder auch Situation. Ich nenne hier nur einige Elemente:

Der Liturg berührt die Tote und spricht sie an, wissend, dass dieser Leib ihn nicht mehr hören kann. Wir können geteilter Meinung darüber sein, wo die gerade verstorbenen Menschen nun sind. Manche Theologinnen und Theologen sprechen davon, dass sie so kurz nach ihrem Sterben auf eine geheimnisvolle Art und Weise noch anwesend sind. Für die Angehörigen jedoch ist die Zuwendung zu den Toten eine tröstende Geste. Ein weiteres Element der Aussegnung ist die Wendung der Segnenden zu den Angehörigen und der Segen der Hinterbliebenen. Im Folgenden einige Vorschläge zur Konkretion. Sie sind sehr einfach gehalten. Weitere Anregungen finden sich im Neuen Evangelischen Pastorale.

Aussegnung – Liturgie

Der Friede Gottes sei mit euch/uns allen.
N.N. ist jetzt tot. Wir müssen Abschied nehmen.
Das ist schwer. Darum suchen wir Zuflucht bei Gott.

Psalm 23 oder ein anderer Psalm

N.N., ich segne dich mit dem Zeichen des Kreuzes.
Mit dem Daumen auf der Stirn ein Kreuz zeichnen.)
Gott behüte dich, er behüte deinen Ausgang und Eingang von nun an bis in Ewigkeit. Amen.

Gebet
Lasst uns beten.
Gott, hier sind wir jetzt.
Traurig, erschrocken (Gefühle benennen, die gerade besonders spürbar sind, evtl. auch Zorn).
Dir vertrauen wir N.N. an.
Sei bei ihm/ihr. Nimm ihn/sie zu dir.
Sei auch jetzt bei uns.
Denn wir fühlen uns traurig und verlassen.
Sei besonders bei (hier z. B. Ehepartner/-in oder Kinder, vor allem jüngere Kinder nennen).
Stärke sie für die nächsten Schritte.
Behüte und bewahre sie.
Amen.

Vaterunser

Segen der Hinterbliebenen
Gott segne euch und behüte euch.
Gott lasse das Angesicht leuchten über euch und sei euch gnädig.
Gott erhebe das Angesicht auf euch und gebe euch Frieden.
Amen.

oder Segensbitte
Gott segne uns und behüte uns.
Gott lasse das Angesicht leuchten über uns und sei uns gnädig.
Gott erhebe das Angesicht auf uns und gebe uns Frieden.
Amen.

Weitere Segen für die Toten
aus: Schriftworte und Liturgische Texte für den Bestattungsgottesdienst, EKHN 1992:

Es segne dich Gott, der Vater,
der uns geschaffen hat
nach seinem Bild.
Es segne dich Gott, der Sohn,
der uns erlöst hat
von aller Schuld.
Es segne dich der Heilige Geist,
der uns zu neuem Leben führt.
Der dreieinige Gott,
der deinen Eingang gesegnet hat,
segne deinen Ausgang in Ewigkeit.

Aussegnung eines orthodoxen Christen

Von Raimar Kremer

Dr. Dr. Raimar Kremer
Pfarrer und Studienleiter für Seelsorge in der Evangelischen Kirche in Hessen und Nassau

Im orthodoxen Glauben spielt das Kreuzzeichen eine zentrale Rolle. Damit ehrt man die Dreifaltigkeit, segnet aber auch sich selbst oder andere. Die Gelegenheiten sind unzählig, aber in der orthodoxen Liturgie nicht genau geregelt. Sie werden von den Gläubigen nach eigenem Ermessen gehandhabt. Beim Bekreuzigen sind Daumen, Zeige- und Mittelfinger zusammengelegt und ausgestreckt; Ringfinger und kleiner Finger berühren die Handfläche. Die drei ausgestreckten Finger symbolisieren die Dreifaltigkeit, die zwei gekrümmten Finger die zwei Naturen Christi sowie sein erstes Kommen und seine erwartete Wiederkunft. Das Kreuzzeichen wird von der Stirn über die Brust zu den Schultern gemacht, wobei im Gegensatz zur in der katholischen Kirche üblichen Form zunächst die rechte und dann die linke Schulter berührt wird. Mit dieser Haltung der Finger wird der Verstorbene berührt. Dabei wird gesagt:

N. N., du hast zeit deines Lebens Jesus Christus gehört.
An der Stirn: Du hast Jesus Christus gehört mit deinem ganzen Denken und Sinnen.
An der Brust: Du hast Jesus Christus gehört mit deinem ganzen Herzen,
mit deinem Fühlen und Lieben.
An der rechten und dann an der linken Schulter:
Du hast Jesus Christus gehört mit deinem ganzen Wollen und Handeln.

Segen

Ins Paradies mögen die Engel dich geleiten,
bei deiner Ankunft die Märtyrer dich empfangen
und dich führen in die heilige Stadt Jerusalem.
Der Chor der Engel möge dich empfangen,
und mit Lazarus, dem einst Armen,
mögest du ewige Ruhe haben.
Amen.
(Aus dem 7./8. Jahrhundert)

„Denn wir haben hier keine bleibende Stadt, sondern die zukünftige suchen wir.“

Hebräerbrief 13,14

Gebet

Mit den Seelen der vollendeten Gerechten lass ruhen, Erlöser,
die Seele deines Dieners / deiner Dienerin.
Bewahre sie zum seligen Leben bei dir.
In deiner Ruhestätte, Herr, wo alle deine Heiligen sich finden,
lass auch die Seele deines Dieners / deiner Dienerin ruhen.
Ehre dem Vater und dem Sohne und dem Heiligen Geiste!
Du bist unser Gott, der in die Hölle hinabgestiegen ist
und die Fesseln der Gebundenen löste,
bringe du selbst zur Ruhe die Seele deines Dieners / deiner Dienerin
jetzt und immerdar und von Ewigkeit zu Ewigkeit. Amen.

Krankenhaus Sachsenhausen – Frankfurt

Das Krankenhaus Sachsenhausen in Frankfurt am Main ist ein christliches Allgemeinkrankenhaus mit 211 Betten. Träger ist der Deutsche Gemeinschafts-Diakonieverband GmbH. Große Fachbereiche sind neben Chirurgie und Innerer Medizin die Geburtshilfe, Diabetologie und das Adipositaszentrum.

Die medizinische Ausrichtung des Krankenhauses auf Patienten mit schweren chronischen Erkrankungen bedingt, dass die Anzahl der Todesfälle pro Jahr ungefähr zwischen 160 bis 170 Menschen liegt. Dazu gehören auch Kinder, die in der Geburtshilfe versterben.
Neben der medizinischen Versorgung ist für den Träger des Krankenhauses auch die Seelsorge ein wichtiges Angebot an die Patienten. Seit drei Jahren ist Andreas Konrad als Krankenhausseelsorger für die Patienten und Mitarbeitenden da. Unterstützt wird er von mehreren Diakonissen, die hier in ihrem Ruhestand leben.

Stirbt ein Mensch, bleibt er im Krankenhaus Sachsenhausen noch für mindestens zwei Stunden nach seinem Tod auf der Station. Angehörige können dort in dieser Zeit von ihm Abschied nehmen. Wie der Abschied gestaltet wird, hängt wesentlich von den Bedürfnissen der Angehörigen ab. Das Pflegepersonal bahrt den Leichnam auf. Auf Wunsch der Hinterbliebenen wird ein Mitglied des Seelsorgeteams gerufen.

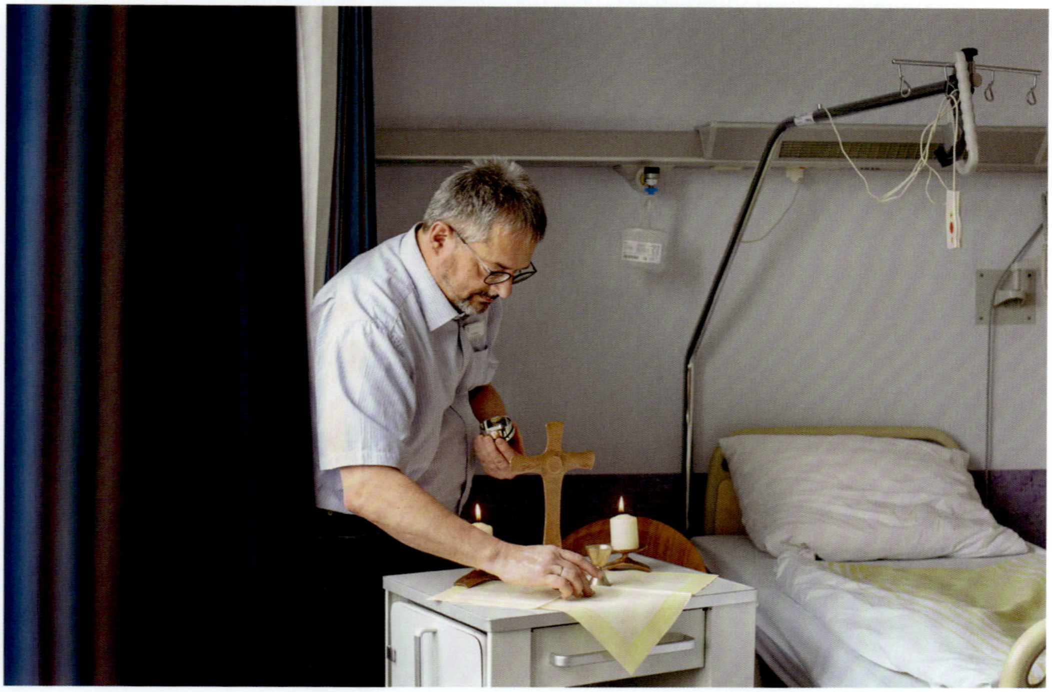

Zusätzlich gibt es die Möglichkeit, dass Angehörige in einem Aussegnungsraum Abschied nehmen. Wenn sie zum Todeszeitpunkt nicht vor Ort sind und eine weite Anreise haben, kann der Verstorbene hier aufgebahrt werden.

Auf jeder Station gibt es einen Kasten mit christlichen sakralen Gegenständen, die von der Seelsorge zusammengestellt wurden. In diesem befinden sich ein Kreuz, Kerzen, Abendmahlgeschirr, Gebete und eine kleine Vase. Wenn der Verstorbene Christ war, werden das Kreuz und die Kerzen vom Pflegepersonal auf den Nachttisch neben dem Leichnam gestellt. Auf Wunsch der Angehörigen spricht jemand vom Seelsorgeteam ein Gebet oder segnet den Verstorbenen aus oder bietet auch das Abendmahl an. Letzteres wird eher selten gewünscht.

Jeweils im November bietet die Seelsorge in der Kapelle des Krankenhauses einen Gedenkgottesdienst für die Verstorbenen des zurückliegenden Jahres an. Die Einladung hierzu erhalten die Angehörigen in Form einer Einladungskarte bereits zum Zeitpunkt des Todes. Gestaltet wird der Gottesdienst inhaltlich und musikalisch vom Seelsorgeteam und weiteren Mitarbeitenden des Krankenhauses.

Die Kinder, die in der Klinik fehl- und früh geboren wurden, können auf Wunsch der Eltern im Rahmen einer ökumenischen Sammelbestattung in einem Gemeinschaftsgrabfeld für „Sternenkinder“ auf dem Hauptfriedhof bestattet werden. Dieses Angebot findet viermal im Jahr in Kooperation mit dem Bürgerhospital statt. Für die Eltern entstehen dabei keine Kosten, diese werden von den Krankenhäusern getragen.

Abschiedsraum

Agaplesion Elisabethenstift – Darmstadt

Unter dem Dach des Agaplesion Elisabethenstifts in Darmstadt befinden sich ein Krankenhaus mit Palliativstation, eine Kurzzeitpflegeeinrichtung, eine stationäre Pflegeeinrichtung, ein ambulanter Pflegedienst und ein stationäres Hospiz.

Die Rahmenbedingungen, unter denen Menschen in den einzelnen Einrichtungen sterben, sind unterschiedlich. Das stationäre Hospiz und die Palliativstation sind speziell auf die Versorgung und Begleitung sterbender Menschen und ihrer Angehörigen ausgerichtet. Dort sind ausreichend Zeit und Personal für Abschieds- und Erinnerungsrituale vorhanden. Im stationären Hospiz sind bis 48 Stunden zum Abschiednehmen vorgesehen. Auf der Palliativstation sind es ebenfalls mehrere Stunden. In Krankenhaus und Pflegeeinrichtung sieht die Situation aufgrund des wirtschaftlichen Drucks anders aus. Dort sieht Chefarzt Dr. Mathias Pfisterer zwischen den ökonomischen und ethischen Anforderungen einen Interessenkonflikt. Denn nach dem Versterben können keine Leistungen mehr abgerechnet werden, und es besteht die Notwendigkeit, das Zimmer bzw. das Bett so schnell wie möglich wieder zu belegen. „Dennoch machen wir alles möglich, damit Menschen würdig bei uns sterben können und Angehörige Zeit haben zum Abschiednehmen", sagt er. „Irgendwie bekommen wir es immer hin." Wünschenswert wäre für ihn aber, wenn es in allen Bereichen des Krankenhauses eine Frist von 12 bis 24 Stunden zum Abschiednehmen gäbe, die von den Krankenkassen bezahlt würde. In diesem Zeitraum könnten dann auch noch Angehörige kommen, die eine weitere Anreise haben.

„Auf allen Stationen im Krankenhaus gibt es zur Gestaltung des Zimmers eine Box mit Kerzen und Salzlampe", berichtet Pflegedirektorin Birgit Steindecker. Frische Blütenblätter können auf der Palliativstation geholt werden. Auf Wunsch werden die Verstorbenen durch die Seelsorgenden ausgesegnet. „Dieses Angebot wird bei einem von vier Verstorbenen wahrgenommen", weiß Pfarrerin Andrea Fröhlich. Neben der Möglichkeit zum Abschiednehmen werden für die Angehörigen auch Erinnerungsgottesdienste angeboten, zu denen sie schriftlich eingeladen werden. Die zeitlichen Abstände variieren, ja nach Abteilung.

Auch die Mitarbeitenden gestalten innerhalb ihres Teams Abschieds- und Erinnerungsrituale, so gibt es zum Beispiel ein Erinnerungsbuch, das sie auf der Station auslegen. Im ambulanten Palliativ-Team wird im Rahmen der wöchentlichen Dienstbesprechung das Ritual gepflegt, dass diejenige Person, die den Patienten zuletzt betreut hat, einen Stein aus einer großen Sammlung von Steinen nimmt. Einmal im halben Jahr werden diese Steine dann von der Gruppe im nahegelegenen Bach versenkt. Dieses Abschiedsritual hilft ihnen, einen Teil ihrer Last abzugeben. Dann gibt es noch einmal im Monat einen Erinnerungsgottesdienst für die Mitarbeitenden des Palliativ-Teams. Entstanden ist dieses Angebot, weil die Mitarbeitenden es sich gewünscht haben.

Kleidung für ein zu früh geborenes Kind

Abschied von Sternenkindern im Diakoniekrankenhaus Wehrda – Marburg

Eltern brauchen Zeit für den Abschied von ihrem toten Kind. Sie haben aber nur wenige Stunden, in denen sie ihr Kind im Arm halten und ihm auch körperlich nahe sein können. Zeit zum Streicheln. Zeit zum Liebkosen. Diese kurze Weile nach der Geburt und bis zur Bestattung ist eine sehr kostbare. Eltern von zu früh geborenen Kindern vergleichen die Begegnung mit ihrem Kind manchmal mit dem lautlosen Flügelschlag eines Schmetterlings, sie ist kaum wahrnehmbar. Um begreifen zu können, was passiert ist, brauchen Eltern Erinnerungen. Ein liebevoll erlebter Abschied kann so eine Erinnerung sein.

Im Diakoniekrankenhaus Wehrda bekommen die Eltern darum die Zeit, die sie brauchen. Sie bekommen auch einen Raum, wo sie ungestört mit ihrem Kind sein können. Und sie werden einfühlsam durch das Team von Chefarzt Thomas Knörzer begleitet, von Sr. Angelika, die als Trauerbegleiterin ausgebildet ist, von den Hebammen, wie Christel Bruns, den Ärzten und wenn gewünscht auch von der Krankenhausseelsorgerin Christiane Waschek. Die Hebammen legen die Kinder in handgearbeitete Kleidung, die Frauen aus der Marburger Umgebung angefertigt haben. Sie machen auf Wunsch der Eltern Hand- und Fußabdrücke des Kindes. Auf einer Erinnerungskarte steht neben den persönlichen Angaben, wie dem Gewicht und der Größe des Kindes, folgendes Gedicht geschrieben:

Wenn Du bei Nacht den Himmel anschaust,
wird es Dir sein, als lachten alle Sterne,
weil ich auf einem von ihnen wohne;
weil ich auf einem von ihnen lache.
Du allein wirst Sterne haben, die lachen können.
(Antoine de Saint-Exupéry)

Wenn gewünscht, werden auch Erinnerungsfotos gemacht. Es gibt immer auch die Möglichkeit, das Kind segnen zu lassen, sei es durch die evangelische Seelsorgerin des Krankenhauses oder Geistliche anderer Religionen.

Eltern brauchen aber auch Informationen. Sie müssen wissen, was mit ihrem Kind passiert. Wo wird es begraben? Wer bestattet ihr Kind? Neben dem persönlichen Gespräch ist es wichtig, dass die Eltern die Informationen auch schriftlich bekommen. Sie befinden sich in einer emotional sehr belastenden Situation, in der die Merkfähigkeit nur eingeschränkt vorhanden ist.

Informationsbroschüre (in Auszügen):

Lautlos wie ein Schmetterling

Liebe Eltern,

der Tod eines Kindes oder der Eintritt einer Fehlgeburt kann unbegreiflich sein. Zu diesem Verlust möchten wir Ihnen unser Mitgefühl aussprechen.
Die Trauer ist groß, und schmerzende Gedanken bewegen Sie. Es fällt allen schwer, Worte zu finden und insbesondere in dieser Situation Entscheidungen zu fällen. Wir möchten Ihnen unsere Hilfe anbieten.

Unabhängig von Ihrer Konfession stehen wir und auch unsere Krankenhausseelsorge Ihnen jederzeit zur Seite. Wir möchten Ihnen helfen, den Abschied von Ihrem Kind bewusst zu erleben und Trauer zu verarbeiten. Zu unseren Aufgaben gehört es auch, organisatorische Schritte mit Ihnen in die Wege zu leiten. In Deutschland ist es grundsätzlich möglich, jedes Kind zu beerdigen […]

Wenn Sie es wünschen, kann das Kind durch Sie organisiert von einem Bestattungsunternehmen abgeholt und entsprechend Ihren Wünschen beigesetzt werden. Wir bieten Ihnen alternativ an, in Zusammenarbeit mit der Universitätsfrauenklinik Marburg, jedes Kind, und sei es noch so klein, in Form einer Sammelbestattung in würdevoller Weise zu beerdigen. Die gemeinsame Bestattung und konfessionsübergreifende Trauerfeier findet viermal jährlich auf dem Friedhof Marburg-Ockershausen statt.

Hier gibt es ein eigens dafür vorgesehenes Grabfeld mit Gedenkstein. Trauer und Schmerz finden so einen Ort. Über den Bestattungstermin werden Sie auf Wunsch benachrichtigt, es kommen keine Kosten auf Sie zu.

Für die Verarbeitung Ihrer Trauer und die „Rückkehr" in das normale Leben werden Sie Zeit brauchen und vielleicht neben Angehörigen und Freunden auch fremde Hilfe in Anspruch nehmen wollen. Wir geben Ihnen gern eine Liste mit Kontaktadressen an die Hand, selbstverständlich erfahren Sie aber auch jederzeit Hilfe über unsere Krankenhausseelsorge, unsere Krankenhausärzte und das Pflegepersonal.

Ev. Altenhilfezentrum Haus Werragarten – Breitungen

Von Meike Pieske

Sich zu Lebzeiten mit dem Thema Abschied zu beschäftigen ist nicht einfach. Sterben ist ein Prozess, der oft Angst macht. Eine Abschiedskultur braucht es nicht nur für die, die für immer gehen. Abschiedskultur bedeutet für uns: den sterbenden Menschen und seine Familie zu unterstützen, auf der letzten Wegstrecke zu begleiten und dabei selbst loslassen zu können. Ein würdiger Umgang mit Sterben und Tod, Vertrauen, Verbundenheit, Abschied nehmen und Trauern, das ist wichtig für uns. Dazu gehört: Rituale pflegen, zusammen sein, füreinander da sein und uns die Hände reichen.

Meike Pieske
Heimleiterin Haus Werragarten

Wenn ein Mensch in unserem Hause verstorben ist, verabschieden wir uns in einer Aussegnungsfeier von ihm. Im Zimmer des Bewohners kommen Angehörige, Freunde, Mitbewohner sowie Mitarbeitende zusammen, wir erinnern uns an ihn anhand der Lebensgeschichte und der Erlebnisse, die wir mit dem Verstorbenen haben durften. Für den Verstorbenen wird im Haus ein Abschiedstisch gestaltet. Eine Kerze wird entzündet, ein Bild des Verstorbenen mit einem Abschiedsspruch aufgestellt und meist ein Lieblingsstück des Verstorbenen hinzugelegt. Auf einen Stein schreiben wir seine Lebensdaten. So gibt es unmittelbar die Möglichkeit, sich zu erinnern und Abschied zu nehmen.

Später werden das Bild des Verstorbenen und der Erinnerungsstein in unsere „Erinnerungsecke" gebracht. In einem Lichthof sind an einer Wand drei Fenster angebracht. Dahinter sieht man die Namen und die Bilder der Menschen, von denen wir uns im vergangenen Jahr verabschiedet haben. Letzte Woche erst bat mich Frau M. (sie sitzt im Rollstuhl), die Fenster zu öffnen – sie wolle nach Fritz schauen. Er ist vor einigen Tagen verstorben. Sie wolle noch einmal mit ihm sprechen; „… ans Grab kann ich doch nicht gehen, aber das hier ist doch auch so etwas …" Sie saß einige Zeit da, dann sprach sie mit ihm, über die alten Zeiten und darüber, dass sie sich eines Tages wiedersehen werden. Ich war sehr berührt und sehr froh, dass wir „auch so etwas" haben.

Im November, zum Ende des Kirchenjahres, gestalten wir einen Abschiedsabend. Dieser Abend steht jeweils unter einem Thema, wie zum Beispiel:

- Abschied – untröstlich, doch getröstet
- Abschied braucht seine Zeit
- Leben bis zuletzt und dann Abschied nehmen – oder: Da sein, wenn es still wird
- Trauern ist liebevolles Erinnern

Zu diesem Abend laden wir Bewohnerinnen und Bewohner, Angehörige, Freunde und Bezugspersonen, Mitarbeitende, Ehrenamtliche, Mitarbeitende der Hospizdienste und Interessierte ein.

Wir treffen uns in der „Erinnerungsecke“ und beginnen mit einem Lied. Dann hält unsere Pfarrerin einen Gottesdienst. Es werden die Namen aller Verstorbenen verlesen, für jeden wird ein Licht entzündet und eine Rose hingelegt. Der Erinnerungsstein wird während des Gottesdienstes an die Angehörigen übergeben. Mit Gebet und Gesang gedenken wir derer, deren Weg wir ein Stück mitgehen durften.

Im Anschluss an den Gottesdienst wird passend zum Thema durch die Mitarbeitenden der Abend noch etwa eine halbe Stunde gestaltet mit Gedichten und Liedern, einer gespielten Kurzgeschichte, Gedanken zu Abschied und Trauer, Erlebnissen aus dem gemeinsamen Weg. Mit Gesprächen, die oft von Lachen und Weinen geprägt sind, klingt der Abend aus.

Unsere Abschiedskultur im Haus Werragarten ist seit Jahren gewachsen. Wir merken, dass der Abend den Anwesenden guttut. Sie tragen Trauer und wunderschöne Erinnerungen, aber auch Wut und Verzweiflung mit sich. Wir tauschen uns aus und lassen gemeinsam los.

Seelsorgliche Begleitung am Lebensende im städtischen Altenheim – Mainz

Ein Gespräch mit Pfarrerin Silke Bretschneider-Müller

Frau Bretschneider-Müller, wie erfahren Sie, wenn jemand im Seniorenheim im Sterben liegt?
Das ist unterschiedlich. Mein katholischer Kollege und ich werden entweder von den Pflegekräften, den Betroffenen oder ihren Angehörigen gerufen.

Begleiten Sie nur Menschen, die einer Kirche angehören?
Nein, die Konfession spielt keine Rolle. Wir begleiten jeden, der unsere Unterstützung braucht.

Sind auch Ehrenamtliche von ambulanten Hospizdiensten in der Einrichtung tätig?
Meistens nicht. Es sei denn, die Angehörigen möchten es, oder wenn ein Palliative Care Team vom Hausarzt hinzugezogen wurde. Das Palliative Care Team bietet eigentlich immer den Sterbenden und ihren Angehörigen die Möglichkeit der Begleitung an.

Hat die Pflegeeinrichtung eine Kooperation mit einem ambulanten Hospizdienst?
Nein, hat sie nicht.

Was würden Sie sagen, sterben heute mehr Menschen in der Pflegeeinrichtung als früher?
Ja, deutlich mehr. Vor allem ist die Verweildauer extrem kurz geworden. Oft werden die Menschen heute erst unmittelbar vor ihrem Tod in die Pflegeeinrichtung gebracht. Ich habe dadurch kaum noch eine Chance, die Menschen kennenzulernen.

Bestatten Sie auch Menschen, die im Seniorenheim verstorben sind?
Ja, es sind aber heute deutlich weniger Menschen als noch vor ein paar Jahren.

Woran liegt das?
Das liegt daran, dass die Menschen aus ihren Wohnungen kommen und nur wenige Tage hier sind. In diesen Fällen übernehmen die Kollegen aus den Ortsgemeinden die Beerdigung.

Sprechen Sie mit Bewohnern auch über letzte Wünsche oder über ihre Beerdigung?
Ich bekomme verschiedene Anfragen. Manche sagen: „Frau Pfarrerin, Sie beerdigen mich doch bitte auch!“ und wollen es richtig festlegen. Es gibt einige Bewohner, denen ich zugesagt habe: „Wenn ich da bin, werde ich sie auch beerdigen.“ Ich mache das aber nur unter Vorbehalt. Manche treffen mit mir ganz konkrete Verabredungen, mit einem kompletten Programm für ihre Trauerfeier. Ich frage sie dann auch: „Was wünschen Sie sich, wenn es mal so weit kommt? Wie soll ich Sie begleiten?“ Wie in einer Art Phantasiereise gehe ich dann gedanklich mit ihnen da hin und versuche herauszufinden, was für diesen Menschen wichtig ist. Oft steigen Bewohner auch in das Thema ein, indem sie sagen: „Frau Pfarrerin, ich kann nicht mehr! Ich will nicht mehr!“ In solchen Situationen spreche ich manchmal auch das Beerdigungsthema an. Das muss

ich natürlich sehr gut ausloten. Wenn es jemandem gerade sehr schlecht geht, ist es eher schwierig, darüber zu reden. Für manche Menschen ist es aber auch ein absolutes Tabu, darüber zu reden. Mit anderen ist es ganz leicht, darüber sprechen. Oft erzählen sie auch von Erlebnissen, die sie hatten. Sie sagen zum Beispiel: Damals bei meinen Eltern, bei meinem Ehemann, da war das so und so und das war besonders schön oder das war besonders schrecklich oder das würde ich mir auf keinen Fall so wünschen.

Wenn es dann so weit kommt, dass die Menschen versterben, bespreche ich ihre Wünsche, die sie mir gegenüber geäußert haben, auch mit den Angehörigen. Das ist ganz wichtig, auch sie im Blick zu haben. Wobei diejenigen, die ihre Beerdigung sehr gut vorbereitet haben, meistens Menschen sind, die relativ allein im Leben stehen. Die haben dies getan, weil sie wissen, da gibt es niemanden, der sich kümmert. Manche haben auch eine Bestattungsverfügung abgeschlossen.

Silke Bretschneider-Müller
Pfarrerin

Wie ist es für Sie, wenn Sie einen Menschen beerdigen, und niemand ist gekommen, um Abschied zu nehmen?
Diese Beerdigungen sind mir sehr wichtig. Es ist so traurig, wenn ich mit dem Friedhofsmitarbeiter allein am Grab stehe. Wenn ich weiß, es wird außer uns beiden niemand kommen, nehme ich eine Kerze mit zum Friedhof oder eine Blume. Das hilft mir, wenn ich etwas hinlegen kann, damit wenigstens im Moment noch was bleibt.

Kommt es öfters vor, dass Sie allein mit einem Friedhofsmitarbeiter Menschen beerdigen?
Das ist unterschiedlich. Ich bin in zwei Pflegeeinrichtungen als Seelsorgerin tätig. In Mainz-Gonsenheim kommt es fast nie vor, weil die Bewohnerinnen und Bewohner Familien haben. Im städtischen Mainzer Altenheim leben sehr viele Sozialhilfeempfänger, da kommt es sehr oft vor.

Wie erleben Sie den Tod von Menschen ohne Angehörige, die auf Sozialhilfe angewiesen sind?
Häufig haben sie einen gerichtlich angeordneten Betreuer. Allerdings endet die Betreuung mit dem Todestag. Das heißt, die Betreuer sind nicht mehr für die Beerdigung zuständig. Die Stadt beauftragt einen Bestatter. Der macht dann nur das Nötigste, nur, was er bezahlt bekommt – ziemlich mager ist das: ohne Musik, ohne Blumen und nur eine ganz einfache Urne.

Als Seelsorgerin fühle ich mich bei Bestattungen von Menschen, die in Armut gelebt haben, besonders gefordert, nicht nur ihre Wünsche zu berücksichtigen, sondern auch ihre Würde zu wahren. Ich tue dies, indem ich am Grab singe.

Was singen Sie?
Das ist verschieden. Manchmal singe ich „Christ ist erstanden“ oder das Lieblingslied des Verstorbenen oder ein Lied, das ich am Sterbebett gesungen habe.

Kommt es auch vor, dass Sie gefragt werden, ob Sie die Beerdigung eines Bewohners übernehmen können, der keiner religiösen Gemeinschaft angehört?
Das kommt sogar öfters vor.

Bestatten Sie die Menschen dann aus seelsorglichen Gründen?
Ja, ich begleite Sterbende und ihre Angehörigen unabhängig von ihrer Religionszugehörigkeit, wenn sie das wünschen.

Gedenken Sie auch im Seniorenheim der Verstorbenen?
Wir halten in unseren Gottesdiensten an dem Sonntag nach der Beerdigung Fürbitte für die Verstorbenen und gedenken der Toten am Ewigkeitssonntag. Dazu laden wir auch die Angehörigen ein. Diese Angebote werden manchmal auch wahrgenommen. Wichtig ist das aber vor allem für die Bewohner, weil sie erfahren: Wenn ich einmal sterbe, werde ich nicht vergessen. Da sind Menschen, die meinen Namen vorlesen, die eine Kerze anzünden oder eine Blume dazulegen. Und ihre Namen werden in ein Sterbebuch eingetragen werden, das in der Kapelle ausliegt.

Hephata Diakonie e. V. – Schwalmstadt

Annette Hestermann wird nicht müde zu betonen, dass Menschen mit Behinderung ganz verschiedene Formen der Beeinträchtigung haben können. „Es gibt ein riesengroßes Spektrum an Facetten von Behinderungen", sagt sie. Einige sind sprachfähig, bei anderen ist die Pfarrerin unsicher, was sie wahrnehmen können. Damit umzugehen und sich auf die individuellen Verstehens- und Kommunikationsmöglichkeiten einzustellen gehört zu ihrem Alltag. In jeder Situation überlegt sie neu: „Was ist hier angebracht?" Für sie ist das der wichtigste Satz in allen Inklusionsfragen.

Seit etwa drei Jahren arbeitet sie nun als Seelsorgerin in den Einrichtungen von Hephata Diakonie. Zuvor war sie fast fünfundzwanzig Jahre Gemeindepfarrerin. Menschen würdig zu bestatten und Bestattungsformen anzubieten, die ein Gedenken ermöglichen, ist ihr schon lange wichtig. In Hephata erlebt sie, dass das für die Menschen hier selbstverständlich ist. „Alle, die hier gelebt und gearbeitet haben, bekommen eine würdige Trauerfeier", sagt sie stolz. Wenn ein Mensch in Hephata verstirbt, wird sie von den Mitarbeitenden informiert. Die Trauerfeiern gestaltet sie immer zusammen mit denen, die in den Einrichtungen leben und arbeiten – für verstorbene Mitbewohner, Arbeitskollegen oder Freunde. Und sie bestattet diejenigen, die auf dem Friedhof von Hephata beigesetzt werden. Die Teilnahme an der Trauerfeier und der anschließende Gang zum Grab werden jedem ermöglicht, die Mitarbeitenden werden in dieser Zeit von ihrer Arbeit freigestellt. Aus ihrer Zeit als Gemeindepfarrerin kennt sie das auch anders. „Es gab immer mal wieder Beisetzungen ohne Menschen, die Abschied nahmen."

Zurückblickend erinnert sie sich besonders an den Abschied von einer Frau, die in einer Wohngruppe lebte. Ihre Krankheit war weit fortgeschritten, und es war absehbar, dass sie bald sterben würde. Diese Frau wünschte sich, in den Räumen ihrer Wohngruppe sterben zu dürfen. Für sie war das Alleinsein schon immer ein großes Problem gewesen. Sie wollte bleiben, wo sie zu Hause war. Die Wohngemeinschaft und die Mitarbeitenden trugen ihren Wunsch gerne mit. Damit sie mitten unter ihnen sein konnte, wurde ihr Bett kurzerhand ins Wohnzimmer gestellt. In den gemeinsamen Lebensraum. Nach einer Woche verstarb die Frau friedlich, im Kreis ihrer vertrauten Mitbewohner, so wie sie es sich gewünscht hatte.

Meistens findet eine liebevoll gestaltete Aussegnungsfeier in der Wohngruppe statt. Die Mitarbeitenden schmücken den Raum. Soweit sie es können und wünschen, beteiligen sich die Mitbewohner. Manche legen als Zeichen ihrer Anteilnahme Gegenstände ans Totenbett. „Das hängt von den individuellen Wünschen und Möglichkeiten der Mitbewohner ab", erklärt die Seelsorgerin. Für die Feier wählt sie Worte, die die Menschen begreifen können. Die Anwesenden können Abschiedsworte sprechen oder kurze Erinnerungen erzählen.

Mit wem sie Trauergespräche führt, ist verschieden: mit sprachfähigen Mitbewohnern, mit Mitarbeitenden oder mit Angehörigen. Sie versucht sich dabei behutsam in die individuellen kognitiven und emotionalen Fähigkeiten der trauernden Mitbewohner einzufühlen und sucht mit ihnen nach Formen des Ausdrucks für ihre Trauer.

„Besonders die würdig gestalteten Trauerfeiern und Bestattungen gehen zu Herzen", erzählt sie. Mit den vielen Blumen und Kerzen, der festlichen Orgel- und Posaunenmusik, mit den vielen Menschen, die Abschied nehmen, den zum Teil sehr persönlichen Worten und liebevollen Gesten und Handlungen. „Das beeindruckt vor allem Menschen, die hierher kommen und so eine festliche Beerdigung noch nicht miterlebt haben", weiß sie. Bei Trauerfeiern mit anschließender Beisetzung ist der Sarg oder die Urne mit in der Kirche. Üblich ist auch das Aufstellen eines Fotos des Verstorbenen. Es kann dabei helfen, sich vorzustellen, dass dieser Mensch nun im Sarg liegt oder seine Asche sich in der Urne befindet.

Eine zentrale Frage zur Gestaltung der Trauerfeier ist für sie: „Wie gelingt es mir, Menschen mit Behinderungen die Person des Verstorbenen zu vergegenwärtigen?" Ihre Worte wählt sie oft in einfacher Sprache. Hier kann sie, anders als bei manchen Trauerfeiern ihrer ehemaligen Gemeinde, vieles aus dem Leben der verstorbenen Menschen erzählen, weil sie meist sehr lange in der Einrichtung gelebt haben. Sie erzählt Geschichten von gemeinsamen Ausflügen und Veranstaltungen oder erinnert an Musik, die sie gern hörten. Wenn möglich, bringt sie einen Gegenstand zu den Trauerfeiern mit. Etwas, was der verstorbene Mensch hergestellt hat oder was die Trauergäste mit ihm verbinden. Dadurch können sich die Anwesenden oft lebendiger an den Verstorbenen erinnern. Beeindruckend findet Annette Hestermann: „Manche von den behinderten Menschen waren richtige Künstler, haben beeindruckende Bilder gemalt oder konnten Gegenstände aus den unscheinbarsten Dingen herstellen, Schiffe aus sehr kleinen Papierstücken oder interessante Skulpturen aus Blumendraht." Auch für Mitarbeitende können diese Gegenstände eine Erinnerungshilfe sein, weiß sie. „Wenn jemand länger dement war, fällt es irgendwann schwer, sich vor Augen zu halten, wie das Leben des Menschen vor der Demenz mal war."

Nach der Trauerfeier zieht die Gemeinde begleitet von der Musik des Posaunenchores zum Friedhof und bestattet den Verstorbenen. Und immer gibt es ein Kaffeetrinken im Anschluss an die Beisetzung. Auch das ist ganz wichtig.

Am Ewigkeitssonntag werden im Gottesdienst die Namen der Verstorbenen verlesen und Kerzen in dem kunstvoll gestalteten Lichterbaum entzündet.

Beispiel für liturgische Abschiedsfeier für Menschen mit Behinderung

Von Annette Hestermann

Abschied von einem Kind in seiner Kindergruppe
Wenn möglich, ein Bild des verstorbenen Kindes aufstellen.
Vielleicht auch Gegenstände, die zu ihm/ihr gehört haben, sowie eine Kerze.

Beginn der Abschiedsfeier mit einem Klangschalenton

Wir haben mit E. zusammengelebt.
E. war lange hier bei uns. Deshalb denken wir heute an E.

Psalm (nach Psalm 139)
Von allen Seiten umgibst du mich, Gott,
und hältst deine Hand über mir.

Gott, du kennst mich und hast mich lieb.
Du sagst nie, ich bin zu klein.
Von allen Seiten umgibst du mich, Gott,
und hältst deine Hand über mir.

Wenn ich auf der Straße herumlaufe
oder in meinem Bett liege, du bist bei mir.
Von allen Seiten umgibst du mich, Gott,
und hältst deine Hand über mir.

Ich kann mit einem Flugzeug hoch fliegen oder
mit einem Schiff über das Meer fahren,
du lässt mich nicht allein.
Von allen Seiten umgibst du mich, Gott,
und hältst deine Hand über mir.

Sogar wenn ich sterbe, verlässt du mich nicht.
Die Toten sind in deiner Hand,
und du schenkst ihnen neues Leben.
Von allen Seiten umgibst du mich, Gott,
und hältst deine Hand über mir.

Mit dir kann ich reden.
Du hörst sogar das, was ich dir nur ganz leise erzähle.
Von allen Seiten umgibst du mich, Gott,
und hältst deine Hand über mir.
Du machst mein Leben hell,
denn du hast mich lieb.
Von allen Seiten umgibst du mich, Gott,
und hältst deine Hand über mir.
(Aus: Gottesdienste mit Kindern, S. 240)

Mit unseren Händen können wir viele Dinge tun … (zeigen und aufzählen: winken, greifen, kneten, klatschen, schnipsen, uns die Hand reichen …, „Stille-Zeichen" machen), aber manchmal … (Hände langsam öffnen) können wir nichts tun, müssen wir loslassen, Abschied nehmen, weinen (Augen wischen), dann sind wir traurig (Gesicht bedecken). So ist es auch mit E. Wir müssen sie/ihn loslassen.

Was wir jetzt tun können für E.?
Wir können uns gegenseitig trösten (streicheln, umarmen), beten (gefaltete Hände), Abschied nehmen (winken), uns an E. erinnern (zwei Finger an die Schläfe legen).
Wir legen E.s Leben in Gottes Hand (darreichende Geste), segnen (Segensgeste, behutsam auf die Schulter).

Gebet
Gott im Himmel, E. kann nicht mehr zu uns kommen und mit uns zusammen leben. Das ist so schwer zu verstehen.

Er/sie kann nicht mehr morgens aufstehen und abends wieder ins Bett gehen. Er/sie kann nicht mehr herumlaufen oder baden oder schaukeln oder im Massagesessel sitzen. All das, was er/sie so gemacht hat, das geht jetzt nicht mehr. E. ist gestorben.

E. ist jetzt bei dir, Gott. Wir merken, wie das ist, wenn E. nicht mehr kommt. Traurig denken wir an E. Wir danken dir für die Zeit, die wir miteinander hatten. Wir wissen, dass du E. nicht vergisst. In deine Hand legen wir ihr/sein Leben. Tröste alle, die traurig sind, dass er gestorben ist: seine/ihre Mama und seinen/ihren Papa, die Verwandten, die Betreuerinnen und Betreuer, uns Kinder. Wir hoffen auf dich und beten zusammen: Vater unser …

Lied: Meinem Gott gehört die Welt (EG 408)

Mit einem Klangschalenton das Ende der Abschiedsfeier deutlich machen.

Beerdigungsansprache zu Matthäus 5,9

Ein Mensch ist in hohem Alter verstorben.

Liebe Mitbewohnerinnen und Mitbewohner, liebe Mitarbeitende, liebe Trauergemeinde,

Abschied von F. G. Abschied von einem Menschen, dessen Leben vor 8X Jahren in Y in Z begonnen hat und der es nun zu Ende gelebt hat. Oder um es mit Worten des Glaubens zu sagen: der heimgerufen wurde als alter, schließlich auch kranker Mann. Bedenken wir diesen Abschied mit einem Wort Jesu, das ihm als jungem Konfirmanden vor XX Jahren zugesprochen worden ist:

Selig sind die Friedfertigen, denn sie werden Gottes Kinder heißen.
Sie haben mir erzählt, dass manche schmunzeln mussten, als sie dieses Bibelwort über seiner Anzeige gelesen haben – es war vielleicht nicht genau das, was einem so einfiel, wenn man an ihn dachte. Denn auch wenn er niemandem etwas zuleide tat: Er sagte nicht zu allem Ja und Amen, war ein sehr eigenständiger, manchmal auch eigenwilliger Mensch – „eine besondere, im eigenen Leben stehende Persönlichkeit“, so haben Sie ihn beschrieben.

Selig sind die Friedfertigen, denn sie werden Gottes Kinder heißen.
Was Jesus wohl mit diesen Worten gemeint hat? Sie stehen ja im Zusammenhang der anderen Seligpreisungen und stellen die Einschätzungen und Werte, die wir Menschen oft hegen, vom Kopf auf die Füße. Was damit gemeint ist, will ich erklären: Wenn wir den Satz vollenden sollten, der so beginnt: „Gut ist dran, wer …“ dann würden uns erst einmal nicht die einfallen, die Jesus da glücklich nennt, die er seligpreist. Gut dran nach unseren „normalen“ Maßstäben sind doch eher die Menschen, die sich durchsetzen gegen andere, die ein sorgloses Leben führen, die schnell im Denken sind und die, die sich das Leid anderer nicht so zu Herzen nehmen, die, die so die Tricks kennen, mit denen man am besten durchs Leben kommt, die den Durchblick haben und für die Gerechtigkeit nicht so wichtig ist wie das eigene Fortkommen.

Jesus setzt dagegen etwas anderes – da werden die als glücklich gepriesen, die nicht so gut dastehen, die bescheiden ihr Leben leben, die an etwas zu tragen haben, die nicht so satt und träge sind, die eine tiefe Sehnsucht im Herzen haben nach Gerechtigkeit. In Gottes Augen, so dürfen wir daraus hören, sind gerade jene der Liebe und Fürsorge besonders wert, die eben nicht unbedingt zu denen gehören, die auf der vermeintlichen Erfolgsspur, auf der Überholspur des Lebens dahineilen, sondern die eine Sehnsucht im Herzen tragen.

Vielleicht hat der Pfarrer, der den jungen F. im Jahr 1940 im Konfirmandenunterricht hatte, in ihm so etwas erkannt und deshalb diesen Vers ausgewählt – und so ein Bibelwort mitten in einem grausamen Krieg ist ja auch schon eine Aussage und etwas, das er ihm mitgeben wollte.

Nein, ein leichtes Leben war es gewiss nicht, das F. G. geführt hat als Sohn von Eltern, die sich früh trennten und für den die Oma gesorgt hat bis zu ihrem Tod im Jahr 19XX. Da stand er dann, gerade mal 1X Jahre alt, mitten im Krieg, ziemlich allein, und es war sicher gut, dass er hier in unserer Einrichtung einen Platz fand, an dem er unterkommen, wo er leben und so manche seiner Gaben auch ausleben konnte … auch wenn zu anderen Zeiten, in denen zunächst die Integration und dann Inklusion von Menschen zu Zielen wurden, sein Leben vermutlich noch einmal einen anderen Verlauf genommen hätte.

Wenn man die Bilder von ihm als jüngerer Mann ansieht, so blickt einem ein klug und sehr seriös wirkender junger Mann entgegen. Aber aus dem zu schließen, was er manchmal so sagte und wie er sich abgrenzen musste, war ihm wohl – möglicherweise in der Kindheit – etwas anderes vermittelt worden. „Das kann ich nicht, ich bin zu dumm", das war so einer seiner Sätze, über die es schon immer wieder auch mit manchen von Ihnen Diskussionen gab.

Gewohnt und gelebt hat er in verschiedenen Häusern unserer Einrichtung, bevor er dann vor 16 Jahren in X einzog. Gerne, so haben Sie erzählt, hat er viele Jahre in der XY gearbeitet, da war er in seinem Element, hat auch Dinge bewältigt, die große Geschicklichkeit und Umsicht erforderten. Dort war er mit anderen verbunden, die aber alle vor ihm verstorben sind – und teilte damit das Schicksal vieler sehr alter Menschen, die im hohen Alter kaum noch jemanden oder niemanden mehr haben, der mit ihnen von Kindheit an verbunden gewesen wäre.

Ich durfte in Aufzeichnungen von ihm blättern, in denen er seine Tage sehr detailliert in Stichpunkten festgehalten hat, seinem Leben eine innere Ordnung und damit ja auch einen Wert und eine Bedeutung gegeben hat. Und ich habe gestaunt über diese Konstruktion (Modell zeigen) – eines von unzähligen Dingen, die F. G. herzustellen wusste, zum Teil ganz komplizierte Gebilde. Er verstand es, so etwas wie aus dem Nichts entstehen zu lassen, und freute sich zwar über anerkennende Kommentare, wollte aber wiederum auch nicht, dass das ins Licht einer größeren Öffentlichkeit gerückt wurde, sondern war an dieser Stelle zufrieden mit dem, was er an Anerkennung erfuhr. Er konnte sich sehr genau vorstellen, wie man Dinge aus ganz einfachen Mitteln herstellte – aus Papier oder Pappe meist –, und er konnte das auch grafisch darstellen, es Schritt für Schritt aufzeichnen und das dann sozusagen zum Leben erwecken.

Gerne ist er mit seinen jeweiligen Wohngruppen auf Reisen gegangen, hat sich aber dann lieber etwas abgesondert, so ein richtiger Gruppenmensch war er wohl nie. An seinem XX. Geburtstag ist er auf dem Berliner Fernsehturm gewesen! Aber auch nach Y fuhr er gerne und kannte sich offenbar gut dort aus und machte dahin immer wieder Ausflüge.
Seine Eigenständigkeit, die muss ihm sehr wichtig gewesen sein, und er brauchte auch einen gewissen Abstand zu den Menschen in seiner Umgebung, war sich selbst offenbar meist genug.

Dass die zunehmende Hinfälligkeit es mit sich brachte, dass er auf Hilfe angewiesen war, das war und blieb ihm offenbar immer wieder eine Herausforderung, die ihn schon manchmal auch bitter werden ließ.

Eine intensivere Pflege wollte er einerseits nicht, und andererseits genoss er dann schon auch die damit verbundene Entlastung.

Im Gespräch mit Ihnen habe ich wahrgenommen, dass er hier in dieser Einrichtung, die er trotz einer gewissen Ambivalenz doch als seine Heimat betrachtet hat, Menschen um sich hatte, die ihm etwas gegeben haben, was sehr wertvoll ist, die nämlich sein Wesen und sein Leben wertschätzten und ihn teilweise über viele Jahre begleitet haben.

Im Licht dieser Erinnerung wirkt dieser Satz Jesu noch einmal anders:

Selig sind die Friedfertigen, denn sie werden Gottes Kinder heißen.
Ja, er war ein Kind, ein Mensch Gottes, F. G., der sein Leben gelebt hat, Gottesdienste mit gefeiert viele Male, und er ist ein Kind Gottes, denn Gottes Liebe endet nicht an den Gräbern der Menschen, nicht an unseren Grenzen – sie reicht dahin, wo wir nicht hin können.

Möge er geborgen sein in Gottes Nähe auf ewig, und möge er eingegangen sein in seinen himmlischen Frieden. Amen.

Literatur

Gottesdienste mit Kindern, Arbeitshilfe für Mitarbeiterinnen und Mitarbeiter im Kindergottesdienst, hg. von der Arbeitsstelle für Kindergottesdienst der Evangelischen Kirche von Kurhessen-Waldeck, 3. völlig neu bearbeitete Aufl. 2010.

Anne Gidion (u. a.): ***Leicht gesagt!*** Biblische Lesungen und Gebete zum Kirchenjahr in leichter Sprache, Hannover, 2. Aufl. 2017.

Texte in leichter Sprache finden sich auch auf der Internetseite www.evangelium-in-leichter-sprache.de.

Bathildisheim e. V. – Bad Arolsen

Das Bathildisheim e. V. ist eine diakonische Einrichtung für Menschen mit Behinderung in Bad Arolsen. Zu ihr gehören die Karl-Preising-Schule, das Kinder- und Jugendwohnen, das Berufsbildungswerk Nordhessen, die Werkstatt für behinderte Menschen und das Heilpädagogische Wohnen mit den Angeboten des Betreuten Wohnens und der Offenen Hilfen. Etwa 1200 Menschen werden von den Mitarbeitenden der Einrichtung mit verschiedenen Unterstützungsangeboten in den Bereichen Lernen, Ausbildung, Arbeit, Wohnen und Leben begleitet.

In der Förderschule werden auch Kinder unterrichtet, die schwer behindert sind und deren Gesundheitszustand so labil ist, dass sie jederzeit versterben können. Manche haben rund um die Uhr eine Krankenschwester an ihrer Seite, weil es jederzeit bei ihnen zu einer lebensbedrohlichen Krise kommen kann. Ist abzusehen, dass ein Kind bald sterben wird, bleibt es daheim bei seinen Eltern. Die Lehrer kommen dann zu ihm nach Hause und halten den Kontakt aufrecht.

Wenn Pfarrerin Irene Dittmann-Mékidèche die Nachricht vom Tod eines Kindes erhält, stellt sich für sie die Frage: Wie gestalte ich eine Abschiedsmöglichkeit für die Mitschüler?

In jedem Fall findet in der Kapelle eine Trauerfeier statt. Kinder, Lehrer, Mitarbeitende und oft auch die Eltern des toten Kindes sitzen im Kreis zusammen. Die Mitte wurde liebevoll gestaltet, mit Kerzen, Blumen und mit einem Foto des Kindes. Während der Andacht haben die Kinder die Möglichkeit, bei ruhiger Musik ein Teelicht anzuzünden.

„Unsere Trauerfeiern sind sehr bewegend", sagt Vorstand Pfarrer Christian Geyer. „Sie geben einem das Gefühl, in der Trauer getragen zu sein, was daran liegt, dass sie von Frau Dittmann-Mékidèche bewusst nicht so wortreich gestaltet werden." Nach der Andacht gehen die Anwesenden vor die Kapelle. Jedes Kind bekommt einen Luftballon. Wer möchte, kann einen persönlich gestalteten Abschiedsbrief daran hängen und mit dem Ballon aufsteigen lassen. Dann geht es weiter zum Totengedenkfeld, wo eine Fotokachel mit dem Bild des Kindes enthüllt wird. Am Ende geht es zurück ins Leben, mit Gebäck und Getränk.

Hauptfriedhof Mainz | Sternengarten

Ökumenische Trauerfeier und Beisetzung von Kindern im Sternengarten – Mainz

Zweimal im Jahr werden auf dem Hauptfriedhof in Mainz zwischen 300 und 500 zu früh oder fehlgeborene Kinder im Rahmen einer ökumenischen Trauerfeier gemeinschaftlich beigesetzt. Am Eingang der Trauerhalle begrüßen Pfarrerin Helga Nose und Pastoralreferent Norbert Nichell die Trauergäste. Wer möchte, darf sich einen goldenen Stern aus Pappe aus einem Korb nehmen und ihn für sein totes Sternenkind als Erinnerungszeichen gestalten. Später sollen die Sterne an einen Baum auf der Grabstätte gehängt werden.

Die Trauerhalle füllt sich bis auf den letzten Platz. Das Bedürfnis von Familien, Abschied zu nehmen, ist enorm groß. Schätzungsweise zweihundert Menschen sind gekommen. Paare halten sich an den Händen. Verschiedentlich ist Weinen zu hören. In der ersten Reihe tragen zwei Frauen Kopftücher, vermutlich Muslima.

Eine blaue Urne mit gelben Sternen und ein kleiner weißer Sarg wurden liebevoll mit Blumen und Kerzen dekoriert. Auf den Stühlen liegen Liedblätter, das Deckblatt ist mit einem Foto der Grabstätte und mit gelben Sternen gestaltet. Darin eingelegt befindet sich eine Einladung der katholischen und evangelischen Klinikseelsorge und des Vereins Trauernde Eltern und Kinder Rhein Main e. V. zu einem Begegnungscafé im Anschluss an die Beisetzung.

Nach Begrüßung, Votum und Gebet folgt das Lied „Aus der Tiefe rufe ich zu dir“, dann Psalm 71, Musik, eine Ansprache und noch einmal besinnliche Musik. Eine Mutter trägt ein Gedicht über ihre Hoffnungen und ihre Trauer vor.

Fürbitten beschließen diesen Teil der Trauerfeier. Mit dem Lied „Von guten Mächten“ begleiten Eltern, Familien und Freunde ihre toten Kinder zu ihrem Grab. Beim Ankommen werden sie von Panflötenmusik empfangen. Die toten Kinder werden beigesetzt, und die Trauergemeinde spricht das Vaterunser. Am Ende der Segen für alle Anwesenden. Der Klang der Panflöte ist wieder zu hören. Viele stehen noch einige Zeit am Grab und nehmen Abschied.

Würdevolle Bestattung konfessionsloser Menschen – Mainz

Wenn Winfried Späth (†) vor einer Bestattung die Friedhofskapelle auf dem Waldfriedhof in Mainz betritt, weiß der pensionierte katholische Theologe oft nicht, was ihn erwartet. Manchmal ist außer ihm und dem Friedhofsmitarbeiter niemand da. Manchmal sind Menschen gekommen, die Abschied nehmen wollen: Angehörige, Pflegekräfte, Bekannte oder Freunde. Er stellt sich ihnen dann vor. Fragt sie, wer der Verstorbene für sie war. Ob sie Wünsche haben, wie sie Abschied nehmen wollen? Ob er an der Gestaltung mitwirken soll, indem er ein paar Worte sagt? Soll er ein Gebet sprechen? Soll er einfach nur mitgehen und Musik auf seiner Panflöte spielen? Entscheidend ist, was die Menschen brauchen, um gut und würdig Abschied nehmen zu können.

Bestattung ohne Angehörige

Wenn niemand zur Beisetzung gekommen ist, begleitet Winfried Späth den Verstorbenen mit einem Friedhofsbediensteten zu seiner Ruhestätte. Zu Beginn ihres Weggeleits steht die Urne in der Friedhofskapelle. Zusammen vergegenwärtigen sie sich das Leben dieses Menschen, von dem sie meist nicht mehr wissen als seinen Namen und die Geburts- und Sterbedaten. Das kann beispielhaft mit folgenden Worten geschehen:

„Wir stehen an der Urne von N.N. Auf der Urne ist der Name verzeichnet, seine persönlichen Daten: der Tag seiner Geburt, sein Sterbedatum. Lediglich ein Häufchen Asche, in diese Urne gefüllt, ist der Rest der Materie, der aus der Lebensgeschichte des Verstorbenen verblieben ist. Das ist das, was zurückbleibt von einem Menschen, der geliebt und gehasst, der gelitten und gekämpft hat, geplant und gehofft, gelacht und geweint hat, der seinen Lebensweg

gegangen ist. Die sterblichen Reste dieses Menschen, von dem wir nur den Namen und ein paar Zahlen wissen, tragen wir zu einem Gräberfeld und übergeben die Asche dem weichen Schoß von Mutter Erde. Wir begleiten nun in Achtsamkeit und Würde N.N. auf seinem letzten Weg“ (Winfried Späth, Das Projekt „Antigone“, Sozialbestattungen von Menschen ohne Konfession. S. 238).

Im Anschluss gehen sie schweigend mit der Urne zum Gräberfeld. Dort nennt der Theologe noch einmal den Namen und Geburts- und Sterbedatum, liest einen kurzen literarischen Text. Es folgen ein Moment der Stille und der dreimalige Erdwurf. Wenn mehrere Urnen beigesetzt werden, geht er nach und nach an jede Grabstätte und wiederholt das Ritual. Manchmal spricht er auch ein Gebet. Wenn der Friedhofsbedienstete die Gräber zuschaufelt, spielt er auf seiner Panflöte einen letzten Gruß an die Verstorbenen.

Bestattung mit einer Trauergemeinde

Manchmal weiß er aber schon im Vorfeld, dass es Menschen gibt, die Abschied nehmen wollen. Dann trifft er sich mit ihnen zu einem Trauergespräch, oder sie sprechen telefonisch miteinander, oder er bekommt schriftlich von ihnen Informationen zum Lebenslauf. Auf Wunsch kann er dann auch eine persönliche Trauerrede halten. Manchmal tun dies aber auch die Angehörigen.

Im Unterschied zu einer kirchlichen Bestattung würdigt Späth den Verstorbenen mit Worten, die sein Leben in einen größeren Zusammenhang stellen. Dabei benutzt er nicht immer biblische und traditionell christliche Worte. Auf keinen Fall will er vereinnahmen. Er wählt seine Texte mit Bedacht, hat bei jeder Bestattung eine Sammlung an Gedichten, Psalmen, Gebeten, biblischen Worten und weltlichen Geschichten dabei. Und manchmal wünschen sich Menschen auch, ein Vaterunser am Grab zu sprechen.

Projekt „Licht und Segen – auf dem Weg des Abschieds" – im Kirchenkreis Hanau

Das Projekt „Licht und Segen" ist eine relativ neue, offene Form der kirchlichen Trauerkultur. Ursprünglich als eine kollektive Form der Trauerfeier für Menschen gedacht, denen die klassische Form der kirchlichen Trauerfeier fremd geworden ist, hat sich „Licht und Segen" zu einer Gedenkfeier entwickelt, die mehrmals im Kirchenjahr angeboten wird. Gestaltet wird sie von einem Projektteam, das sich an den Bedürfnissen der Zielgruppe orientiert.

„Licht und Segen" findet in der Regel alle drei Monate in zwei Kirchen statt, inzwischen auch am 24. Dezember auf dem Friedhof. Das Angebot nimmt die Individualität von Trauerprozessen ernst und gibt ihnen in einer Zeit, in der Trauer kaum sichtbar und öffentlich geschützt ist, einen kirchlich-rituellen Schutzraum. Dabei lassen die Feiern erkennen, wie hoch das Bedürfnis ist, der Trauer über das Gedenken am Totensonntag hinaus zu verschiedenen Zeiten im Verlauf eines Jahres gemeinsam Raum geben zu können.

Verantwortet werden die Feiern vom Kirchenkreis Hanau, die Idee dazu hatten Dekan Dr. Martin Lückhoff und Prof. Dr. Lutz Friedrichs, Direktor des Evangelischen Studienseminars Hofgeismar. Für Lutz Friedrichs ist das wirklich Neue nicht die Form, sondern die theologische Haltung, aus der heraus dieses Projekt gestaltet wird: „Bestattung wird primär diakonisch verstanden, als Dienst der Kirche an der Gesellschaft, der sich nicht von der Frage der Kirchlichkeit, sondern von der Frage der Bedürftigkeit leiten lässt – die Feier ist offen für jeden, auch für Menschen, die nicht oder nicht mehr der evangelischen Kirche angehören" (Lutz Friedrichs, Die kirchliche Bestattung, S. 82).

Im Einladungstext wird das Neue an dieser Feier so beschrieben:
„‚Licht und Segen' ist offen für alle, die trauern. Mit dem Tod eines geliebten Menschen beginnt die Trauer um ihn. Manchmal spürt ein Mensch, dass im Alltag die Trauer verloren zu gehen scheint – mit den Erinnerungen an die Zeit mit dem Verstorbenen. Der eigenen Trauer und den Erinnerungen nachzugehen, gibt ‚Licht und Segen' Raum und Zeit. In der Gemeinschaft der Trauernden und im Hören auf Gottes Verheißung mögen Sie Trost und Hoffnung erfahren, die es Ihnen ermöglicht, Ihr Leben im Glauben gehalten zu gestalten.

In ‚Licht und Segen' können Sie für sich allein, mit Freunden und Angehörigen:
- die Stille des Kirchenraumes erleben
- Musik mit Saxophon und Klarinette hören
- eine Kerze für Ihre/n Verstorbene/n entzünden
- Segen für den Weg Ihres Abschieds empfangen
- Zu Kaffee, Tee und Gebäck bleiben."

Zu Licht und Segen sind auch diejenigen eingeladen, die schon länger trauern. Die Teilnahme ist unabhängig von der Kirchenmitgliedschaft und vom Ort der Bestattung der Angehörigen möglich."

Prof. Dr. Lutz Friedrichs
Direktor des Evangelischen Studienseminars

Pfarrer Jürgen Manke
Projektteam

Pfarrer Till Wisseler
Projektteam

Was tun, wenn es keine Trauerfeier gibt? – Selbstorganisierte Abschiedsfeier für Anneliese S. – Mainz

Fast jeder Mainzer kannte sie: Anneliese S., die wohnungslose alte Frau, die gerne bunte Hüte trug und sich mit Glitzerschmuck hübsch machte. Mit ihrem vollgepackten Kinderwagen zog sie durch die Straßen der Stadt. Manchmal war es auch ein Einkaufswagen. Immer hatte sie einige Kuscheltiere bei sich. Warum sie viele Jahre auf der Straße lebte, ist nicht bekannt.

Professor Dr. Gerhard Trabert, Arzt vom Verein Armut und Gesundheit in Deutschland e. V., kannte sie seit etwa 15 Jahren. Sein Team aus meist ehrenamtlich tätigen Ärzten, Pflegekräften und Sozialarbeiterinnen behandelt Menschen medizinisch, die in prekären Lebenssituationen leben. Regelmäßig fahren sie mit einem Bus, der als mobile Arztpraxis ausgebaut ist, durch die Straßen der Stadt und bieten wohnungslosen Menschen ihre Unterstützung an.

Als Trabert erfuhr, dass Anneliese S. auf der Straße zusammengebrochen und vom Rettungsdienst in das Krankenhaus St. Vincenz gebracht worden war, besuchte er sie. Er erfuhr, dass sie im Sterben lag. Am 22. Juni 2016 war sie tot. Bei ihm und vielen Mainzer Bürgerinnen und Bürgern war die Trauer groß. Sie wollten Abschied nehmen. Aber es gab keine Trauerfeier – Anneliese S. wollte anonym bestattet werden.

Der Verein entschloss sich, eine Gedenkfeier für sie vor den Räumen seiner „Medizinischen Ambulanz ohne Grenzen“ zu organisieren. Es kamen etwa 80 Menschen. Nele Kleinehanding, die für die soziale Beratung bei Armut und Gesundheit in Deutschland e. V. zuständig ist, organisierte einen Einkaufswagen. Daran hängte sie ein Bild von Anneliese S. und dekorierte ihn mit Dingen, die an sie erinnerten.

Um ihn herum standen die Trauergäste. Ein wohnungsloser Musiker spielte Gitarre. Wer wollte, konnte erzählen, was ihn oder sie mit Anneliese S. verbindet. Eine Frau erzählte, sie habe sich regelmäßig mit ihr getroffen und sie zum Essen eingeladen. Eine andere, sie habe sie als Studentin kennengelernt. Viele erzählten von ihren ganz persönlichen Begegnungen mit ihr und dass sie ihnen fehlen werde. Auf bunte Zetteln konnte, wer wollte, seine Gedanken für Anneliese S. schreiben und vorlesen. Die Ärztin Dr. Astrid Gaida schrieb:

Liebe Frau S.,

oft habe ich Sie in der Stadt gesehen. Und jedes Mal habe ich mich gefragt: Wie geht es Ihnen? Sind Sie glücklich, zufrieden? Oder geht es Ihnen wenigstens ok? Haben Sie Ihren Alltag selbst entschieden? Oder war es ein Schicksalsschlag, der Sie in Ihre Situation gebracht hat?

Ich fragte mich: Wo sind Sie gerade? Nehmen Sie Ihre Umgebung so wahr, wie ich es tue? Oder leben Sie gedanklich in einer anderen Welt? Gibt es einen Ort, zu dem Sie abends gehen? Menschen, die auf Sie warten? Die Ihnen eine warme Mahlzeit bereiten? Ich habe Sie nie angesprochen, Ihnen nie meine Fragen gestellt. Um nicht übergriffig in Ihre Privatsphäre einzudringen. Oder war es aus Angst vor der Antwort? Oder einfach aus Bequemlichkeit?

Ich freue mich, heute zu erfahren, dass Sie Menschen begegnet sind, die mehr Mut als ich hatten; die Sie angesprochen haben und Ihnen geholfen haben. Ich hoffe, dass diese Begegnungen Ihr Leben bereichert haben!

Liebe Frau S., ich wünsche Ihnen alles Gute!

Bestattungskultur im ländlichen Raum

Ein Gespräch mit Dierk Glitzenhirn. Er ist seit 1996 Pfarrer, seit fünf Jahren in der Kirchengemeinde Schwalmstadt-Treysa, und er leitet das Evangelische Forum im Schwalm-Eder-Kreis.

Herr Glitzenhirn, Individualisierung und Pluralisierung von Lebensstilen und Lebensmodellen gelten als Kennzeichen unserer Gesellschaft. Inwieweit erleben Sie das in Ihrer ländlichen Gemeinde?
In einer überschaubaren Kleinstadtgemeinde ist das nur begrenzt spürbar. Nordhessen ist nicht Hamburg. Dennoch ist auch hier das Leben vielfältig. Hier wohnen Menschen, die sind viel unterwegs. Sie sind in Arbeitskreisläufe einbezogen, die nicht nur lokal sind. Wie an anderen Orten auch spielt der Faktor Zeit eine große Rolle.

Spielt der Faktor Zeit eine Rolle bei Beerdigungen?
Ja, man hat wenig Zeit, sich um die Dinge zu kümmern. Sowohl das Betreuen der Sterbenden ist für die Angehörigen ein Problem als auch die spätere Pflege einer Grabstätte. Es ist innerhalb der Bevölkerung eine Entwicklung zu spüren, ökonomisch zu denken. Der Leitsatz könnte lauten: Wir machen das, was sich in einem vertretbaren Zeitaufwand organisieren lässt.

Woran merken Sie eine Individualisierung von Lebensstilen in der Bestattungskultur?
Die Individualisierung der Lebensstile macht sich an dem intergenerationellen Zusammenspiel fest. Ganz viele Familien teilen das Schicksal, dass die Eltern im Ruhestand und ihre Kinder Gott weiß wo sind, aber nicht vor Ort. Das macht sich auch in der Grabpflege bemerkbar, spätestens wenn beide Elternteile verstorben sind.

Hat sich das Leben auf dem Friedhof verändert?
Wir haben hier noch eine Intaktheit des ländlichen Lebens. Vor allem an den Feiertagen ist auf dem Friedhof in Treysa richtig was los. Der Friedhof ist ein belebter Ort, auf dem die Menschen sich treffen, um die Gräber zu pflegen.

Und bei Bestattungen?
Mein Gefühl ist, dass sich immer mehr das Bedürfnis nach Planbarkeit einschleicht. Die Prämisse heißt: Das Sterben muss geplant werden. Und daran hängen auch die Rituale. Dies fällt den Angehörigen bei einer Urnenbeisetzung am leichtesten.
Seit Längerem schon erlebe ich eine Entwicklung, Beerdigungen auf die Randzeiten vor dem Wochenende zu legen. Dahin, wo sie reisetechnisch gut passen. Im Vergleich zu früher gibt es heute ein Ringen um den Freitagnachmittag als Beerdigungszeitpunkt. Ich erlebe es nicht mehr, dass der Zeitpunkt der Beerdigung vom Sterbezeitpunkt abhängt. Früher war es so! Wenn jemand am Sonntagnachmittag verstarb, wurde er am Dienstag oder spätestens am Mittwoch beigesetzt. Das ist heute anders. Heute findet die Beerdigung dann statt, wenn es in den beruflichen Alltag der Angehörigen hineinpasst.

Führen Sie auch Beerdigungsgespräche am Telefon?
Ja, das kommt vor. Es gibt viele gute Gründe, warum eine persönliche Teilnahme der Angehörigen an einem Beerdigungsgespräch nicht möglich sein kann: Aufenthalt im Krankenhaus, Mobilitätsprobleme, Armut. Alles Gründe, die es nicht möglich machen, mal eben Hunderte von Kilometern zu fahren, um beim Pfarrer vorbeizuschauen. Und dann ist eben die Notwendigkeit da zu einem telefonischen Trauergespräch. Ich mache das mit, finde es aber ein bisschen schade, weil es im direkten Kontakt doch persönlicher ist.
Was ich aber auch erlebe, ist ein großes Bemühen der Angehörigen, zum Trauergespräch zu kommen, und eine große Wertschätzung für dieses seelsorgliche Angebot. Mit hohem Aufwand organisieren Kinder von Verstorbenen die Teilnahme am Gespräch. Da kommt ein Kind aus Hamburg, das andere aus München, nur zum Trauergespräch.

Erleben Sie bei der Gestaltung der Trauerfeiern, dass Angehörige sich mehr daran beteiligen wollen, als es früher der Fall war?
Nein, mein Eindruck ist eher, es gibt eine große Dankbarkeit für das Begleitetwerden. Mit all dem, was dazugehört: vorkonfektioniertes Liedprogramm, feste Verläufe, auf die man sich verlassen kann. Ein beliebter Satz ist: „Herr Pfarrer, machen Sie es so, wie Sie es immer machen." Oder: „Ich möchte es so haben, wie es üblich ist."

Worin sehen Sie die Gründe hierfür?
Das hat was mit dem persönlichen Ansehen zu tun, weil man sich nicht als Ahnungsloser vor der Gemeinde outen will. Aber auch mit Würde. Die Angehörigen denken, dem Verstorbenen steht ein ordentlicher Gottesdienst zu. Das kann man meines Erachtens nur respektvoll ansehen. Man will, dass dem Verstorbenen ein hohes Gut zukommt, nämlich anerkannt zu sein.

Anerkannt von wem?
Von der Gesellschaft.

Wird das Gefühl, anerkannt zu sein, durch traditionelle Trauerfeiern erreicht?
Je individueller und pluraler das Leben wird, desto mehr gibt es eine seltsame Beauftragung von Pfarrerinnen und Pfarrern – als Vertreter einer großen Institution oder einer Lebenswirklichkeit, die noch greifbar ist, inmitten all dessen, was sonst so diffus ist. Ich glaube, es fällt ihnen eine Rolle zu, die nicht nur aus der Glaubensgemeinschaft der christlichen Kirche geboren ist. Schmerz und Trauer sind in den globalen Zusammenhängen immer schwerer zu verorten. Angehörige wollen mehr als nur ein universales Schulterzucken sehen, das signalisiert: Ist jetzt halt so. Es muss für sie jemanden geben, der sagt: Es ist schade, dass er oder sie gestorben ist. Und das erhoffen sie sich von kirchlichen Vertretern.

Geben kirchliche Rituale Menschen Halt in ihrer Trauer?
Ja, auch ein Gefühl der Akzeptanz: Da wird jemand nicht unerkannt verscharrt. Da gibt es eine große Schicksalsmacht Kirche, die für den ewigen Wert von Ritualen und von Menschenwürde steht. Die sich dafür einsetzt, dass jeder ordentlich verabschiedet wird.

Wir leben in einer Zeit, in der Armut zunimmt. Immer mehr Menschen können sich ihre Bestattung nicht leisten. Ist das auch auf dem Land spürbar?
Ich merke es auf unterschiedlichen Ebenen. Zum Beispiel daran, dass Menschen bei Trauerfeiern unorthodox gekleidet sind. In einer ganzen Reihe von Fällen gibt es keine explizite Trauerkleidung mehr. Manchmal bekomme ich auch mit, dass Angehörige oder auch Kommunen, die für die Bestattung von Menschen ohne Angehörige zuständig sind, die Einäscherungen weit weg vornehmen lassen, weil es dort kostengünstiger ist.

Gibt es etwas, worüber trauernde Menschen vermehrt klagen?
Ich kenne viele Klagen, wo Menschen an äußerer Mobilität scheitern. Wenn sie ins Altenheim gekommen sind und nicht mehr zum Friedhof können oder wenn keine Angehörigen mehr da sind oder nie da waren. Oft höre ich: „Ich würde so gern mal wieder zum Grab meines Sohnes, aber ich kann da nicht mehr hin.“ Oder ein Angehöriger hat entschieden, sich in einem Bestattungswald beisetzen zu lassen, und der Weg zum Grab ist zu matschig.

Wie wichtig ist den Menschen das Gedenken ihrer Verstorbenen?
Ich glaube, dass das Gedenken an die Verstorbenen überlebenswichtig ist. Für mich ist das spürbar in manchen Traueranzeigen, in der Du-Anrede bei den Nachrufen am Grab oder auch beim Innehalten zum Gedenken an die Verstorbenen bei Jahreshauptversammlungen.

Was wünschen Sie sich für unsere Bestattungs- und Trauerkultur?
Eine gewisse Leichtigkeit und Freude im Umgang mit dem Tod – so ambivalent das klingen mag. Das fängt damit an, dass ein Friedhof gut erreichbar ist, dass er schön gestaltet ist, dass es Farben sind, die einen umfangen, die einem den Blick nach oben leicht machen und die einem ein Gefühl geben, wahrgenommen zu werden in dem, was uns bedrückt oder bewegt. Wenn ich etwas merke von den Grundbestimmungen meines Lebens, zu denen ja die Endlichkeit gehört, und dennoch erfahre, da ist vorher und nachher noch Vieles möglich. Ich möchte ein Beispiel geben: Wenn ich traurig bin über den Tod eines Menschen und das auch mit vielen Schmerzen durchlitten habe, dann empfinde ich es als eine Offenbarung, festzustellen, dass ein Grabstein schroff ist. Ich merke etwas von der Widerständigkeit des Schicksals, wenn ich diesen Grabstein berühre oder streichle. Dann hat die Grab- oder Friedhofsgestaltung eine ganze Menge mit mir zu tun. Ich finde, ein Friedhof kann dazu beitragen, dass der Blick auf unser eigenes Leben leichter wird.

Pfarrerin Heidrun Dörken
Rundfunkbeauftragte der Evangelischen Kirche in Hessen und Nassau

Nachdenkliches zu anonymen Bestattungen

Von Heidrun Dörken (ARD „Wort zum Sonntag" vom 19.11.1994)

Ein leeres Rasenfeld. Kein Stein, kein Kreuz, kein Name zeigt, dass Menschen hier begraben liegen. Das gibt es immer mehr auf unseren Friedhöfen, anonyme Bestattung.
Ich weiß: Wer namenlos beerdigt wird, hat das zu Lebzeiten selbst bestimmt und so gewollt. Klar, es gibt ja Gründe: Manche haben niemanden mehr. Auch die Kosten für die Bestattung spielen eine immer größere Rolle. Aber vor allem die Einstellung:

„Ich will doch niemandem zur Last fallen."

Ich verstehe das alles. Und ich find's trotzdem nicht gut. Kein Mensch ist doch so gering, dass er von sich denken darf: „Nichts soll an mich erinnern." Wie wir mit Sterben und Tod und dem Begräbnis umgehen, sagt eben viel darüber aus, wie wir leben, wie wichtig uns andere Menschen sind und wie wertvoll mein Leben ist. Ein ordentliches Grab hat deshalb für mich etwas mit Menschenwürde zu tun.

Nicht dass wir uns falsch verstehen: Ich will ja nicht, dass wir Pyramiden errichten wie für einen ägyptischen Pharao. Es gab und gibt um Tod und Beerdigung viel Prunk und Unnützes. Da sind wir zum Glück nüchterner geworden, gerade als Christinnen und Christen. Der Gott des Lebens will ja keinen Totenkult. Und die Liebe der Hinterbliebenen misst sich nicht an einem teuren Sarg oder an aufwendiger Grabpflege.

Aber: Ins andere Extrem zu verfallen, überhaupt keinen Ort zu haben zum Trauern, das ist auch verkehrt. Wer kein Grab will, der versucht, glaube ich, Schmerz zu vermeiden. Ein Grab ist ja das deutlichste Zeichen, dass ein Leben zu Ende gegangen ist, dass ich Abschied nehmen muss. Trauern tut weh. Und das können wir nicht verhindern.

Das Grab ist vielleicht der Ort, wo ich diesen Schmerz auch zulassen kann, wo es mir niemand übelnimmt, wenn die Tränen fließen. Trauern ist nicht mit der Beerdigung erledigt, das dauert Wochen und Monate, manchmal Jahre.

Wir brauchen diesen Ort für uns: um innezuhalten, um loszulassen, um uns zu erinnern. Wenn ich am Grab stehe, dann fühle ich noch mal Glück und Last mit dem Menschen, der mir nahe war. Mir wird klarer, was mit mir geht von dem, was wir gemeinsam erlebt haben. Vielleicht kann ich verzeihen, endlich. Und mich freigesprochen fühlen von dem, was zwischen uns offen blieb.

Natürlich weiß ich, dass Gräber Menschen auch festhalten können. Dass sie gebannt zurückschauen und dabei erstarren. Dieser Zusammenhang von Nicht-loslassen-Können und Erstarren wird am Anfang der Bibel ganz drastisch ausgemalt. Da ist eine Frau, die kann ihren Blick nicht von der Vergangenheit abwenden, und da erstarrt sie zu einer Säule, wird zur „Salzsäule". Sie schaut zurück, ist geradezu gebannt von Leid und Tod der Menschen, mit denen sie zusammengelebt hat. Dadurch wird sie unfähig, ihren eigenen Weg weiterzugehen. Vielleicht kennen Sie die Geschichte von Lots Frau.

Also: Gräber sind wichtig. Aber nicht weil sie uns auf die Vergangenheit festlegen. Sondern weil sie unsern Blick nach vorn richten. Die Gräber können uns daran erinnern: Da ist mir jemand vorausgegangen. Wer gestorben ist, ist längst bei Gott angekommen.

Kampf um würdige Bestattung – Kassel

Fünfzehn Friedhöfe in den alten Kasseler Stadtteilen unterstehen der deutschlandweit größten kirchlichen Friedhofsverwaltung, einer Einrichtung des Evangelischen Stadtkirchenkreises Kassel.

Die rasanten gesellschaftlichen Entwicklungen und ihre Auswirkungen auf die Bestattungskultur sind für die Friedhofsverwaltung Kassel deutlich spürbar. Während im Jahr 1980 der Anteil der Erdbestattungen bei 65 Prozent und der von Urnenbestattungen bei 35 Prozent lag, ist das Verhältnis heute nahezu umgekehrt. Mit einem Anteil von 70 Prozent Urnenbestattungen und 30 Prozent Erdbestattungen liegt Kassel genau im bundesdeutschen Trend. Von 1960 bis 1980 musste man angesichts der Menge der Erdbestattungen die Friedhöfe noch erweitern. Heute entstehen immer mehr sogenannte Zahnlücken in den Grabfeldern für Erdbestattungen. Die Pflegekosten dieser teilweise leeren Grabfelder sind sehr hoch und können nicht durch neue Erdbestattungen ausgeglichen werden.

Denn seit 1980 ist die Zahl der Bestattungen in Kassel um 42 Prozent zurückgegangen. Zum einen liegt dies an einem Rückgang der Sterbefälle. Zum anderen wählten Bürger oft die preisgünstigste Bestattungsform und ein pflegeloses Grab. Drei Orte in der Nähe boten eine anonyme Urnenbestattung unter dem Rasen für einen Preis von 160 Euro. Dies bedrohte nicht nur den Erhalt der Kasseler Friedhöfe. Außerdem meldeten sich immer wieder Angehörige mehrere Wochen nach einer anonymen Bestattung, weil ihnen der Ort der Trauer und Erinnerung fehlt, den sie jetzt dringend benötigen, sagt Jürgen Rehs, Dienstellenleiter der Friedhofsverwaltung. Daher ist es ein Anliegen, Orte der Trauer für die Lebenden und gleichzeitig würdige Bestattungen und Trauerfeiern für die Toten zu gestalten. Sie hat auf den kulturellen Wandel und die veränderten Bedürfnisse der Menschen reagiert. Neugestaltete, pflegelose Grabflächen wie zum Beispiel Gemeinschafts-, Friedpark- und Baumbestattungen – auf Wunsch mit eigenem Baum – machen die Friedhöfe zu einer Erinnerungsstätte. Hier möchte man gerne verweilen. Ihre gute Erreichbarkeit erleichtert den würdigen Abschied und die Trauer. Dadurch konnte auch die Anzahl der anonymen Bestattungen reduziert werden. Die Zahl der Bestattungen ist jetzt konstant. Bei aller Anpassung an den kulturellen Wandel gibt es doch eine entscheidende Herausforderung: Angesichts der beschriebenen Aufgaben ist es kaum möglich, kostendeckend zu arbeiten, geschweige denn weitere Investitionen zu tätigen. Viele Friedhofsverwaltungen können sich nicht mehr alleine aus den Nutzungsgebühren finanzieren. In Kassel kommt erschwerend hinzu, dass die kirchliche Friedhofsverwaltung nicht nur die Sozialbestattungen durchführt, sondern auch die Aufgaben des Sozialhilfeträgers von der Ermittlung der Angehörigen und ihres Einkommens bis hin zur Eintreibung der Gebühren ohne angemessene Vergütung übernimmt. Gesetzlich ist dies im Rahmen der Daseinsvorsorge die Aufgabe des Trägers der Sozialhilfe. Stattdessen muss die Friedhofsverwaltung hierfür Personal bezahlen und gegebenenfalls entstehende finanzielle Ausfälle, wenn zum Beispiel die ausstehenden Gebühren auch durch die selbst betriebene Zwangsvollstreckung nicht durchgesetzt werden können, selber tragen. Hier ist eine Lösung vonnöten, die die Arbeit der Friedhofsverwaltung dauerhaft möglich macht.

Damit den Menschen würdige Bestattungs- und Trauerorte in der Nähe erhalten bleiben, braucht die Friedhofsverwaltung Unterstützung.

Ein Friedhofstaxi, das Menschen mit eingeschränkter Mobilität befördert; Friedhofsführungen; gepflegte Friedhöfe; eine 95 Hektar große grüne Lunge Kassels; Grabfelder für die unterschiedliche Glaubensrichtungen; Beratungen zur Bestattungsvorsorge und die historische und kulturelle Grabmalpflege – all dies soll den Bürgerinnen und Bürgern der Stadt Kassel auch in Zukunft zu Gute kommen.

Wer Grabmalpate eines kulturellen Grabmals werden möchte, kann sich bereits heute an die Friedhofsverwaltung wenden. Dies wird aber nicht ausreichen, um die Friedhöfe als Begegnungs-, Gesundheits- und Kulturgut in dieser Form zu bewahren und weiter zu entwickeln. Kreative Lösungen zur besseren finanziellen Ausstattung der Friedhöfe werden gebraucht. Hier sind Kirchen, Kommune und zivilgesellschaftliche Akteure gemeinsam mit der Friedhofsverwaltung gefragt, neue Formen der finanziellen Unterstützung zu finden.

Ein Kirchhof erwacht zu neuem Leben – Wachenbuchen

Wenn in Maintal-Wachenbuchen ein evangelischer Christ gestorben ist, läutet die Totenglocke der Kirchengemeinde. Das war schon immer so. Vieles hat sich in den letzten zwanzig Jahren in der Trauer- und Bestattungskultur verändert – aber geläutet wird noch. Für die Menschen im Ort ist das Läuten für die Toten ein unverzichtbares Ritual. Mit dem Klang der Glocke erfahren sie, wenn einer von ihnen nicht mehr lebt. Gleichzeitig ist das Läuten ein erstes würdevolles öffentliches Gedenken an denjenigen, der gerade verstorben ist.

Früher gingen die Menschen zum Schaukasten an der Kirche, wenn sie wissen wollten, für wen geläutet wurde. Dort hingen die Todesanzeigen aus. Heute schalten sie ihren Computer ein und schauen auf der Homepage der Kirchengemeinde nach. Ein Blick in das virtuelle „Totenbuch" gibt ihnen Aufschluss darüber, wer der Tote ist, in welchem Alter er verstarb und wann die Beerdigung sein wird.

Auch die Bestattungsform und die Wahl der Grabart haben sich geändert. Bis vor zwanzig Jahren entschieden sich noch die meisten Menschen für eine Erdbestattung in einem Reihengrab auf einem der beiden kommunalen Friedhöfe. Heute ist es umgekehrt. Neunzig Prozent der Bestattungen sind Feuerbestattungen.

Als um das Jahr 2000 der Trend zur anonymen und zur naturnahen Bestattung begann, bekam Pfarrer Helmut Müller, der seit 1982 in der Gemeinde tätig ist, immer öfter von älteren Gemeindemitgliedern zu hören: „Herr Pfarrer, ich lass mich auch mal anonym beerdigen." Nach dem Grund gefragt, erwiderten viele: „Ich will meinen Angehörigen mit der Pflege meines Grabes nicht zur Last fallen." Oder: „Es ist niemand da, der mein Grab pflegen könnte." Für viele Menschen ist die Vorstellung, ihr Grab könnte einmal ungepflegt sein, sehr beschämend. Um dem zu entgehen, lassen sie sich lieber anonym oder naturnah in einem Friedwald bestatten.

Der Kirchenvorstand reagierte auf die Bedürfnisse seiner Gemeindemitglieder und suchte nach einer Alternative zur anonymen und zur naturnahen Bestattung. Sie sollte bezahlbar und würdevoll sein. Der Kirchenvorstand ließ sich von der Arbeitsgemeinschaft Friedhof und Denkmal e.V. in Kassel beraten und kam zu dem Ergebnis, den alten Kirchhof wieder als Totenhof nutzen zu wollen. Die letzten Beerdigungen hatten hier um das Jahr 1830 stattgefunden. Eine Anfrage beim Grundbuchamt ergab, dass der Kirchhof noch immer als Totenhof verzeichnet war. Er war nie entwidmet worden. Damit war es für die Kirchengemeinde möglich, den Kirchhof ohne weitere behördliche Genehmigungen als Begräbnisort neu zu nutzen.

Zunächst gab es die Überlegung, dort eine Urnenwand zu errichten. Diese Idee scheiterte vor allem am Aufwand der behördlichen Genehmigungen und an den Kosten. Die Wahl fiel

schließlich auf das „Modell" Rasengräber mit Gedenkplatte oder Kreuz. Die Grabpflege übernimmt die Kirchengemeinde. Seit dem Jahr 2005 finden nun wieder Beerdigungen auf dem Kirchhof der alten Dorfkirche statt. Bislang wurden hier über zweihundert Menschen begraben.

Anders als im Friedwald ruhen die Toten hier an dem Ort, an dem sie gelebt haben. Sie haben ihren Platz mitten unter den Lebenden und in der Nähe der gottesdienstlichen Gemeinschaft. Wenn die Gemeinde sich versammelt, wenn Taufen und Hochzeiten in der Kirche stattfinden, sind die Toten in ihrer Nähe. Diese Vorstellung ist für einige sehr tröstlich, wie Pfarrer Müller aus manchen Unterhaltungen mit seinen Gemeindemitgliedern weiß.

Ein großer Vorteil gegenüber einem Begräbnisort im Wald ist: Hier können die Angehörigen jederzeit zu Fuß – auch mit Rollator oder Rollstuhl – zum Grab gehen. Auch das Aufstellen von Grablichtern ist möglich. An Gedenktagen, wie Geburts- oder Todestag, darf auch Grabschmuck auf die Gedenkplatte gelegt werden. Lediglich in den Sommermonaten bittet die Kirchengemeinde die Angehörigen darum, sich mit dem Grabschmuck etwas zurückzuhalten, weil sonst das Mähen der Rasenflächen schwierig werden würde.

Der Kirchenvorstand wollte aber nicht nur den Friedhof in den Ort holen, damit er für alle leicht erreichbar ist. Es sollte auch möglich sein, dass jeder, unabhängig von der Zugehörigkeit zur Kirchengemeinde, sich auf dem Kirchhof begraben lassen kann. Da dies für die Kirche selbst nicht kostendeckend möglich ist, wurde als Träger für die Nutzung des Friedhofs die Stiftung „Kirche Wachenbuchen" gegründet.

Mit der Wiederbelegung des alten Totenhofes um die Kirche wurde auf den Kirchhof und in die Kirche neues Leben gebracht. Mittlerweile wird die Kirche für fast alle Trauerfeiern im Ort genutzt. Im Kirchturm, der auch Eingang zur Kirche ist, steht ein kleiner Tisch zum Totengedenken. Konfirmanden haben ihn gebaut. Hier können Tag und Nacht Kerzen entzündet werden.

Bestattung auf dem Kirchhof

Mitglied der Kirchengemeinde

Bestattung durch den evangelischen Pfarrer:	0,00 €
Orgeldienst durch Organistin der Kirchengemeinde:	0,00 €
Nutzungsrecht für Reihengrab 50 Jahre:	500,00 €
Bestattungsgebühr:	250,00 €
Insgesamt:	750,00 €
Falls kein Grabschmuck erfolgt, reduziert sich die Gebühr für das Nutzungsrecht um.	100,00 €

Mitglied einer anderen Kirche

Mindestbetrag für Stiftung „Kirche Wachenbuchen":	2000,00 €
Orgeldienst:	30,00 €
Nutzungsrecht für Reihengrab 50 Jahre:	500,00 €
Bestattungsgebühr:	250,00 €
Insgesamt:	2780,00 €

Die Bestattung eines Mitglieds einer anderen Kirche kann nur in Ausnahmefällen durch den evangelischen Pfarrer erfolgen. Wird die Bestattung durch den evangelischen Gemeindepfarrer gewünscht, so ist zu Lebzeiten ein Antrag auf Aufnahme in die evangelische Kirche zu stellen. Der Mindestbetrag für Stiftungen kann nach der Zustimmung durch den Kirchenvorstand dann entfallen.

Mitglied einer anderen evangelischen Kirchengemeinde

Mindestbetrag für Stiftung „Kirche Wachenbuchen":	2000,00 €
Bestattung durch einen ev. Pfarrer:	0,00 €
Nutzungsrecht für Reihengrab 50 Jahre:	500,00 €
Bestattungsgebühr:	250,00 €
Insgesamt:	2750,00 €

In Ausnahmefällen besteht die Möglichkeit einer Umpfarrung. Dadurch entfällt der Stiftungsbetrag. Dieser ist ebenfalls nicht erforderlich, wenn ein Angehöriger 1. Grades Mitglied der evangelischen Kirchengemeinde Buchen ist.

Gehörte keiner Kirche an

Mindestbetrag für Stiftung „Kirche Wachenbuchen":	2000,00 €
Orgeldienst:	30,00 €
Nutzungsrecht für Reihengrab 50 Jahre:	500,00 €
Bestattungsgebühr:	250,00 €
Insgesamt:	2780,00 €

Die Bestattung durch den evangelischen Gemeindepfarrer ist nicht möglich! Die Kirche steht jedoch für eine christliche Bestattungsfeier zur Verfügung. Das Nähere ist mit dem Gemeindepfarrer zu klären.

Karin Warnemünde 1937 - 2013
Willi Geng 1922 - 2013
Martha Geng 1924 - 2014
Bernd
Gert Voß 1956 - 2013
Gerhard Haidn 1948 - 2013
Hans-Werner Nönke 1952 - 2013
Klaus Werner 1925 - 2013

Christliche Gemeinschaftsgräber – Neumünster

Anonyme Bestattungen sind problematisch. Sönke Schroeder, der schon seit vielen Jahren auf den Friedhöfen in Neumünster als Gärtnermeister arbeitet, erlebt, wie belastend es für einige Angehörige ist, nicht den genauen Bestattungsort auf dem anonymen Gräberfeld zu kennen, wo die Urne mit den sterblichen Überresten ihrer Verstorbenen beigesetzt wurde. „Sie werden damit einfach nicht fertig", sagt er. Immer wieder bekommen die Friedhofsmitarbeiter Anfragen von Angehörigen, die den Bestattungsort in Erfahrung bringen wollen oder die wissen wollen, ob es nicht doch eine Möglichkeit gibt, die Urne in ein Einzelgrab umzubetten. Nicht nur für die Angehörigen, sondern auch für ihn selber sind anonyme Bestattungen schwierig. Menschen bestatten zu müssen, ohne dass etwas an sie erinnert, und dann auch noch mitzuerleben, wie Angehörige leiden, kann und will er nicht hinnehmen.

Als Anfang 2000 die Anfrage nach anonymen Bestattungen so groß wurde, dass ein neues Gräberfeld angelegt werden musste, hatte er die Idee, mit Pflastersteinen das Pax-Christi-Symbol über die gesamte Rasenfläche zu legen. Er wollte damit zum Ausdruck zu bringen: Auch wenn wir Menschen die Toten vergessen, bei Gott geht niemand verloren.

Sönke Schroeder
Gärtnermeister

Anonymes Gräberfeld I

Peter Lang
Friedhofsleiter

Für das nächste anonyme Gräberfeld, das angelegt werden musste, entwarf Sönke Schroeder eine Stele aus Cortenstahl, an der für jeden, der dort begraben wurde, ein Schild in Form eines Schlüssels angebracht ist. Entweder steht der Name mit Geburts- und Sterbejahr darauf oder bei denjenigen, die anonym bestattet werden wollten, statt des Namens die Worte „bekannt bei Gott".

Anonymes Gräberfeld II

Zwar gab es mit diesem neuen Angebot die Möglichkeit, die Namen an dem Gräberfeld zu verewigen, doch die Schwierigkeiten der anonymen Bestattungen waren damit nicht behoben. Darum suchten der Gärtnermeister und der damalige Friedhofsleiter Dieter Schröder nach einer alternativen Bestattungsform, die kostengünstig ist und Angehörige von der Pflicht der Grabpflege befreit. Gleichzeitig wollten sie auch den christlichen Auferstehungsglauben landschaftsgestalterisch auf dem Friedhof umsetzen. So entstand 2005 die Idee, eine ungenutzte Fläche als christliches Gemeinschaftsgrab in Form einer Lutherrose anzulegen. Das Gräberfeld hat Platz für 213 Urnen. Nicht lange nach Fertigstellung waren alle Gräber vergeben. Das Friedhofsteam legte weitere christliche Gräberfelder an, seit zwei Jahren nun unter der Leitung von Peter Lang. Inzwischen sind sieben Gräberfelder belegt. 2016 wurde das achte eröffnet, der Apostelgarten.

An allen Gräberfeldern wurden Informationstafeln angebracht, weil die Symbolik sich heute nicht mehr jedem erschließt:

Die Lutherrose

„In einem Brief vom 8. Juli 1530 beschreibt Martin Luther sein Wappen:
Das erste sollte ein Kreuz sein – schwarz – im Herzen, das seine natürliche Farbe hätte. Denn so man von Herzen glaubt, wird man gerecht ...
Solch Herz soll mitten in einer weißen Rose stehen, anzuzeigen, dass der Glaube Freude, Trost und Friede gibt ... darum soll die Rose weiß und nicht rot sein; denn weiße Farbe ist der Geister und aller Engel Farbe.
Solche Rose steht im himmelfarbenen Feld, dass solche Freude zukünftig ... Und um solch ein Feld einen goldenen Ring, dass solche Seligkeit im Himmel ewig währt und kein Ende hat und auch köstlich über alle Freude und Güter, wie das Gold das edelste köstliche Erz ist.“

Schmetterlingsgarten

„Wenn die Raupen wüssten,
was einmal sein wird,
wenn sie erst Schmetterlinge sind,
sie würden ganz anders leben:
froher, zuversichtlicher und hoffnungsvoller.“
(Heinrich Böll)

„Der Schmetterling ist ein Symbol für den Wiederauferstehungsglauben der Christen. So wie wir Menschen sterben und wieder auferstehen werden, muss auch die Raupe sterben, um ein wunderschöner Schmetterling zu werden. Wenn die Schmetterlinge hier fliegen, sind sie gleichsam ein Symbol für die zum Himmel aufsteigenden Seelen der verstorbenen Menschen.

Die Gabionen (Steinkörbe) sind gefüllt mit gebrochenen alten Grabsteinen unserer Neumünsteraner Friedhöfe. Sie sollen einen behüteten und beschützen Raum schaffen.
Die zwölf einzelnen Gabionen stehen für eine der wichtigen Zahlen in der christlichen Symbolik – es gibt zwölf Jünger und zwölf Apostel. Die vier zusammenstehenden sind Zeichen für das Irdische im Gegensatz zum Göttlichen – die vier Evangelisten, die vier Elemente, die vier Jahreszeiten und die vier Himmelsrichtungen.

Die Blüte in der Mitte des Gartens und die Metallkästen sollen rosten, um die Vergänglichkeit zu verkörpern. Die Schmetterlinge sind aus Edelstahl gearbeitet und sollen das ewige Leben symbolisieren.

Drei Schmetterlinge stehen für
Vater – Sohn – und Heiliger Geist.

Der Schmetterlingsgarten ist so gestaltet, dass alle Entwicklungsstadien der Schmetterlinge hier Nahrung und Unterkunft finden können. Insbesondere können Sie hier sämtliche 31 von den Baumschulen angebotenen Sorten des Schmetterlingsflieders (Buddleja davidii) und ca. 90 verschiedene Staudenarten finden.“

Hedwig
Besowski
1920
2010

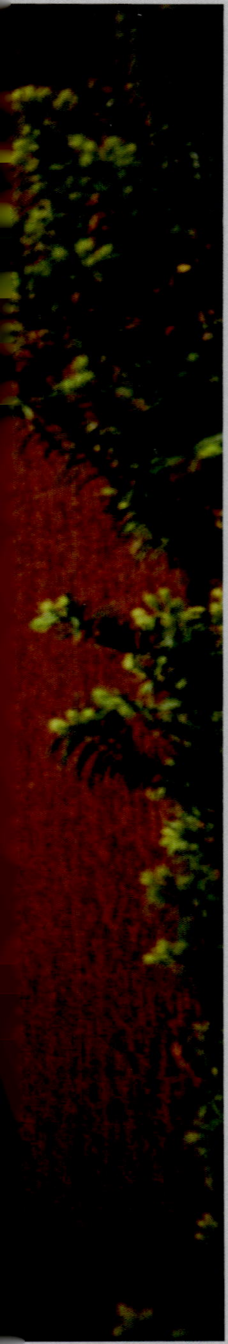

Der Ichthys-Garten

Und Jesus nahm die Brote,
sprach das Dankgebet
und verteilte sie an die Lagernden,
ebenso auch von den Fischen,
so viel sie wollten.
(Johannes 6,11)

„Ichthys", das griechische Wort für „Fisch", enthält ein kurz gefasstes Glaubensbekenntnis der Christen: I = Iesous (Jesus), Ch = Christos (Christus, der Gesalbte), Th = Theou (Gottes), Y = Hyios (Sohn), S = Soter (Retter, Erlöser)

Das Ichthys-Symbol besteht aus zwei gekrümmten Linien, die einen Fisch ergeben. Es wurde schon von den Ur-Christen als Erkennungs- und Geheimzeichen genutzt. Eine Person zeichnete einen Bogen in den Sand, die andere vollendete das Symbol mit dem Gegenbogen und zeigte sich damit als Bruder oder Schwester in Christus.

Der Fisch gehört zu den ältesten Symbolen der Christenheit, bevor das Kreuz zum klassischen und nahezu ausschließlichen Erkennungszeichen der christlichen Kirche wurde. Das urchristliche Zeichen des Fisches und das heute bestimmende Kirchenzeichen in Form des Hochkreuzes sind hier in diesem Grabfeld vereint.

Das Hochkreuz auf diesem Grabfeld soll rosten. Alles Irdische ist vergänglich und wird zu Staub und Asche – selbst ein mächtiges Kreuz aus hartem Stahl. Die Fische des Ichthys-Gartens schwimmen auf dieses Hochkreuz zu – als Zeichen für den Glauben der Christen, dass die hier beerdigten Menschen wiederauferstehen werden. In der Geschichte vom Fischzug des Petrus erweist sich Jesus somit auch als Wegweiser zur Wahrheit.

Die blaue Schrift auf den Grabplatten steht für die Farbe des Himmels und für die Farbe des Wassers, der Seen und der Meere. Das Element Wasser wird in diesem Grabfeld durch die intensiven Spiegelungen des runden Wasserbeckens mit dem Himmel zusammengeführt. Ohne Wasser ist Leben nicht denkbar. Wasser spendet Leben – der Himmel ist für uns die vollendete Glückseligkeit in Gott.

Die beiden großen Metallrahmen auf diesem Grabfeld stellen Bilderrahmen dar. Wenn wir hier durchschauen, erkennen wir ständig wechselnde Landschaftsbilder aus der nahen Umgebung. Diese sollen uns inspirieren und unsere Fantasie und Aufmerksamkeit anregen."

Glaube – Hoffnung – Liebe

Nun aber bleiben Glaube, Hoffnung, Liebe, diese drei, am größten unter ihnen ist die Liebe.
(1. Korinther 13,13)

Auferstehung ist unser Glaube, Wiedersehen unsere Hoffnung, Gedenken unsere Liebe

„Glaube, Hoffnung, Liebe sind die drei großen Kennzeichen eines Christen hier auf dieser Erde. Der Glaube erfasst das, was Gott gesagt hat, die Hoffnung verlangt danach, und die Liebe verbindet uns mit der Person, die uns alles schenkt. Glaube und Hoffnung hören auf, wenn wir im Himmel sind und die Dinge sehen werden, an die wir geglaubt und auf die wir gehofft haben (Heb 11,1; Röm 8,24–25). Die Liebe bleibt immer.

Auf dem Feld Mb finden Sie die Grabanlage ‚Glaube – Hoffnung – Liebe'. Hier ist Platz für 273 Urnen. Die Pflege dieses Bereiches erfolgt ausschließlich durch die Friedhofsverwaltung. Blumensträuße oder Schalen können aufgestellt werden. In den Grabtafeln finden sich Kreuz, Anker und Herz als ein ineinander liegendes Symbol. Dieses Symbol ist auch die Grundform der gesamten Anlage. Das Herz befindet sich in den roten Podestplanken in der Mitte, der Wegeverlauf beschreibt Anker und Kreuz."

Magret
Kollmar
1943 - 2012
Krohn
Werner
Kuhnert
1928 - 2013

Der Himmelsgarten

Die Himmel rühmen die Herrlichkeit Gottes,
vom Werk seiner Hände
kündet das Firmament.

Ein Tag sagt es dem andern,
eine Nacht tut es der andern kund,
ohne Worte und ohne Reden,
unhörbar bleibt ihre Stimme.

Doch ihre Botschaft geht
in die ganze Welt hinaus,
ihre Kunde bis zu den Enden der Erde.
Dort hat er der Sonne ein Zelt gebaut.

Sie tritt aus ihrem Gemach
hervor wie ein Bräutigam;
sie frohlockt wie ein Held
und läuft ihre Bahn.

Am einen Ende des Himmels geht sie auf
und läuft bis ans Ende;
nichts kann sich ihrer Glut entziehen.
(Psalm 19,1–7)

„Der Himmelsgarten soll die Verbindung zwischen Himmel und Erde symbolisieren. Was unsere Verstorbenen nun schauen können, versuchen wir mit dem Spiegelbild zu uns zu holen. Dabei bleibt es ein Spiegelbild des Himmels und nicht der Himmel selbst. Wir können hier unsere Gebete und Gedanken in den Himmel zu unseren Verstorbenen schicken. Die Sonne, der Mond, die Sterne, der Regen und die Wolken, die von einem Spiegel in den anderen ziehen, machen unsere Gedanken groß und weit.

Der Einsatz von Blütenpracht und Fruchtschmuck ist hier bewusst zurückhaltend geplant worden. Hier soll nicht die Pflanze dominieren, sondern die Bauarchitektur. Die vielen verschiedenen Gräser auf diesem Grabfeld symbolisieren Reife, Ernte und Vergänglichkeit und erinnern uns an unser eigenes Werden und Vergehen auf dieser Erde.

Der Himmelsgarten ist ein Grabfeld für Urnenbestattungen. In jeder Grabstelle kann eine Urne beigesetzt werden. Für jede Urne wird eine Grabplatte angebracht. Die Friedhofsverwaltung übernimmt die gärtnerische Anlage der Grabstätten und pflegt diese dann für die gesamte Ruhezeit. Um die Gesamtgestaltung dieses Grabfeldes nicht zu zerstören, bitten wir, auf eigene Anpflanzungen zu verzichten. Für zusätzliche Dekoration haben wir kleine Kästen unter den Grabplatten angebracht."

Der Dorotheengarten

Seht auf die Vögel des Himmels!
Sie säen nicht, sie ernten nicht,
sie sammeln nicht in die Scheunen,
und euer himmlischer Vater ernährt sie.
(Matthäus 6,26)

„Um 290 nach Christus wurde Dorothea im römischen Reich als Tochter christlicher Eltern geboren. Der heidnische Statthalter Apricius freite um sie. Sie wies ihn aber mit der Begründung zurück, dass Jesus Christus ihr Bräutigam sei. Der gekränkte Statthalter folterte sie daraufhin und verurteilte sie zum Tode. Auf dem Weg zum Richtplatz betete Dorothea zu ihrem Bräutigam Jesus Christus. Der heidnische Jurist Theophilus sah das und verspottete Dorothea: ‚Auch ich werde an Jesus Christus glauben, wenn du mir Blumen und Früchte aus dem Garten deines Bräutigams bringst.' Im selben Moment erschien ein Engel und überreichte Theophilus einen Korb voller Rosen und Früchte. Theophilus wurde augenblicklich bekehrt und bekannte sich öffentlich zu Jesus Christus. Das empfand der Statthalter als zusätzliche Kränkung und ließ daraufhin Theophilus zusammen mit Dorothea hinrichten.

Dieses Martyrium konnte bisher nicht belegt werden und gilt heute weitgehend als Legende. Dennoch war der Tag der heiligen Dorothea bis zum Jahr 1969 ein offizieller Gedenktag in der katholischen Kirche. Die heilige Dorothea ist auf Grund dieser Legende die Schutzpatronin der Gärtner, der Blumenhändler, der Bergleute, der Bräute und der Neuvermählten.

Der große Korb in der Mitte dieses Grabfeldes und die hier reifenden Früchte und Blumen sollen an die Früchte und Blumen aus dem Korb erinnern, den der Engel Theophilus überreichte, und somit an das Bekenntnis von uns Christen zu unserem Bruder Jesus Christus. Die Ballerina-Apfelbäume im Außenbereich dieses Grabfeldes symbolisieren unsere Vertreibung aus dem Paradies.

Der Dorotheengarten ist ein Grabfeld für Urnenbestattungen. In jeder Grabstelle kann eine Urne beigesetzt werden. Für jede Urne wird eine Grabplatte angebracht. Die Friedhofsverwaltung übernimmt die gärtnerische Anlage der Grabstätten und pflegt diese dann für die gesamte Ruhezeit. Um die Gesamtgestaltung dieses Grabfeldes nicht zu zerstören, bitten wir, auf eigene Anpflanzungen und zusätzliche Dekorationen der Grabstätte zu verzichten."

Vernetzt und nah bei den Menschen – Wirtschaftsbetriebe Mainz

Vielen Menschen ist es wichtig, in der Nähe ihres Wohnorts bestattet zu werden. Deshalb wollten die Mainzer Bürger auch, dass alle vierzehn Friedhöfe in Mainz erhalten bleiben. Und Jeanette Wetterling, die Vorstandsvorsitzende des Wirtschaftsbetriebs Mainz, betont: Die Bestattung und die Trauerfeier sind nicht wiederholbar; sie sollten daher für alle würdig gestaltet werden. Sie und ihr Team in der Friedhofsverwaltung orientieren sich deshalb an den Bedürfnissen der Bürgerinnen bei der Planung der Friedhöfe. Zu neuen Grabfeldprojekten werden die Ortsvorsteherinnen in den Stadtbezirken befragt. Oftmals stellt Sebastian Trüb, kommissarischer Leiter Friedhof und Bestattung, die neuen Konzepte in den Ortsbeiräten vor und nimmt Anregungen auf. Aufgrund der Veränderungen der Bestattungskultur werden jedes Jahr vier bis fünf neue Grabfeldprojekte kreativ umgesetzt. Ganz überwiegend werden Grabflächen für pflegelose und gemeinschaftliche Gräber angelegt. Der Anteil der pflegelosen Gräber lag in 2016 schon bei 74 Prozent, davon 72 Prozent in Form von Urnengräbern. Ein pflegeloses Grab bedeutet für die Angehörigen, einen Erinnerungsort, aber keinen Aufwand bei der Grabpflege zu haben. Einen gewissen Aufwand haben die Friedhöfe, zum Beispiel bei der Planung, Bebauung, Bepflanzung, Bewässerung und dem Rasenmähen der Grabfelder sowie bei der Abfallentsorgung.

Auch die anonymen Bestattungen verringerten sich aufgrund der neuen, pflegelosen Grabformen. Bis zum Jahr 2006 waren es jährlich 40 bis 50 anonyme Bestattungen. Seither ist die Zahl auf 20 bis 30 pro Jahr gefallen. Im Jahr 2006 wurden auch die ersten Urnenbaumgräber angeboten. Ihr Anteil stieg bis 2016 auf 26 Prozent der pflegelosen Urnengräber. Auf den Wunsch nach naturnahen Bestattungen hat die Friedhofsverwaltung reagiert und auf dem Friedhof in Mainz-Mombach gemeinschaftliche Waldgräber eingerichtet.

Es gibt auch besondere Grabfelder für Sinti und Roma sowie für Menschen jüdischen und muslimischen Glaubens. Bereits seit 1978 können Muslime ihre Verstorbenen auf dem Mombacher Friedhof nach den Regeln und Ritualen ihres Glaubens beerdigen lassen. Dort gibt es auch eine Gasilhane, ein Gebäude zur rituellen Totenwaschung, mit Gebetsraum.

Aber nicht nur bei der Gestaltung der Grabfelder bemüht sich die Friedhofsverwaltung um die Menschen, sondern auch bei der Unterstützung der Trauernden. So werden die Wünsche der Verstorbenen bei den Angehörigen oder, falls diese nicht vorhanden sind, bei den Freunden eruiert und soweit es geht berücksichtigt. Ein Großvater konnte dadurch in der Nähe des Sternengartens und des dort bestatteten Enkelkindes begraben werden. Die Verwaltung ist Anlaufstelle bei allen Fragen rund um die Bestattung und gibt Informationen von sich aus weiter. Altenhilfe- oder Behindertenhilfeeinrichtungen werden über den Zeitpunkt der Bestattung von verstorbenen ehemaligen Bewohnerinnen informiert und den Mitarbeitern so eine Teilnahme ermöglicht. Die Friedhofsverwaltung sieht sich als Ansprechpartner für alle, egal wie arm oder reich sie sind. Im Netzwerk Trauer in Mainz haben sich auf Initiative der Friedhofsverwaltung verschiedene Organisationen und Initiativen zusammengeschlossen. Sie organisieren und gestalten gemeinsam die Ordnungsamts- und Sozialamtsbestattungen und die Sternenkinderbeisetzungen. Bei allen Bestattungen werden erst die Wünsche recherchiert, dann folgt die Beisetzung. Erst danach wird gegebenenfalls der Gebührenbescheid an Angehörige versendet, mit dem sie dann einen Antrag beim Sozialamt stellen können. Die Leistungen bei Sozialamts- und Ordnungsamtsbestattungen sind identisch. Würdig werden die mittellos Verstorbenen im Gemeinschaftsgrab beigesetzt. Wenn gewünscht, bekommen sie auch ein Reihengrab. Die Pflege erfolgt in beiden Fällen durch die Friedhofsangestellten. Eine anonyme Bestattung erfolgt nur, wenn ein entsprechender letzter Wille vorhanden ist.

Und wer Interesse an der Mainzer Vergangenheit hat, kann sich mit Hilfe der Friedhofs-App über 25 Grabstätten und Denkmäler auf dem Hauptfriedhof genauer informieren.

Von links: Otto Wohlgemuth, Bernd Knobel, Sabine Knobel, Helge Hofmann

Friede auf dem Friedhof – kein Wettbewerb mehr um den schönsten Grabschmuck – Morschen

In der Gemeinde Morschen herrschte seit Langem eine große Unzufriedenheit über die örtliche Bestattungskultur. Vielfach wurde in den zurückliegenden Jahren innerhalb der Bevölkerung der Wunsch nach pflegearmen Bestattungsformen laut. Aufgrund des mangelnden Angebots an pflegearmen Gräbern ließ sich eine ganze Reihe von Menschen auf einem Waldfriedhof anonym bestatten. Hinterher stellten die Hinterbliebenen fest, dass ihnen damit auch der Ort der Trauer genommen wurde, und sie bedauerten das.

Auf Initiative von Sabine Knobel wurde im Jahr 2012 in Morschen eine Friedhofskommission gegründet. Der Gemeindevorstand war dafür zuständig, und den Vorsitz hatte dadurch der Bürgermeister inne. Außerdem beteiligten sich Vertreterinnen aus der Gemeindeversammlung und dem Gemeindevorstand, fachkundige Bürgerinnen und Bürger, Vertreter der evangelischen und katholischen Kirche, ein Friedhofsvorsteher, ein Bestattungsunternehmer und ein Landschaftsplaner. Die Friedhofskommission setzte sich zum Ziel, den Bürgerinnen und Bürgern im Leben wie im Tode eine Heimat im Ort zu ermöglichen. Keiner sollte den Waldfriedhof wählen müssen, weil die langjährige Grabpflege ein finanzielles oder zeitliches Problem darstellt.

Zunächst fragte die Kommission die Bevölkerung in einer groß angelegten Umfrage nach ihren Wünschen und Vorstellungen bezüglich der Bestattungskultur. Die Fragebögen wurden zu über 76 Prozent von Bürgerinnen und Bürgern ausgefüllt, die mehr als sechzig Jahre alt sind. 87 Prozent von ihnen wünschten sich, auf dem ortsansässigen Friedhof bestattet zu werden. Etwas mehr als 60 Prozent gab jedoch an, mit der gegenwärtigen Gestaltung des Friedhofs nicht zufrieden zu sein. Sehr viele hatten allerdings auch keine Motivation zur Grabpflege. Vor allem das Gießen der Pflanzen in den Sommermonaten und der empfundene soziale Druck, was die Bepflanzung der Gräber betrifft, wurden von ihnen als belastend empfunden. Die Mehrheit der Befragten wollte für sich selbst ein möglichst pflegearmes Grab, um ihren Angehörigen keine Last aufzubürden. Hinsichtlich der Beerdigungsform waren die Vorstellungen sehr verschieden. Genannt wurde neben dem traditionellen Reihenerd- und Urnengrab der Wunsch nach Rasengräbern, Gemeinschaftsgrabanlagen oder auch nach Baumgräbern.

Dann besichtigte die Kommission die einzelnen Friedhöfe und stellte erste Überlegungen an, wie die Wünsche der Bevölkerung umgesetzt werden könnten. Neben landschaftsplanerischer Beratung holte sie sich auch Anregungen auf anderen Friedhöfen.
Mit einem ersten Konzept informierte die Kommission die Ortsbeiräte und in einer Bürgerversammlung die Bevölkerung. Sie nahm Anregungen auf und veränderte das Konzept. Dieses wurde den gemeindlichen Gremien zur Beschlussfassung vorgelegt und in einer weiteren Bürgerversammlung vorgestellt.

Ein großes Problem bei der Umgestaltung der Friedhöfe war die Finanzierung. Die Gemeinde hatte wenig Mittel hierfür. Darum konnten die Friedhöfe nur mit erheblicher Eigenarbeit durch die Bevölkerung und mit Spenden Stück für Stück neu gestaltet werden.

Mit bürgerschaftlichem Engagement werden Friedhöfe umgestaltet

Besonders engagierte sich Otto Wohlgemuth, der 17 weitere Männer zur Mitarbeit bei der Umgestaltung des Friedhofs im Ortsteil Altmorschen engagierte und unter der Leitung des Landschaftsplaners Thomas Büttner die Arbeit koordinierte.

Kritik gab es hier vor allem an der Lage der Urnengräber, die sich an einem sehr steilen Hang befinden. Für Bürgerinnen und Bürger mit eingeschränkter Mobilität sind sie kaum zugänglich.Das neue Konzept sieht vor, den Friedhof in verschiedene Areale einzuteilen, um den Bedürfnissen der Menschen nach einem breiten Angebot an Beisetzungsmöglichkeiten gerecht zu werden. Auf einem Areal wurde die neue pflegelose Urnengrabanlage angelegt. In der Mitte ein alter Grabstein aus dem Jahre 1877, der bis in die 1960er Jahre auf dem Friedhof gestanden hatte, dann aber beim Kloster Haydau aufgestellt worden war. Nun steht er mit neuer Funktion wieder an seinem Ursprungsort. Um das Denkmal herum wurden Bereiche für verschiedene pflegearme Gräber angelegt: für Urnenrasengräber mit Bodenplatte im Rasen, manche davon mit der Möglichkeit, Vasen für Blumen aufzustellen, für Doppel- oder Einzelgrabstätten und auch für Baumgräber.

In einem Feld sollte sich nichts ändern. Dort wurde die bisherige Gestaltung für die Wahl- und Reihengräber in Form der Erd- und Urnenbestattungen beibehalten. Auf dem bisherigen Urnenfeld, das an dem steilen Hang liegt, werden zukünftig keine weiteren Gräber für Urnen vergeben. Stattdessen werden hier nun die anonymen Bestattungen vorgenommen. Dafür wurde ein Friedhain mit Winterlinden angelegt. Ein neuer Weg führt an Begegnungsbänken vorbei. Denn auch der Wunsch nach Sitzgelegenheiten war nachdrücklich geäußert worden.

Geplant sind außerdem ein neuer Wasserlauf, der ganzjährig den oberen Teil des Friedhofs mit Wasser versorgt, sowie ein Gräberfeld für „Sternenkinder".

In einer Bürgerversammlung meldete sich, nachdem alles besprochen war, eine Frau und fragte: Wie können wir unserer im zweiten Weltkrieg verstorbenen Angehörigen gedenken? Bisher gab es lediglich einen Gedenkstein ohne Namensnennung. Es stellte sich heraus, dass mehrere Bürger/innen das Bedürfnis nach einem Ort hatten, an dem auch der Name verewigt ist.

Otto Wohlgemuth entwickelte daraufhin die Idee, Namensschilder mit einem Kreuz in Edelrostoptik zu gestalten. Für jeden gefallenen Soldaten sollte ein Namensschild aufgestellt werden. Auf dem Kreuz wurden Vor- und Zuname, das Geburtsjahr und das Sterbejahr ausgestanzt. Dadurch kann man die Namen und die dahinter wachsende Bäume und Sträucher erkennen. Die Finanzierung war kein Problem. Innerhalb von zwei Wochen war genug Geld da, allein von den Hinterbliebenen gespendet. An dieser Begebenheit wird deutlich, wie groß das Bedürfnis von Hinterbliebenen sein kann, einen namentlich gekennzeichneten Gedenkort für ihre Verstorbenen zu haben – auch nach Jahrzehnten noch.

Am 8. Mai 2016, dem Jahrestag der Befreiung, wurden die Namensschilder im Rahmen eines feierlichen namentlichen Gedenkens der Verstorbenen aufgestellt. Die Geburts- und Sterbedaten zeigen: Es sind viele ganz junge Männer dabei, die dem Irrsinn der Nazis zum Opfer fielen.

Die umfassende Bürgerbeteiligung in Morschen hat Vielfalt, Identität und Spendenbereitschaft gefördert. Solche Projekte engagierter Bürgerinnen und Bürger, Kommunen und Kirchen zeigen, was möglich ist. Zugleich bleibt die Frage, was mit den Friedhöfen geschehen wird, die ihre Kosten nicht mehr aus Gebühren decken können und keine engagierten und spendenden Bürgerinnen und Bürger haben.

Gemeinschaftsgrab für Mitglieder der Kirchengemeinde Frieden und Versöhnung – Frankfurt am Main

Es ist traurig, wenn treue Gemeindemitglieder, die schon eine gefühlte Ewigkeit bei fast allen Aktivitäten im Gemeindeleben dabei sind, einem sagen: „Ich lasse mich mal anonym bestatten. Ich habe niemanden, der mein Grab pflegt." Eine Erfahrung, die Gemeindepädagogin Monika Kittler schon mehrmals machen musste. „Das kann doch nicht sein", sagt sie, „dass Menschen, mit denen man eng verbunden ist, einfach weg sind. Es muss doch einen Ort geben, wo wir uns an sie erinnern können."

Die Kirchengemeinde Frieden und Versöhnung ist dafür bekannt, dass sich ihr Gemeindeleben durch ein enges Verbundenheitsgefühl untereinander auszeichnet. Ihnen ist die Sorge umeinander sehr wichtig, ebenso wie eine gelebte Gemeinschaft und ein respektvoller Umgang im Stadtteil. Wenn Gemeindemitglieder anonym bestattet werden, weil sie entweder nicht das Geld haben, eine andere Bestattungsform zu wählen, oder weil es niemanden gibt, der ihr Grab pflegt, dann ist auch die christliche Gemeinschaft gefragt, Alternativen zu entwickeln. Denn seit den Anfängen des Christentums ist die Bestattung der Toten eine ihrer Kernaufgaben.

Im Jahr 2009 begannen einzelne Vertreter der Kirchengemeinde, neu über die Bestattung ihrer Toten nachzudenken. Als die ehemalige Friedensgemeinde mit der ehemaligen Versöhnungsgemeinde fusionierte, gab es Überlegungen, die Versöhnungskirche als Begräbniskirche umzuwidmen. Aus Kostengründen wurde der Plan allerdings nicht weiter verfolgt.

Angeregt durch das Gemeinschaftsgrab für an HIV/AIDS erkrankte Menschen auf dem Hauptfriedhof in Frankfurt entstand schließlich die Idee, eine Alternative zur anonymen Bestattung in Form eines bezahlbaren und für die Angehörigen pflegelosen Gemeinschaftsgrabes für die Gemeindemitglieder auf dem Friedhof in Griesheim zu schaffen. Das Grünflächenamt der Stadt Frankfurt unterstützte das Vorhaben und stellte hierfür kostenlos und unbefristet eine Fläche von 12 x 4 m zur Verfügung, auf der insgesamt 112 Urnen beigesetzt werden können.

In die Gestaltung der Grabstätte wurden die Gemeindemitglieder mit einbezogen. Etwa fünfzehn Personen im Alter von 40 bis 80 Jahren nahmen an einem Workshop mit dem Künstler Joachim Kreutz teil. Relativ schnell wurde den Teilnehmenden deutlich, dass die Christusfigur im Altarbereich der Friedenskirche eine hohe Symbolkraft für sie hat. Das brachte den Künstler auf die Idee, den Schattenriss dieser Christusfigur als Skulptur zu gestalten, um so die Verbindung zur Gemeinde herzustellen. Aus Cortenstahl fertigte er drei identische Christusfiguren, die hintereinander aus einer undurchdringlichen Stahlwand herauszutreten und aufzusteigen scheinen. Neben dieser Skulptur wurden zwei Grabmäler aufgestellt, auf denen die Worte

Frieden und Versöhnung stehen. Die Namen der Verstorbenen sollen dort auf Bronzetafeln geschrieben angebracht werden. Auch wenn die Ruhezeit für die Urnen nach zwanzig Jahren abläuft, sollen die Namen dort weiter stehen bleiben. Ende April 2017 wurde die Grabstätte eröffnet. Geplant ist, noch einen QR-Code anzubringen, der zur Homepage der Kirchengemeinde führt, und eine Informationstafel an der Grabstätte aufzustellen.
Ein Begräbnisplatz kostet 1200 Euro. Im Preis inbegriffen sind die Grabpflege und die Bronzetafel mit dem Namen. Diejenigen, die das Geld nicht haben, werden mit Spendenmitteln unterstützt.

Hauptfriedhof Mainz | Erster Sternengarten

Sternengarten auf dem Hauptfriedhof – Mainz

Der Sternengarten auf dem Hauptfriedhof in Mainz ist eine Ruhe- und Gedenkstätte für Kinder, die gestorben sind, bevor sie geboren wurden, und die nicht der Bestattungspflicht unterliegen. Er ist ein Ort des Gedenkens und Erinnerns, der Trauer und des Trostes. Eingeweiht wurde er im September 2004. Seitdem finden in regelmäßigen Abständen dort gemeinschaftliche Beisetzungen von Kindern statt. Mit sternenförmigen Namensschildern wird der Kinder gedacht, auch wenn der Tod schon länger zurückliegt. Die zahlreichen Sterne mit Jahreszahlen, die weit in der Vergangenheit liegen, zeugen davon, wie groß das Bedürfnis der Eltern noch nach Jahren sein kann, einen Ort zu haben, an dem der Name ihres Kindes verewigt ist.

Entstanden ist der Sternengarten, weil die evangelische Klinikseelsorgerin Sabine Ufermann immer wieder Anrufe von Frauen bekam, die wegen einer Fehlgeburt in der Klinik waren. Sie wurden damals entlassen und wussten nicht, was mit ihrem Kind passiert ist.

„Können Sie mir sagen, wo mein Kind ist?" Für die Klinikseelsorgerin war diese Frage unerträglich. So klein das Leben auch gewesen sein mag, als es starb, für die Frauen war es spürbar. Es war ihr Kind, das in ihnen heranwuchs. Sie brauchten darum einen würdigen Ort, an dem ihre Kinder begraben wurden, und sie brauchten einen Ort, an dem sie ihrer gedenken konnten.

Sabine Ufermann wendete sich mit diesem Problem an Jeanette Wetterling vom Wirtschaftsbetrieb Mainz, damals Abteilungsleiterin für Friedhof und Bestattung. Das war 2003. Ein Jahr später wurde der Sternengarten als gemeinschaftlicher Begräbnisort für die nicht bestattungspflichtigen Kinder auf dem Hauptfriedhof in Mainz geschaffen. Möglich wurde dies, weil es neben diesen beiden Frauen eine ganze Reihe von Menschen gab, die dieses Projekt unterstützten – sowohl finanziell als auch mit einem hohen Maß an persönlichem Engagement.

Frau Wetterling lud zu einem Arbeitskreis ein und übernahm die weitere Koordination des Projekts. Beteiligt waren neben den beiden Frauen Mitarbeitende des Wirtschaftsbetriebs, die für Friedhofsplanung und -pflege zuständig sind, Josef Kolbeck und Barbara Wolf-Gröninger von der katholischen Klinikseelsorge, Elisabeth Adolph-Wiedmann vom Verein Trauernde Eltern und Kinder Rhein-Main e. V., Vertreter der Pathologie der Uniklinik und der Fachgemeinschaft Friedhof Mainz, in der Bestattungsunternehmen, Friedhofsgärtnereien und Steinmetzbetriebe organisiert sind. Inzwischen ist aus dem Arbeitskreis das „Netzwerk Trauer in Mainz" entstanden, in dem alle, die in Mainz Angebote für Trauernde machen, vertreten sind.

Zweimal im Jahr werden nun die nicht bestattungspflichtigen Kinder im Rahmen einer ökumenischen Trauerfeier beigesetzt. Die Eltern werden zuvor in den Kliniken über die Möglichkeit der gemeinschaftlichen Beisetzung informiert. Sie können auch wählen, ob ihr Kind eingeäschert oder erdbestattet werden soll. Kosten entstehen für die Eltern nicht. Diese werden von den Mitwirkenden des Netzwerks getragen.

Und ein zweiter Sternengarten wurde angelegt, weil der erste bereits belegt ist.

Ein Grab für Sternenkinder auf dem Friedhof in Treysa

In Schwalmstadt-Treysa werden seit 2012 zweimal im Jahr Kinder gemeinschaftlich bestattet, die zu früh geboren wurden und nicht unter die Bestattungspflicht fallen. Alexandra Beuth, eine der Initiatorinnen und betroffene Mutter, hat lange darauf gewartet, bis dies möglich wurde. Sie selbst hat drei Kinder verloren. 1998 musste sie das erste Mal Abschied nehmen von einem ihrer Kinder. Sarah verstarb im achten Schwangerschaftsmonat. Seitdem kämpfte die verwaiste Mutter zusammen mit anderen betroffenen Eltern und mit Unterstützung von Pfarrern aus Treysa dafür, dass zu früh geborene Kinder würdig bestattet werden können.

2004 stellte das Friedhofsamt Schwalmstadt auf dem Friedhof in Treysa ein Gräberfeld für Kinder zur Verfügung, die vor dem sechsten Schwangerschaftsmonat verstorben sind. Der Bildhauer Lutz Lesch gestaltete hierfür einen Gedenkstein. Doch bis betroffene Eltern das Angebot nutzten, war es noch ein längerer Weg. Die erste Einzelbestattung fand erst 2010 statt. Ein wesentliches Problem war, dass die betroffenen Eltern nicht erfuhren, dass es diese Bestattungsmöglichkeit gibt. Deshalb gründete Alexandra Beuth mit anderen betroffenen Eltern 2011 die Selbsthilfegruppe Sternenkinder, die der Initiative REGENBOGEN „Glücklose Schwangerschaft" e. V. angeschlossen ist.

Die Gruppe intensivierte die Öffentlichkeitsarbeit, gestaltete einen Flyer und fand Kooperationspartner, die sich alle kostenfrei an der Gemeinschaftsbestattung beteiligten. Sie übernahm die Organisation der Beisetzungen, die sie zusammen mit der evangelischen Kirchengemeinde Franz von Roques, der Stadt Schwalmstadt, der Asklepios Klinik in Ziegenhain, den Bestattungsunternehmen Merz und Emmeluth-Diehl, den Blumengeschäften Dalchow und dem in der Einrichtung Hephata sowie einem Chor gestalten.

Gedenken

MEMENTO
HANS-PETER HEINICK
+ 19.8.1957 † 20.5.1995

Solidarität unter dem Regenbogen – für Menschen, die an HIV/AIDS gestorben sind

Grabbegängnis in Hamburg-Ohlsdorf

Pfingstmontag, auf dem Friedhof in Hamburg-Ohlsdorf. Es ist 14.00 Uhr. Eine Gruppe von etwa zwanzig Menschen hat sich vor Kapelle 4 versammelt. Es sind überwiegend Männer im mittleren Alter und älter. Dazukommende werden begrüßt, einzelne umarmen sich. An ihnen vorbeigehende Friedhofsbesucher wirken erstaunt. Heute finden doch keine Beerdigungen statt. Es ist doch ein Feiertag.

Rainer Ehlers
Pastor i. R.

Die Versammelten sind gekommen, um gemeinsam toter Freunde und Weggefährten zu gedenken. Freunde, die an AIDS gestorben sind und in einem der beiden Gemeinschaftsgräber des Vereins Memento e. V. begraben wurden. Die meisten von ihnen sind schwul. Zwei Mal im Jahr, am Pfingstmontag und am Totensonntag, treffen sie sich auf dem Friedhof vor Kapelle 4. Von dort geht die Gruppe zum Gemeinschaftsgrab „Memento I". Pastor Detlev Gause, AIDS-Seelsorger in Hamburg und 1. Vorsitzender des Vereins Memento e. V., spricht ein Gebet. Neben ihm stehen André Beneke, 2. Vorsitzender des Vereins, und sein Vorgänger in Pfarramt und Vorsitz, Pastor i. R. Rainer Ehlers, geb. Jarchow. Nach einem stillen Gedenken – am Totensonntag werden auch die Namen der Verstorbenen verlesen – reicht Detlev Gause den Anwesenden Rosen. Wer möchte, kann sie auf die Grabanlage legen. Danach zieht die Gemeinschaft weiter zur zweiten Grabanlage, „Memento II". Dort werden die Andacht und das Totengedenken fortgesetzt.

Pastor i. R. Rainer Ehlers, der 1994 die bundesweit erste Pfarrstelle für die Seelsorge für Menschen mit HIV und AIDS in Hamburg übernommen hatte, half, die Idee von Landschaftsgärtner Horst Lange Wirklichkeit werden zu lassen. Er wünschte sich ein Gemeinschaftsgrab für Menschen, die in irgendeiner Weise von AIDS betroffen sind, und das mitten auf dem Friedhof in Hamburg-Ohlsdorf. Sie sollten einen würdigen Ort haben, an dem sie begraben liegen. Einen Ort, an dem ihre Namen bewahrt würden und ihrer gedacht werden konnte – einen Ort, an dem die im Leben erlebte Solidarität über den Tod hinaus erhalten bliebe.

Homosexuelle Menschen haben oft einen langen inneren Leidensweg bis zu ihrem öffentlichen Bekenntnis zu sich. Der äußere Leidensweg ist von der Kultur und verschiedenen anderen Faktoren abhängig, Die Immunschwächekrankheit AIDS, die Anfang der achtziger Jahre entdeckt wurde, hatte die Stigmatisierung noch verstärkt. Heute ist das sicherlich anders, dennoch werden sie mitunter immer noch diskriminiert. Oft waren es zuallererst die Familien, die sich von ihnen abwandten. Für viele homosexuelle Menschen waren und sind darum die Solidargemeinschaften mit Betroffenen auch eine Art „Ersatzfamilie" oder „Wahlfamilie".

„Ich werde keinen Menschen haben, der sich um mein Grab kümmert."
Bis Ende der 1990er Jahre erkrankten und starben noch viele HIV-Infizierte an den Folgen von AIDS. Damals gab es für die Betroffenen meist nur die Möglichkeit, sich im Falle ihres Todes anonym bestatten zu lassen. Eine Beisetzung im Familienkreis war teils nicht möglich oder nicht erwünscht, oder es gab keine Angehörigen, die die Pflege des Grabes langfristig übernommen hätten. Es gab keinen Ort, an dem ihre Namen bewahrt wurden. Sie verschwanden aus unserer Gesellschaft, als ob es sie nie gegeben hätte. Heute verhindern Medikamente oft den Ausbruch der Krankheit.

Der Zufall wollte es, dass Mitte der 1990er Jahre die Friedhofsverwaltung in Hamburg-Ohlsdorf einige historische Grabanlagen zum Kauf anbot. Warum nicht eine dieser Grabanlagen kaufen und als Gemeinschaftsgrab für Menschen anbieten, die von AIDS betroffen sind? Um Ehlers und Lange fanden sich weitere Unterstützer dieser Idee. Die Gruppe gründete 1995 den Verein Memento e. V. und erwarb eine erste Grabanlage. Dazu gehörte ein historischer Grabstein aus dem Jahr 1897, auf dem ein Mosaik einen Regenbogen und ein Stundenglas zeigt. Kein Symbol hätte besser als der Regenbogen zu der bunten Gemeinschaft von schwulen Männern gepasst. Für die AIDS-Erkrankten, die sich ihrer begrenzten Lebenszeit meist sehr bewusst sind, ist auch das Stundenglas als Symbol der Endlichkeit des Lebens passend: Es ruft zum Gedenken an die eigene Sterblichkeit, zum „Memento mori". Neben dem Totengedenken steckt auch dies im Namen des Vereins.

Zwei Jahre später waren alle vierunddreißig Grabplätze vergeben. Der Verein erwarb daraufhin eine weitere, sehr viel größere historische Grabanlage auf dem sogenannten Millionärshügel. Auf der rechten Seite der Anlage stand ein historisches Grabmal aus dem Jahr 1917. Der Verein entschied sich, das Grabmal zu restaurieren. Für einen Teil der Grabanlage schrieb der Verein einen Ideenwettbewerb aus. Ausgewählt wurde ein Werk des Künstlers Klaus Stephan Neumann. Das neue Grabmal ist in Form von zwei Türrahmen gestaltet. Davor befindet sich eine steinerne Platte, auf der in Blindenschrift der Satz zu lesen ist: „O lieb', solang du lieben magst." Diese Worte sind aus einem Gedicht von Ferdinand Freiligrath (1810–1876). Die ersten beiden Strophen lauten:

O lieb', solang du lieben kannst!
O lieb', solang du lieben magst!
Die Stunde kommt, die Stunde kommt,
Wo du an Gräbern stehst und klagst!
Und sorge, dass dein Herze glüht
Und Liebe hegt und Liebe trägt;
Solang ihm noch ein ander Herz
In Liebe warm entgegenschlägt!

Die Tür soll die Grenze zwischen Tod und Leben symbolisieren, und die Blindenschrift erinnert daran, dass wir im Angesicht des Todes alle wie Blinde sind. Immer wieder wurden in der Vergangenheit einzelne der bunten Glasrohre aus dem Grabmal entfernt, die die Punkte der

Blindenschrift sind. Die Leerstellen dienen heute den Gedenkenden als Platz für Blumen, mit denen sie ihre Zuneigung den Verstorbenen gegenüber zum Ausdruck bringen. Die Gemeinschaftsgrabanlagen, mit ihren symbolisch gestalteten Grabsteinen und dem solidarischen Gedenken der Freunde und Weggefährten, sind ein öffentliches Bekenntnis der von AIDS Betroffenen zur eigenen Identität und zu dem, woran sie glauben: die Liebe.

„Die von MEMENTO e. V. initiierten und gepflegten gemeinschaftlichen Grabstätten schließen [...] eine wichtige Lücke und setzen ein sichtbares Zeichen für den Umgang mit Sterben, Tod und Trauer im Zusammenhang mit AIDS. Die Krankheit AIDS und die davon betroffenen Menschen gehören zu dieser Stadt und bilden einen Teil ihrer Geschichte; diese Zugehörigkeit wollen wir auch über den Tod hinaus sichtbar machen" (www.memento-hamburg.de).

Von dieser Solidargemeinschaft am Rande unserer Gesellschaft ging in den 1990er Jahren ein entscheidender Impuls für den Wandel in unserer Bestattungskultur aus. Sie übernahm die Totenfürsorge an Stelle der biologischen Familie. Seitdem sind an vielen Orten identitätsstiftende Gemeinschaftsgräber neu entstanden.

Heiligabend auf dem Friedhof

Ein Weihnachtsgottesdienst für Trauernde im Kirchenkreis Kassel

„Heiligabend ist eine ganz besondere Zeit. Das Licht der Kerzen, die Klänge der alten Lieder, die Erzählung vom Kind in der Krippe wecken die Sehnsucht nach Licht, Wärme, Gemeinschaft und Frieden. Für Trauernde kann der Gottesdienst an Heiligabend manchmal schwer sein: Halte ich es aus, mit anderen Familien zu feiern? Was ist mit meiner Trauer? Werde ich weinen müssen? Und was denken die anderen?

So kann sich in die Sehnsucht nach Licht und Trost Angst mischen: Vor zu vielen Menschen, vor zu viel Fröhlichkeit oder davor, die Situation nicht aushalten zu können.

Gott ist in der Nacht geboren, und sein Licht ist denen erschienen, die im Finstern wandeln. So bieten wir einen Weihnachtsgottesdienst für Trauernde auf dem Friedhof an. Mit den vertrauten Texten und Liedern. Aber ohne Krippenspiel. Dafür mit viel Zeit für Erinnerung und Besinnung in einer Gemeinschaft, in der sich Trauernde aufgehoben fühlen."

Mit diesem Text haben Pfarrerin Anke Trömper und Lutz Friedrichs im Jahr 2016 erstmals zu einem Heiligabendgottesdienst in der weihnachtlich geschmückten Friedhofskapelle in Kassel-Harleshausen eingeladen.

„Um 14 Uhr ist richtig Leben auf dem Friedhof", berichtet Lutz Friedrichs. Deshalb habe man sich entschieden, den Gottesdienst in der Mittagszeit zu feiern. Die Trauernden hatten die Möglichkeit, bei feierlicher Musik für ihre Verstorbenen eine Kerze anzuzünden und sie an die Krippe zu stellen. „Es war sehr berührend zu sehen, wie Menschen hier die Nähe zu ihren Verstorbenen und im Kind in der Krippe die Nähe zu Gott gesucht haben. Hoffnung ist auch in diesem Gottesdienst zu spüren, aber sie ist eine Hoffnung der leisen und zarten Töne", so Lutz Friedrichs.

Der Gottesdienst ist so gut angenommen worden, dass er auch in diesem Jahr wieder angeboten werden soll.

Kapelle des städtischen Altenheims – Mainz

Gottesdienst in den ersten Stunden und Tagen nach einem belastenden Ereignis

Belastende Ereignisse sind diejenigen, die die psychischen Belastungsgrenzen einer einzelnen Person oder einer Gruppe übersteigen und eine Verarbeitung im Moment nicht ermöglichen. Menschen erleben nach solchen belastenden Ereignissen nicht selten Gefühle wie Angst, Ohnmacht und Entsetzen. Ihr Selbst- und Weltverständnis ist durch die Begegnung mit dem plötzlichen Tod durcheinander geraten. Sie können nicht begreifen, wie oder warum das Unglück geschehen konnte. Auslöser können z. B. sein: der Tod von Kindern, Todesangst oder Angst vor eigener Gefährdung, Schusswaffengebrauch und Messerangriff, eine große Anzahl von Toten und Verletzten, persönliche Bekanntschaft mit dem Opfer oder den Opfern, ein Bezug zur eigenen Biographie, eine Identifikation mit dem Opfer oder das Gefühl, dass Fehler passiert sind.

Was hilft, ist, der Trauer einen Ausdruck zu geben. Wie Menschen dies tun, kann sehr unterschiedlich sein. Manche legen Kerzen, Blumen, Bilder und symbolische Gegenstände am Ort des Unglücks ab, andere drücken ihr Mitgefühl in den neuen sozialen Medien aus. Was hilft, ist auch, die Betroffenheit vor Gott zu bringen: in einem Gebet, einer Andacht oder einem Gottesdienst. Ziel der liturgischen Gestaltungen ist es, dies zu ermöglichen.

Ein empfehlenswertes Buch zur Gestaltung von Gottesdiensten und Andachten in den ersten Stunden und Tagen nach einem belastenden Ereignis hat Doris Joachim-Storch in der Reihe Materialbücher (121) vom Zentrum Verkündigung der EKHN herausgegeben. Es trägt den Titel „In großer Not. Gottesdienste nach traumatischen Ereignissen". Der folgende liturgische Entwurf ist diesem entnommen. Er orientiert sich an der in der EKHN üblichen Liturgie. Die Predigt kann sich auf einen kurzen Impuls beschränken. Wichtig ist es, einen Raum zu schaffen, in dem Menschen ihre Gedanken und Gefühle in der Gemeinschaft mit anderen vor Gott bringen können.

Höre unser Flehen
Musik
Begrüßung
Votum
Psalm (in Anlehnung an Psalm 22)
Mein Gott, mein Gott,
warum hast du mich verlassen?
Warum nur muss ich so leiden?
Mein Gott, des Tages rufe ich dich,
doch antwortest du nicht.
Ich schreie, aber meine Hilfe ist ferne.
Und des Nachts finde ich keine Ruhe.
Höre mein Weinen, oh Gott,

höre mein Flehen.
Auf dich hoffe ich, du bist mein Gott von Kindesbeinen an.
Hilf mir, ich habe Angst.
Meine Kräfte sind am Ende, wie nur soll es weitergehen?
Mein Gott, mein Gott, bleibe bei mir.

Antwortgesang
Klagegebet
Gott, vor dich bringen wir unser Leid.
Unsere Ohnmacht.
Unsere Wut.
Wo warst du, als das geschah?
Wo warst du, als (hier das Unglück benennen).
Warum nur?
Warum mussten (evtl. Namen nennen oder „sie“) sterben?
Wir sind verzweifelt.
Es ist dunkel in uns.
Nacht umgibt uns.
Wir sind ohne Kraft.
Aber wir wenden uns an dich.
Gott, hilf uns in unserem Schmerz.
Aus tiefer Not rufen wir zu dir.
Bleibe bei uns.
Höre unser Flehen.
Erbarme dich unser.

Gemeinde oder Sologesang: Herr, erbarme dich.
Gnadenzuspruch
In großer Not hielt sich der Apostel Paulus an Gott fest. Er sagte:
Ich bin gewiss, dass weder Tod noch Leben,
weder Engel noch Mächte noch Gewalten,
weder Gegenwärtiges noch Zukünftiges,
weder Hohes noch Tiefes noch irgendein anderes Geschöpf
uns trennen kann von der Liebe Gottes. (Röm 8,38–39)

Antwortgesang
Salutatio
Gedenken der Verstorbenen mit Entzünden von Lichtern
Instrumentalmusik
Wir gedenken unserer Verstorbenen und entzünden für sie ein Licht …
(Namentlich werden die Verstorbenen genannt und je eine Kerze für sie entzündet.)

Lied, evtl. Tears in Heaven
Predigt
Lied
Fürbittengebet
Gott, wir bitten dich für die Angehörigen und Freunde der Verstorbenen.
Bleibe bei ihnen.
Gib ihnen Menschen an die Seite, die sie in den dunklen Tagen ihrer Verzweiflung begleiten und stützen.
Zu dir rufen wir in unserer Trauer:
Gott, erbarme dich.
Gott, wir bitten dich für die, die dabei waren.
Sie haben das Unglück miterlebt.
Sie haben versucht zu helfen.
Sie sind verstört.
Steh ihnen bei.
Hilf ihnen, das Erlebte zu verarbeiten.
Zu dir rufen wir in unserem Schmerz:
Gott, erbarme dich.
Gott, wir bitten dich für die Rettungskräfte.
Für die Männer und Frauen in der Notfallseelsorge.
Bei der Polizei.
Bei der Feuerwehr.
Wir bitten dich für die Helfenden des Technischen Hilfswerkes und für die Bestatter.
Sie brauchen Unterstützung.
Sie brauchen Verständnis.
Lass sie das erfahren.
Zu dir rufen wir in unserer Betroffenheit:
Gott, erbarme dich.
Gott, wir bitten dich für uns.
Gib uns die Zuversicht in das Leben zurück.
Bleibe bei uns.
Halte uns.
Gib uns Kraft für das, was vor uns liegt.
In der Stille sagen wir dir, was uns auch noch bewegt.
Stille

Vaterunser
Segen
Musik

Gottesdienst am Ewigkeitssonntag

Musik

Begrüßung
Wenn der Tod uns einen Menschen nimmt, den wir lieben, entsteht eine Lücke, die wir wie eine Wunde in uns spüren. Abschiednehmen hinterlässt Spuren. Spuren der Trauer.
Auch wenn wir vielleicht dankbar sind, dass unsere Verstorbenen nicht leiden mussten oder ihnen weiteres Leid erspart geblieben ist, spüren wir die Trennung. Auch wenn wir uns mit einem Lächeln an schöne Tage erinnern, spüren wir, was nicht mehr möglich ist – nie mehr. Trauer kann ganz unterschiedliche Gefühle in uns hervorrufen.

In unserem Gottesdienst gehen wir einzelnen Spuren der Trauer nach, in Gedichten und Gedanken von Trauernden, in Gebeten und Musik. Und wir gedenken unserer Verstorbenen.

Votum
Musik/Lied
Ich bin traurig
Hiob, dem die sprichwörtlich gewordene Hiobsbotschaft vom Tod seiner Kinder überbracht wurde, klagt in seiner Trauer den Freunden:
Mein Auge ist dunkel geworden vor Trauern, und alle meine Glieder sind wie ein Schatten. (Hiob 17,7)

Gebet eines trauernden Menschen
Trauer umgibt mich.
Gerade noch war da eine Stimme, die mir sagt: Wir gehören zusammen.
Gerade noch war da ein Blick, der mich einfängt.
Gerade noch war da eine Hand, die sich mir entgegenstreckt.
Ich bin allein. „Nie mehr“, schmerzt es in mir.
Trauer verdunkelt mein Leben.
Trauer betrübt mein Herz.
Trauer lässt mich mutlos werden.
Gott, bitte hilf mir!
Halte du mich, wo ich nicht weiterkann.
Stütze mich, wo mir die Kraft fehlt.
Tröste mich, wo ich keine Ruhe finde.
Amen.

Musik/Lied
Lesung

Der Prophet Jesaja schreibt:
Meine Gedanken sind nicht eure Gedanken,
und eure Wege sind nicht meine Wege, spricht der Herr,
sondern so viel der Himmel höher ist als die Erde,
so sind auch meine Wege höher als eure Wege
und meine Gedanken als eure Gedanken.
(Jesaja 55,8–9)

Musik/Lied
Ansprache
Meine Gedanken sind nicht eure Gedanken,
und eure Wege sind nicht meine Wege, spricht der Herr. (Jesaja 55,8)

Liebe Gemeinde,

wie geht es Ihnen mit diesen Worten? Einige, die heute hier sind, mussten im vergangenen Jahr Abschied von einem Menschen nehmen, der zu ihrem Leben gehörte. Bei anderen liegen die Abschiede schon länger zurück. Vielleicht ist auch der ein oder andere heute hier, der froh ist, dass ihm dies bislang erspart geblieben ist.

Im Angesicht des Todes spüren wir oft schmerzlich, dass unsere Gedanken nicht die Gedanken Gottes sind. Wir wurden ungefragt von Menschen getrennt, von denen wir uns nicht trennen wollten – unerfüllt blieben und bleiben nun unsere Wünsche und Hoffnungen.
Vielleicht ist uns ja danach, Gott zu sagen oder auch zu klagen:

Mein Gedanke war es nicht, dass du mir den Menschen nimmst, den ich liebe;
mein Gedanke war es nicht, mich zu trennen;
mein Gedanke war es auch nicht, dass ich mich nun allein gelassen fühle.
Gott, ich verstehe dich nicht. Warum nur? Warum musste das geschehen? Deine Gedanken sind mir zu hoch, du bist mir fremd.

Im Angesicht des Todes kann Gott für uns unbegreiflich sein. Wir fragen nach dem Sinn, wir fragen nach dem „Warum" und finden doch keine Antwort.
Im Angesicht des Unfassbaren können uns auch Gedanken von Hilflosigkeit und Ohnmacht heimsuchen, weil wir spüren, was nicht mehr möglich ist, nie mehr.

Und manchmal kann es auch sein, dass man im Angesicht des Unbegreiflichen wütend ist, auf Gott, auf den Verstorbenen, weil er einen allein gelassen hat. Meine Gedanken sind nicht eure Gedanken, spricht der Herr.

Vielleicht ist es aber auch so, dass wir Gott nicht verstehen und dennoch darauf vertrauen, dass er uns trägt. Dass wir in unserem Leid und in unserer Trauer dennoch hoffen und an ihm festhalten.

Was für Gedanken und Gefühle wir auch haben, alles darf sein, unsere Fragen und unser Zweifel, unsere Angst und unsere Wut. Unser Vertrauen darf sein.
Wir verstehen Gott beileibe nicht immer, aber immer bleibt er uns zugewandt, mit all unseren Gedanken und Gefühlen, im Leben und über den Tod hinaus bis in alle Ewigkeit.
In dem Vertrauen darauf, dass unsere unverlierbaren Toten bei Gott ein neues Leben gefunden haben, gedenken wir nun namentlich derer, von denen wir uns im zurückliegenden Jahr verabschieden mussten – und im Stillen aller derjenigen, von denen wir vor Längerem getrennt wurden.

Namentliches Gedenken der Verstorbenen des zurückliegenden Jahres
Beim Vorlesen der Namen werden Kerzen entzündet

Musik/Lied
Ich lebe mit Fragen
Eric Clapton schrieb nach dem Tod seines vierjährigen Sohnes Conor das Lied Tears in Heaven. Fragend wendet er sich an ihn:

Würdest du meinen Namen kennen,
wenn ich dir im Himmel begegne?
Würde es noch genauso sein,
wenn ich dir im Himmel begegne?
Ich brauche Kraft, um auszuhalten.
Denn ich weiß, ich kann nicht sein
– hier im Himmel.

Würdest du meine Hand halten,
wenn ich dir im Himmel begegne?
Würdest du mich stützen,
wenn ich dir im Himmel begegne?
Ich finde meinen Weg durch Nacht und Tag
denn ich weiß, ich kann nicht bleiben
– hier im Himmel.

Zeit kann dich beugen, Zeit kann dich in die Knie zwingen,
Zeit kann dein Herz brechen. Bete für mich, bitte!
Dort hinter der Tür – ich weiß, dort ist Frieden,
und ich weiß, es wird keine Tränen mehr geben
– dort im Himmel.

Würdest du meinen Namen kennen,
wenn ich dir im Himmel begegne?
Würde es noch genauso sein,

wenn ich dir im Himmel begegne?
Ich brauche Kraft, um auszuhalten.
Denn ich weiß, ich kann nicht sein
– hier im Himmel.
(aus: Berger-Zell/Prößdorf 2009, Ich will euch trösten, S. 38)

Musik

Fürbittengebet

Ewiger, allmächtiger Gott,
deine Liebe ist stärker als der Tod.

Wir gedenken vor dir aller,
die verstorben sind,
in unseren Familien,
in unserem Freundeskreis,
in unserer Nachbarschaft,
in unserem Land
und überall in der Welt.

Wir erinnern uns vor dir an alle,
die wir gekannt haben,
an die Namen der Menschen,
die du zu dir gerufen hast.

Wir denken vor dir an alle,
die in diesem Augenblick sterben,
weil sie alt und krank sind,
weil sie einsam sind und keine Hoffnung haben,
weil sie hungern,
weil sie gefoltert werden,
weil sie Opfer sind von Katastrophen und Unfällen,
von Krieg, Unterdrückung und Mord.

Erlöse sie von unerträglichen Schmerzen.
Nimm ihnen ihre Angst und Verzweiflung.
In der Stille bringen wir vor dich, was uns ganz persönlich bewegt.

Stille

Gott, wir bitten dich,
gib Mut gegen die Angst,
Vertrauen gegen Verzweiflung,
Hoffnung gegen Sinnlosigkeit.
Nimm dich unser gnädig an,
schenke uns Trost und Frieden.
Amen.

Vaterunser
Wir wollen miteinander beten, so wie Jesus es uns lehrte.

Musik/Lied
Ich suche Frieden

Was wird einmal sein, wenn ich die Stimmen der Welt nicht mehr höre?
Im Traum, da sah ich einen neuen Himmel und eine neue Erde;
der erste Himmel und die erste Erde vergingen, und das Meer ist nicht mehr.
Wird es so sein?
Ich sah die heilige Stadt von Gott aus dem Himmel herabkommen,
bereitet wie eine geschmückte Braut für ihren Mann.
Ich hörte eine laute Stimme von dem Thron her, die sprach:
Siehst du, die Wohnung Gottes bei den Menschen! Gott wird bei ihnen wohnen, und sie werden sein Volk sein, und Gott – Gott wird bei ihnen sein.
So wird es sein:
Gott wird abwischen alle Tränen von unseren Augen, und der Tod wird nicht mehr sein, noch Leid, noch Geschrei, noch Schmerz wird mehr sein.
Und Gott sprach: Ich mache alles neu, du wirst sehn!

Musik/Lied
Abkündigungen
Segen
Musik

Ökumenisches Requiem für wohnungslose Menschen – Mainz

Ein bewegender Moment. Es ist der Tag nach Buß- und Bettag. Mitarbeitende aus den Einrichtungen der Wohnungslosenhilfe sind in die Gotthardkapelle des Mainzer Doms gekommen, um ihrer verstorbenen Klienten in einem ökumenischen Gottesdienst zu gedenken. Panflötenmusik ist zu hören, gespielt von dem katholischen Theologen Winfried Späth (†).

Nacheinander gehen Vertreter der Einrichtungen zum Altar und verlesen von kleinen Kärtchen die Namen der Menschen, die im vergangenen Jahr gestorben sind. Ihre Lebensgeschichten gehen zu Herzen. Sie erzählen von Scheitern, Gewalt, Drogen- und Alkoholkonsum, Krankheit, Einsamkeit, von unerfüllten Träumen und Hoffnungen und der Suche nach Liebe. Sie erzählen auch von Begegnungen mit Menschen, die die Wohnungslosen nicht übersehen haben, die sich mit ihnen auf der Straße, in Parks und an Bahnhöfen unterhielten, die wissen wollten, wer sie waren, wie es ihnen ging. Einige dieser Menschen sind in den Gottesdienst gekommen, um den Verstorbenen ein würdevolles Gedenken zu schenken. Um dazu beizutragen, dass sie nicht vergessen werden.

Die Kärtchen mit den Namen werden an einem Holzkreuz angebracht. Für jeden verstorbenen Menschen wird eine Kerze entzündet und unter das Kreuz gestellt. In diesem Ritual vertrauen die Mitarbeitenden der Wohnungslosenhilfe und all diejenigen, die gekommen waren, die Verstorbenen Gott an. In der Hoffnung, dass jeder Mensch, egal welche Lebensgeschichte er auch haben mag, bei ihm eine bleibende Wohnung findet.

Mainzer Dom | Gotthardkapelle

Beim „Gedenkmahl“ der Hospizgruppen wurden Kerzen angezündet. Es konnten Trauerkarten geschrieben oder Rosen an die Gräber gebracht werden, um an die Verstorbenen zu erinnern.

Mustertext für eine Ankündigung

Der Toten gedenken, die eigene Endlichkeit bedenken
– ein Gedenkmahl zum Ewigkeitssonntag

Datum, Uhrzeit, Ort

Die Hospizgruppe … lädt ein zu einem Miteinander bei Essen und Trinken.

In Anlehnung an die Tradition des Trauermahls nach einer Beerdigung wird es an diesem Mittag / Nachmittag / Abend die Möglichkeit des zwanglosen Austausches geben, umrahmt von Musik und Worten, begleitet von Mitarbeitenden der Hospizgruppe. Auch wird ein Büchertisch mit Trauerliteratur aufgebaut sein.

Die Teilnahme ist kostenlos – wir freuen uns über Ihren Besuch.

Ihre Anmeldung im Gemeindebüro der Kirchengemeinde ist erwünscht (Adresse, Telefonnummer, E-Mail-Adresse).

Eine Kooperation von …

Die Konzeption des „Gedenkmahls" im Schwalm-Eder-Kreis

Von Dierk Glitzenhirn

Zur Mittagszeit oder bereits am Vorabend des Ewigkeitssonntages werden seit drei Jahren an fünf Orten im Schwalm-Eder-Kreis trauernde Menschen eingeladen, um sich gegenseitig in ihrer Trauer über den Verlust geliebter Menschen zu stützen. In Knüllwald-Remsfeld, in Frielendorf, in Neukirchen und in Schwalmstadt-Treysa und -Ziegenhain wurden „Gedenkmahle" angeboten, organisiert von der Sozialpädagogin Christine-Ann Raesch, Koordinatorin für ambulante Hospizarbeit im Kirchenkreis Ziegenhain, und Pfarrer Dierk Glitzenhirn, Leiter des Evangelischen Forums Schwalm-Eder, zusammen mit den örtlichen Hospizgruppen in Frielendorf, Neukirchen und Treysa und den Trauercafés in Knüllwald-Remsfeld und Schwalmstadt-Ziegenhain. Die Idee dazu steuerten die Trauerbegleiterin Christine Foerster und ihr Mann Bernd bei, die im Jahr 2014 in Homberg (Efze) die erste Veranstaltung dieser Art in einem ehemaligen Restaurant gestalteten. Das Restaurant war gut gefüllt, und die in Kooperation mit dem Evangelischen Forum und dem Trauer- und Hospiznetzwerk realisierte Einzelveranstaltung wurde ein voller Erfolg.

Gabriele Sieker,
Christine-Ann Raesch und
Christa Schmidt
Vorbereitungsteam in Treysa

In den Folgejahren wurde zu parallelen Gedenkmahlen eingeladen, teilweise war aus organisatorischen Gründen eine Voranmeldung nötig. In jedem Fall aber waren Trauernde unabhängig von ihrer Herkunftsgemeinde willkommen, den Ewigkeitssonntag in Gemeinschaft zu begehen. Ortsnahe Angebote sollten es sein, und dennoch wurden alle Orte publiziert, so dass, wer an diesem Trauertag Entfernung zum alltäglichen Lebensort wollte, auch an anderer Stelle willkommen war. So wurde in den kirchlichen Gemeindehäusern und im Diakoniezentrum St. Martin in Neukirchen die Möglichkeit geschaffen, in besinnlich gestalteten Räumen gemeinsam zu essen, Musik und Texte zu hören, Bücher zu lesen und Gedenkkarten zu schreiben. So gab es Kerzenrituale zur Erinnerung an die Verstorbenen, und es wurde z. B. auch eine Kreuzesmeditation angeboten, bei der Steine und innere Lasten thematisiert und abgelegt werden konnten. Die Hospizgruppen und Trauercafés beteiligten sich mit gut 30 ehrenamtlich Mitwirkenden an der Gestaltung. Die ambulanten Hospizmitarbeiterinnen und -mitarbeiter hörten Schilderungen von schmerzvollen Abschieden, sie fragten die Hinterbliebenen nach guten Erinnerungen an geliebte Menschen oder reichten schlicht kleine Mahlzeiten und Getränke. Immer war der Eintritt frei. Das „Gedenkmahl" in Treysa mündete in einen Gottesdienst auf dem örtlichen Friedhof. Nach dem Gottesdienst wurden weiße Rosen zu den Gräbern der Verstorbenen getragen.

Dierk Glitzenhirn
Pfarrer in Treysa

Mit leichten Veränderungen, Anpassungen an die Anzahl der Mitarbeitenden und in Abstimmung zu anderen Veranstaltungen wird das Konzept weiterhin realisiert.

Erinnern

Erinnern

Eine Trauerkultur ist ihrem Wesen nach immer auch eine Gedenk- und Erinnerungskultur. In der deutschen Sprache wird unter „sich erinnern" eine eher individuelle Hinwendung zur selbst erlebten Vergangenheit verstanden und unter „gedenken" ein öffentliches Geschehen. Beides trägt dazu bei, dass Trauernde eine neue Identität ausbilden, zu der auch eine neue Form der Beziehung zu den Toten gehört.

Wenn ein Mensch stirbt, der für das eigene Leben in irgendeiner Weise bedeutsam war, müssen sich die Hinterbliebenen an ein Leben ohne diesen Menschen anpassen. In der Erinnerung an ihn und an die damit verbundene Lebensgeschichte wird die Vergangenheit konstruiert, die sich von der Gegenwart unterscheiden lässt.

Um sich an die Toten erinnern zu können, brauchen trauernde Menschen charakteristische Zeugnisse, die den Tod ihrer Angehörigen belegen. Solche können zum Beispiel der Friedhof sein oder das namentlich gekennzeichnete Grab oder auch Symbole und Zeichen, die von ihnen mit dem Glauben an ein Leben nach dem Tod verbunden werden.

Die Gestaltung von Friedhöfen hat einen erheblichen Einfluss darauf, ob Trauernde ihn auch als einen Ort erleben, an dem sie die Nähe zu ihren Toten spüren. Die Entwicklung der Friedhofskultur zeigt, dass traditionell einheitlich gestaltete Friedhöfe mit ihren Reihen- und Familiengräbern heute teils nicht mehr den Bedürfnissen der Menschen entsprechen. Stattdessen sind oft Landschaften gefragt, in denen durch ihre neuen Gestaltungsmöglichkeiten die individuellen Lebensstile und Lebensmodelle der Menschen Raum bekommen. Ein wesentliches Kennzeichen für die Friedhöfe der spätmodernen Gesellschaft sind eine Formenvielfalt an Grabarten und Grabgestaltungen, mit einem deutlichen Trend hin zu identitätsstiftenden Gemeinschaftsgräbern und zu Erinnerungsgärten in Form von Miniaturlandschaften.

Für die kirchlichen und diakonischen Praxisfelder bestehen die Herausforderungen zum einen darin, den christlichen Glauben an ein Leben nach dem Tod und die Hoffnung auf Auferstehung auf dem Friedhof räumlich erfahrbar werden zu lassen, indem sie zum Beispiel Gemeinschaftsgräber, Trauerhallen oder Erinnerungslandschaften mit christlichen Symbolen und Zeichen gestalten. Diese geben gläubigen Menschen das tröstliche Gefühl, dass ihre Toten bei Gott einen Platz gefunden haben. Neben der Gestaltung der Friedhöfe und Gräber sind auch seelsorgliche und diakonische Angebote auf Friedhöfen nötig, die trauernde Menschen in ihren Trauerprozessen unterstützen können.

Auferstehungskapelle – Neumünster

Räume wirken auf uns. Die Atmosphäre, die von einer Friedhofskapelle ausgeht, hat Einfluss auf die Empfindungen derjenigen, die da waren, um Abschied zu nehmen. Mehr als alle Worte, die bei einer Trauerfeier gesprochen werden, brennen sich manchmal die Gefühle und Bilder ein, die in diesem Moment präsent waren.

Auf den Friedhöfen im 20. Jahrhundert haben in der Architektur und der ästhetischen Gestaltung von Friedhofskapellen häufig funktionale Faktoren eine zentrale Rolle gespielt. Die Abschiedsräume sollten in erster Linie zweckmäßig sein. Früher hatte etwa die 1958 errichtete Auferstehungskapelle auf dem Südfriedhof in Neumünster eine bedrückende Atmosphäre. „Nach Hoffnung auf Auferstehung fühlte sich hier rein gar nichts an", sagt Gärtnermeister Sönke Schroeder.

Ende der 1990er Jahre wurde darum die Kapelle neu gestaltet. Ziel war es, den Raum heller wirken zu lassen und den Altarbereich in seiner Bedeutung mehr zu betonen. Neu ist ein eindrucksvolles, großes blauschwarzes Kreuz im Altarraum. Es wirkt schwer und unabwendbar wie der Tod selbst. Licht kommt von oben und durchbricht die Wirkung des bedrohlichen Anblicks.

Das einnehmende Kreuz aus glasierter Keramik wurde von dem Bildhauer Jan Koblasa zusammen mit Sonja Jakuschewa geschaffen. Der Künstler ließ sich von dem Isenheimer Altar in Colmar und dem Brüggemann-Altar im Schleswiger Dom inspirieren. Ihn bewegte bei der Gestaltung der vielen Details des Kreuzes die Frage: Wie und womit kann ich denjenigen beistehen, die Abschied nehmen müssen? Da lag für ihn die Darstellung des Schmerzes Jesu, der tiefen Wunden und ein Ausdruck der Trauer nahe, weil sie den Betrachtenden erlauben, sich hineinzudenken und mit den Leiden Jesu zu identifizieren. Bewusst hat der Künstler darum auch bei dem Kreuz die Wunden Jesu betont dargestellt. Als „Gegenrhythmus" hierzu hat er vier aus der Kunstgeschichte bekannte Bilder zum Leben Jesu in die Darstellung aufgenommen: das letzte Abendmahl und die Verkündigung von Leonardo da Vinci, die Sixtinische Madonna von Raffael und die Pietà von Michelangelo. Die Szenen werden von Engeln beweint, bejubelt und präsentiert.

Vor der Neugestaltung wirkte der Raum bedrückend und verkündigte symbolisch nicht die christliche Hoffnung auf Auferstehung. Der Tod wird auch jetzt nicht verdrängt, sondern in seiner schmerzlichen und raumgreifenden Macht symbolisch mit dem Kreuz sichtbar gemacht. Ein Lichtstrahl, der auf das Kreuz fällt, lässt hoffen. Der Tod hat nicht das letzte Wort.

*„Ich bin die Auferstehung und das Leben.
Wer an mich glaubt,
der wird leben, auch wenn er stirbt."*

Johannes 11,25

Das Vaterunser in Stein gemeißelt – Neumünster

Die Idee zu diesem spirituellen Weg hatte der ehemalige Friedhofsleiter Dieter Schröder. Denn der Gang über den Friedhof sollte ein Gebet sein, sagt er. Der Vaterunser-Weg auf dem evangelisch-lutherischen Südfriedhof in Neumünster wäre sicherlich ganz im Sinne Martin Luthers gewesen. Stellte er sich den Friedhof doch als einen stillen Ort vor, an dem man andächtig gehen und stehen und über den Tod, das Jüngste Gericht und die Auferstehung nachdenken könnte. Er stellte sich ihn als einen Ort vor, der zum Beten einlädt, weil er fast wie eine heilige Stätte wirke, dadurch, dass dort auch etliche Heilige begraben liegen würden. Er schlug vor, die Friedhofswände mit biblischen Texten zu beschriften und sie mit religiösen Bildmotiven zu bemalen (Martin Luther, Ob man vor dem Sterben fliehen möchte, S. 375 f.).

Auf dem Hauptweg des Südfriedhofs, von dem sieben Querwege abgehen, stehen in gleichmäßigen Abständen sieben pultartige Stelen. In Stein gemeißelt sind auf ihnen die sieben Bitten des Vaterunsers zu lesen. Zu jeder Bitte hat der Bildhauer Ulrich Lindow eine als Relief ausgearbeitete Geste zweier Hände gestaltet, die in Gebärdensprache symbolisieren, was dort geschrieben steht. Die Bitten werden lebendig und bekommen einen körperlichen Ausdruck.

Der „Lebensgarten“ – ein symbolischer Trauerweg auf dem Hauptfriedhof – Karlsruhe

Durch den „Lebensgarten“ führt ein Weg entlang an 14 Stationen, an denen Holzskulpturen des Bildhauers Lothar Rumold stehen. Auf einigen sind Worte zu lesen wie Liebe, Fürsorge, Hoffnung, Geduld und Wut. Wer den Weg durch den „Lebensgarten“ geht, kann den symbolischen Trauerweg räumlich durch die Zeit der Trauer hindurch gehen.

Zu Beginn eine runde Hütte, aus Stein gemauert. Der Weg führt hindurch. Wer einmal hindurchgegangen ist, kann die Rückseite sehen. Sie ist zerstört. Der Blick trifft hier überall auf graue Bretter – wie gefangen fühlt es sich an. Ein Innenhof mit einem hölzernen Fragezeichen an der Wand. Der Boden mit Vulkangestein bedeckt. Ein leblos wirkender karger Platz, alles ist Grau in Grau.

Der Weg geht weiter in eine Gartenlandschaft. Am Rand tauchen Skulpturen auf, ihnen zur Seite stehen Tafeln mit Texten, die von Trauernden geschrieben wurden. „Offen geblieben ...

Nie hätte ich gedacht, dass es so vieles gibt, was ich Dir noch hätte sagen wollen: Worte der Liebe, Worte des Verzeihens, Worte, die zwischen uns nie ausgesprochen wurden ... Sag mir, kannst Du mich auch jetzt noch hören?"

Wegsuche

Wie in einem schwankenden Boot suche ich meinen Weg
durch die dunkle Landschaft der Trauer.
Was wird mir die Kraft geben, meinen eigenen Trauerweg
zu suchen, und den Mut, ihn auch zu gehen?
Was wird mir die Kraft geben, Dir Dein Los – zu – lassen
und den Mut, mein Leben ohne Dich zu wagen?

(Text im „Lebensgarten")

Skulpturen und Texte wollen anregen, den eigenen Empfindungen und Gedanken nachzugehen.
Entstanden ist der „Lebensgarten" 2007. Amtsleiter Matthäus Vogel hatte nach einer Lösung gesucht, eine nicht mehr benötigte Fläche auf dem Friedhof neu zu nutzen. Barbara Kieferle-Stotz, hauptamtliche Trauerbegleiterin auf dem Friedhof, hatte die Idee, dort einen symbolischen Trauerweg anzulegen. Durch die räumlich wahrnehmbare symbolische Darstellung der Trauer wollte sie trauernden Menschen die Bestätigung geben, dass ihre empfundenen Gefühle „normal" sind. Und sie wollte sie einladen, sich auch mit schwierigen Themen wie Wut oder Schuld zu beschäftigen.

Der Garten lädt aber auch andere, nicht selbst trauernde Menschen ein, sich mit dem Thema Trauer zu beschäftigen, damit sie das Verhalten von Trauernden besser nachvollziehen und sich in ihre Situation einfühlen können.

Trauerbegleiterin Barbara Kieferle-Stotz bietet mit ihrem Team auch kostenlose fachkundige Führungen an. Besonders angesprochen werden von ihnen Schulklassen, Erzieherinnen und Erzieher sowie Hospizgruppen.

Weiterführender Link zur Trauerbegleitung auf dem Friedhof:
www.friedhof-karlsruhe.de/infocenter/die-trauerbegleitung.html

Hauptfriedhof Karlsruhe | Skulptur des Bildhauers Lothar Rumold

...AUCH FÜR
TRAUERNDE
KINDER !

„Kinderwelten“ auf dem Hauptfriedhof – Karlsruhe

„Kinder gehören für uns nicht an den Rand, sondern in die Mitte unseres Lebens.“ Der Leiter des Karlsruher Friedhofs- und Bestattungsamtes Matthäus Vogel hat das Projekt „Kinderwelten“ bewusst in das Zentrum des Hauptfriedhofs platziert.

Matthäus Vogel
Leiter des Friedhofs- und Bestattungsamtes Karlsruhe

Inmitten von Gräberfeldern und alten Baumbeständen ein Spielplatz. Umfriedet von schulterhohen Hecken ein Sandkasten mit bunten Förmchen und Schaufeln. Daneben eine Rutsche, eine Schaukel und Wackeltiere. Wer den Spielplatz betritt, dem fällt gleich eine Skulptur aus Holz auf. Sie ragt hoch in den Himmel. Zu sehen ist ein Erwachsener, der ein Kind auf seinen Schultern trägt. Der Spielplatz weckt Gefühle und Gedanken an eine unbeschwerte, glückliche Kindheit. Eine Zeit des Spielens und Lachens. Eine Zeit, in der junge Menschen behütet von ihren Eltern und anderen wichtigen Bezugspersonen aufwachsen.

Was auf den ersten Blick wie ein gewöhnlicher Spielplatz an einem ungewöhnlichen Ort aussieht, ist mehr: Es ist ein Symbol für eine „heile Kinderwelt“. Denn von diesem Spielplatz führt eine Brücke zu einem weiteren Spielplatz, der nicht „normal“ ist. Hier finden sich die gleichen Spielelemente wie auf dem ersten. Diese aber lassen sich nicht bewegen. Sie bleiben starr. Auf und neben den Spielgeräten sind selbstgemalte Bilder und geschriebene Texte von Kindern zu sehen: „Warum musste Papa sterben und nicht jemand anderes?“ Und ein Kind schreibt: „Wie geht es meiner Mama?“ Andere schreiben: „Wie sieht es im Himmel aus?“ oder „Warum hat Papa das getan?“ Auch auf diesem Spielplatz steht eine Holzskulptur. Doch diesmal trägt das Kind den Erwachsenen auf seinen Schultern. Die Welt der trauernden Kinder wirkt verkehrt, düster, tot. Überall sind Spuren der Trauer zu sehen – keine heile Welt – eine „Trauerwelt“. Verbunden sind beide Welten durch die Brücke. Über sie kommt man in die „Trauerwelt von Kindern“ und von dort auch wieder zurück in die „heile Kinderwelt“.

Barbara Kieferle-Stotz
Trauerbegleiterin

Das Konzept für das Projekt „Kinderwelten“ wurde von Barbara Kieferle-Stotz, der hauptamtlichen Trauerbegleiterin auf dem Hauptfriedhof, entworfen. Ermöglicht hat es der Leiter des Friedhofswesens, Matthäus Vogel. Ziel des Projekts ist es, das soziale Umfeld von trauernden Kindern für deren Gedanken und Gefühle zu sensibilisieren, damit sie einen verständnisvolleren Umgang mit ihnen erlernen. Denn trauernde Kinder leiden nicht nur unter dem Verlust eines für sie sehr bedeutsamen Menschen, sondern auch unter dem Verlust einer unbeschwerten, heilen Kindheit. Im Alltag werden sie immer wieder damit konfrontiert, dass andere Kinder beide Elternteile haben oder alle Geschwister der anderen Kinder leben. Der Schmerz über ihren Verlust ist wie eine Wunde, die sie ein Leben lang begleitet. Irgendwann vernarbt sie und ist doch – mal mehr, mal weniger – für sie spürbar.

„Garten der Erinnerung“ – Wallertheim

Der kleine, landwirtschaftlich geprägte Ort Wallertheim in Rheinhessen zeigte sich für die Ortsbürgermeisterin Karla Martin von seiner schönsten Seite, als Bürgerinnen und Bürger in Eigenregie den „Garten der Erinnerung“ auf ihrem Friedhof schufen. Das war im Jahr 2016. Am meisten hat sie beeindruckt, wie der Friedhof durch das Projekt zu einem Ort lebendiger Kommunikation wurde. Menschen, die regelmäßig zum Friedhof kamen, um ihre Verstorbenen zu besuchen, waren sichtlich froh, andere aus der Dorfgemeinschaft dort anzutreffen. Akteure und Friedhofsbesucher redeten viel miteinander – auch über ihre Trauer. Andere, darunter auch syrische Familien, kamen und packten mit an; sie spendeten Geld, kochten für die Gemeinschaft oder trugen mit Baumaterial und Pflanzen zur Gestaltung einer Miniaturlandschaft bei.

Dazu gekommen war es, weil der Anblick der großen, nicht mehr benötigten Überhangflächen den Charakter des Friedhofs für die Besucher veränderte. Die großen Rasenareale wirkten wenig zur Besinnung einladend. Schwer vorstellbar, dass Menschen diesen Friedhof noch gerne besuchten, um ihren Gedanken nachzugehen oder sich an ihre Toten zu erinnern.

Mit der Dorfplanerin Natalie Franzen entwickelte Karla Martin die Idee, eine Rasenfläche unmittelbar an der Trauerhalle zu einem „Garten der Erinnerung“ umzugestalten. Sie wollten einen Ort entstehen lassen, der Menschen einlädt, über das Leben und seine Endlichkeit nachzudenken.

Die Ortsbürgermeisterin wusste zwar, dass die Gemeinde für so ein Projekt kein Geld hat. Sie kannte aber auch Menschen im Ort, die wussten, wie man so ein Vorhaben umsetzt, und die über die nötigen handwerklichen Fähigkeiten verfügen. Dabei braucht es immer auch Menschen, die als Kümmerer andere mitziehen und begeistern; mit Unterstützung von Pfarrer Ulrich Weisgerber konnte sie Marcus Michel und Hans-Günther Maus von der Idee überzeugen. Beide engagieren sich in der Bürgerinitiative „Wallertheim aktiv“ für die Gestaltung ihres Dorfes. Am 6. Mai 2016 wurde der erste Spatenstich getan. Zu diesem Zeitpunkt gab es einen ersten, ungefähren Plan, der vorsah, die Fläche in zehn Themenareale entlang eines Weges einzuteilen. Und es gab Bürgerinnen und Bürger von der Bürgerinitiative, die unentgeltlich den Garten anlegen wollten. Alles andere entwickelte sich dann im Laufe des Entstehungsprozesses.

Impulse für die Gestaltung ihres Erinnerungsgartens bekamen die Mitwirkenden durch ihr Tun und durch verschiedene Gegenstände und Materialien, die aus der Bevölkerung gespendet wurden. Da blieb es nicht aus, dass die Gruppe sich bei der Arbeit auch gedanklich mit dem Thema Leben und Endlichkeit befasste. Schnell stand fest: In den jeweiligen Bereichen sollten Stationen von der Geburt bis zum Tod symbolisch mit Pflanzen und anderen Materialien dargestellt werden. Auch ein Fluss sollte durch die Landschaft fließen, als Ausdruck für den

Fluss des Lebens. Weil kein Wasser zur Verfügung stand, haben sie das „Flussbett“ mit blauen, in der Sonne glitzernden Steinen gefüllt. Nach und nach entstanden die Namen der verschiedenen Themenfelder. Eines heißt „Heimat“. Auf ihm wurde ein Weinberg angelegt, weil er zu Rheinhessen einfach dazugehört. Weitere Felder tragen den Namen „Frieden“, „Versöhnung“, „Familie“. Am Ende des Weges stehen „Tod“, „Trauer“, „Hoffnung“.

Pfarrer Ulrich Weisgerber lag das Themenfeld „Trauer“ besonders am Herzen. Dort wollte er zum Ausdruck bringen, dass das Zurückdenken nicht nur beglückende Erinnerungen wecken kann, sondern auch unglückliche. Auch schmerzliche Erinnerungen sollten einen Platz im Garten der Erinnerung bekommen. In seiner Rede beim Richtfest Mitte August lädt er ein, mit dem Metall-Künstler Joachim Harbut an der Gestaltung eines Kunstobjektes zu diesem Gefühl zu arbeiten. Zwei Paare fanden sich, und eine Skulptur entstand, die dann in das Themenfeld des Gartens eingefügt wurde.

Der „Garten der Erinnerung“ ist ein Ort, an den Menschen allein oder in Gemeinschaft gehen. Er ist ein Ort, an dem sie Impulse zu Themen des Lebens bekommen – manchmal auch hingeführt mit besinnlichen Worten, wie denen von Gertrud Weisgerber am ersten Totensonntag nach dem Richtfest. Er ist ein Ort der Begegnung. Für die einzelnen Themenfelder haben sich Patinnen gefunden, die sie pflegen und Führungen anbieten. Und er wird von Menschen jeden Lebensalters besucht, weiß Karla Martin. Einmal traf sie eine Gruppe Mädchen dort, etwa sieben bis neun Jahre alt. Sie erklärte den Kindern, dies sei ein Friedhof und da müsse man etwas leiser sein. Eines der Mädchen antwortete ihr: „Das wissen wir, mein Opa liegt hier. Wir haben ihn besucht und sind dann mal durch den Garten gegangen.“

Rede beim „Richtfest" am 13.8.2016 – von Pfarrer Ulrich Weisgerber
(verstorben am 14.5.2017)

Sehr geehrte Damen und Herren,

einen „Leitsatz" zu unserem Engagement für diesen Garten liefert der romantische Dichter Jean Paul: „Die Erinnerung ist das einzige Paradies, aus dem wir nicht vertrieben werden können."

Ich wohne hier in Wallertheim und bin evangelischer Pfarrer. An dem Projekt „Garten der Erinnerung" bin ich weniger mit handgreiflichem Arbeiten als vielmehr mit einigen Ideen beteiligt. Von dem, was alles schon gepflanzt ist, grünt und blüht, können Sie sich nachher beim Rundgang und bei Gesprächen ein Bild machen. Es ist beachtlich, zu welcher Schönheit der Garten bereits gefunden hat.

Ich möchte jetzt vor allem über ein kleines Plätzchen sprechen, das noch nicht gestaltet ist. Der Rundgang durch den Garten der Erinnerung endet mit den drei Feldern „Tod", „Trauer" und „Hoffnung". Auf dem Feld „Trauer" finden Sie außer den Grabsteinen auch mehrere Schiefersteine. Sie liegen da als Platzhalter.

Dort soll das Thema heißen: „Unglückselige Trauer". Das steht quer zu dem eigentlich schönen Gedanken und Lebenserfahrung, dass von Trauer erfüllte Erinnerungen – an Zeitabschnitte und an Menschen und an Orte des Lebens – nicht nur traurig sein müssen, sondern sich auch mit Dankbarkeit verbinden. Wir erfahren vielleicht auch, dass nach einer gewissen Zeit eine Versöhnung stattfindet, Frieden einkehrt.

Aber bisweilen erleben Menschen es ganz anders. Da ist die Erinnerung keineswegs ein Paradies; die Menschen wünschen vielmehr, von bestimmten Erinnerungen überhaupt nicht mehr behelligt zu werden. Sie drängen diese Erinnerungen aus ihrem Leben radikal hinaus; weil die Erinnerungen womöglich nicht auszuhalten sind oder kein Weg zu sehen ist, wie man das Belastende in das eigene Leben einbauen könnte. Das ist unglückselige Trauer.

Mögliche Gründe solchen nicht gelingenden Trauerns gibt es viele: vielleicht eine Fehlgeburt, ein tot geborenes Kind; eine Abtreibung, die in eine zutiefst unglückselige Beziehungsgeschichte gehört. Oder überhaupt eine sehr schmerzhaft beendete Beziehung zu einem Menschen; ein tränendes, ein zerbrochenes Herz; es kann die nicht gelingende Trauer sein über einen toten Menschen aus der Familie, der zu Lebzeiten tyrannisch, gewalttätig war, andere in der Familie verraten, missbraucht oder zu Grunde gerichtet hat;

es kann die unausgelebte Trauer sein, nachdem in der Familie bereits alle Liebe anscheinend erloschen ist und wo Angehörige sich nicht einmal auf dem Friedhof treffen mögen. Es kann der Schmerz darüber sein, dass jemand aus dem Trauerprozess der anderen Familienmitglieder ausgeschlossen worden ist. Es kann die Trauer sein über den Verlust der Heimat oder über geraubte Lebensjahre. Es kann die Trauer sein über jemanden, der verschwunden ist und von dem man keinen Ort weiß; oder über jemanden, der beharrlich jegliche Hilfestellung zurückgewiesen hat und dessen Sterben und Tod noch Jahre später eine Kränkung bedeuten. Es geht in dieser Aufzählung – und das ist ganz wichtig – überhaupt nicht darum, über menschliches Verhalten moralisch zu urteilen. Sondern darum, Respekt vor Lebensgeschichten immer wieder neu zu lernen.

Diese Menschen mit einer unglückseligen, ungeklärten Trauer – vielleicht sind es viel mehr, als wir im ersten Moment denken – sollen hier einen Ort finden. Im Garten der Erinnerung. Vielleicht setzen sie sich ganz still auf eine Bank und fangen hier an, Gefühle und Erinnerungen aufsteigen zu lassen, und beim nächsten oder übernächsten Besuch machen sie sich auf, sie zu sortieren. Vielleicht kommen sie durch einen guten Text oder durch eigenes Nachdenken dazu, sich Unterstützung zu suchen bei jemandem, der sich mit der Seele der Menschen einigermaßen auskennt; der zuhören kann, behutsam gute Fragen stellt und auch das wortlose Schweigen auszuhalten vermag.

Von links:
Gertrud Weisgerber, Marcus Michel, Karla Martin, Ulrich Weisgerber (†), Hans-Günther Maus

Wie dieses Plätzchen im Feld „Trauer" gestaltet wird, wissen wir noch nicht genau. Vielleicht kommen wir aber heute ein Stück weiter in dieser Frage. Bisher gibt es die Idee, dass ein offenes Kunstwerk angemessen sein könnte: vielleicht eine kleine Brücke, die halb fertig ist, aber noch ins Leere weist. Es ist schön, dass Herr Harbut hier ist, ein Kunstschmied.

Wir haben im Vorfeld überlegt: Er könnte einen Anfang machen, und dann gäbe es bei ihm in der Werkstatt in Armsheim einen Workshop für Interessierte, und dort würde in einer gemeinsamen Arbeit an der Skulptur weitergemacht. Im Herbst würde das Werk hier im Garten der Erinnerung aufgestellt werden. Lassen Sie uns nachher an dieser Idee weiterspinnen; und alle, die sich vorstellen können, an diesem Faden dranzubleiben, mögen sich auf einer Liste eintragen.

Es gibt Trauer, die glückt. Es gibt Erinnerungen, die sind wie ein Stück Paradies. Und es gibt viel Gemisch; schon im Rückblick auf eigene Kindheit und Jugend; Erinnerungen an die eigenen Eltern; im Schauen auf das eigene Mutter- oder Vatersein. Nicht um Eindeutigkeit geht es, sondern um Achtsamkeit und Ehrlichkeit, um Respekt. In der Bibel heißt es, dass wir Gott lieben sollen und unseren Nächsten, unsere Mitmenschen, wie uns selbst. Dem soll unser Garten der Erinnerung dienen. Also auch zu einem guten Stück so verstandener Selbst-Liebe. Die ist ja kein Egoismus. Sondern: der Respekt vor einer, nämlich vor meiner eigenen Lebensgeschichte. Der Garten erfüllt seine Aufgaben, wenn er Menschen dazu verhilft, über ihr Leben und seine Geschichte nachzudenken und sich dem anzunähern, dass sie mit sich selbst und anderen und vielleicht auch mit Gott – „im Reinen" sind.

Meine Damen und Herren, ich spreche hier zu Ihnen als christlicher Pfarrer. Die Religionen haben eine natürliche Nähe zur Thematik dieses Gartens der Erinnerung. Deswegen wird es in den kommenden Monaten auch immer mal wieder Angebote geben: zu geführten Rundgängen mit Anleitungen und Anregungen zur Meditation und zum Beten. Dazu gehört dann auch ein Flyer und vielleicht ein kleines Heftchen mit Texten und Bildern, Anregungen zum Nachdenken. Und jetzt möchte ich mit allen, die das mit mir gemeinsam tun wollen, beten: die Worte des Gebetes, das wir Jesus und der jüdischen Tradition verdanken. Dieses Gebet spricht etliche der Themen an, um die es hier geht: das, was wir unbedingt für das Leben nötig haben – heilsame Erinnerungen gehören zum täglichen Brot; die Vergebung und die Vergebungsbereitschaft; das Achten auf Versuchungen, die Fragen nach Gut und Böse und nach einem Grund des Vertrauens. Hörbar mitsprechen oder das Gebet im Schweigen mitbeten oder mindestens im Respekt vor dem Beten anderer zuhören – das erbitte ich jetzt: Vater unser ...

Gezeiten-Café

„Gezeiten-Café" – Ort der Begegnung – Neumünster

Das „Gezeiten-Café" ist ein Zentrum, in dem die Mitarbeitenden auf dem Friedhof Informationen und Beratung anbieten. Zusätzlich besteht die Möglichkeit, bei Kaffee und Kuchen mit anderen Menschen ins Gespräch zu kommen. Die Räume stehen auch als Treffpunkt nach den Beisetzungen zur Verfügung.

Das Gebäude hat der Evangelische Kirchenkreis Altholstein der Stadt zur Verfügung gestellt, damit der Friedhof auch ein Ort der Begegnung sein kann.

In seinem Grußwort zur Eröffnung des Gezeiten-Cafès am 27.11.2011 sagte Propst Stefan Block: „Und nun soll heute das Gezeiten-Café eröffnet werden: ‚Ein Ort zum Wohlfühlen auf dem Friedhof Neumünster' – so verspricht es die Pressemitteilung. Ein Friedhof als Ort zum Wohlfühlen? So etwas erwartet man gemeinhin nicht! Und doch – wenn ein Friedhof eben auch ein Ort der Lebensdeutung und des Gespräches über das, was uns alle unmittelbar angeht, sein kann und sein sollte – was liegt da näher, als dass wir dazu auch einen kommunikativen Ort schaffen? Also ein Café, verbunden mit verschiedenen Möglichkeiten der Beratung, ja sogar der Seelsorge? Ein Ort, wie ich finde, wunderbar integriert in die Gartenlandschaft, von architektonischer Harmonie und doch Schlichtheit, wo spürbar wird, dass wir an einen Gott glauben, der Tote und Lebende miteinander gnädig umfängt?"

Trauerbegleitung

Der Verein für Friedhofs- und Bestattungskultur in Karlsruhe beschäftigt auf dem Hauptfriedhof eine hauptamtliche Trauerbegleiterin. Barbara Kieferle-Stotz bietet mit ihrem ehrenamtlichen Team ein umfangreiches kostenloses Angebot an Einzel- und Gruppenbegleitungen für verschiedene Altersgruppen an. Dazu zählt:

- Krisenintervention und Notfallnachsorge für akut Betroffene
- Vorbereitung und Begleitung von trauernden Kindern und Jugendlichen im Rahmen der Abschiednahme und Trauerfeier
- Trauerbegleitung für Erwachsene, Jugendliche und Kinder
- Geleitete Trauergruppen und Selbsthilfegruppen

Weiterführender Link zur Trauerbegleitung:
www.friedhof-karlsruhe.de/infocenter/die-trauerbegleitung.html

Peter Arndt
RINDENMULCH
60 L

Grabpflegeprojekt für verstorbene wohnungslose Menschen – Wiesbaden

Sie sitzen in Parks, Gartenanlagen und Hauseingängen. Sie betteln. Sie sehen verwahrlost aus. Viele Menschen schauen weg, fühlen sich von ihrem Anblick gestört, wollen nichts mit ihrem Leid und Elend zu tun haben.

Manche Menschen geben ihnen Geld, manche fragen sich, wie sie in eine derartige Situation kommen konnten. Viele verstehen es nicht oder wollen es nicht verstehen. Oft kommen Gedanken auf wie „Die sollten sich mal einen Job suchen, anstatt zu betteln" oder auch „Mir würde so etwas nicht passieren." Dabei ist der Schritt in die Wohnungslosigkeit nicht weit – Jobverlust oder psychische Erkrankungen können die Ursache sein, und sie können uns alle treffen. Angestellte, Selbstständige, Beamte, Menschen ohne Schulabschluss oder mit Doktortitel. Oft folgen die Trennung von Familienangehörigen, Scheidung, schließlich Verschuldung und der Verlust der Wohnung.

Manche von ihnen haben einen Hund dabei. Sind dies die einzigen treuen Begleiter, die ihnen bleiben? Haben sie keine Freunde, keine Menschen, die sie berühren, ihnen Zuwendung und Nähe geben, mit ihnen sprechen, über Belangloses, über Wichtiges, über Alltägliches? Wohnungslos zu sein bedeutet, dem Tod jeden Tag ins Auge zu blicken. Das Leben auf der Straße ist gefährlich für die Gesundheit und für das Leben. Wer kümmert sich um Menschen an der Kante?

Man fällt viel schneller, als man wieder aufsteht!
Das ist die Erfahrung von Herrn P. Als ehemaliger Wohnungsloser weiß er, wovon er redet. Er hat vieles gesehen, was andere oft nicht sehen. Im Übergangswohnheim des regionalen Diakonischen Werkes in Wiesbaden hat er Menschen gefunden, die ihm die Chance gaben, neu anzufangen. Er weiß, wie wichtig es ist, dass andere sich um einen kümmern. Deshalb macht er mit großer Begeisterung beim Grabpflegeprojekt des Übergangswohnheims mit.

Im Übergangswohnheim des regionalen Diakonischen Werkes Wiesbaden hat man sich dieser Aufgabe angenommen: Im Jahr 2009 wurden Pläne entwickelt, sich um den würdevollen Umgang mit den verstorbenen wohnungslosen Menschen in Wiesbaden zu kümmern. Denn die Bewohner des Übergangswohnheims äußerten häufig Ängste vor dem Versterben: Wer erinnert sich an mich, wer pflegt mein Grab, stellt eine Kerze darauf? Die Einsamkeit, die sie im Leben oft erfahren, wollten sie nicht mit in den Tod nehmen.

Seit 2010 gehen die wohnungslosen Menschen des Übergangswohnheims mit der dort arbeitenden Hauswirtschafterin auf die Friedhöfe in Biebrich, Dotzheim und auf den Südfriedhof Wiesbaden und pflegen rund fünfzig Gräber. Anhand der Besucherlisten und Friedhofsverzeichnisse hat die Hauswirtschafterin zuvor nach den Grabstätten geschaut und diejenigen Gräber von früheren Besuchern der Teestube oder Bewohnern des Übergangswohnheims notiert, um die sich niemand kümmert. Mit allen wohnungslosen Menschen wird über dieses Projekt gesprochen, und viele helfen mit. Zu wissen, dass sie nicht vergessen werden, ist ihnen sehr wichtig. Dazu stellen sie in der Werkstatt Holzkreuze mit Namen sowie Grabrahmen her, setzen diese auf und um die Gräber, bestreuen sie mit Erde und Mulch und bepflanzen sie mit Blumen und Pflanzen.

Außerdem gibt es einmal im Jahr einen Gedenkgottesdienst der beteiligten evangelischen Kirchengemeinden in Wiesbaden. Die Kollekte wird an diesem Tag für das Grabpflegeprojekt gesammelt, das ausschließlich aus Spenden finanziert ist.

Bei Bestattungen durch das Sozial- oder Ordnungsamt wird in der Regel nur das erste, einfache Holzkreuz übernommen, die Grabpflege jedoch nicht. Leider hat das Bundessozialgericht diese in vielen Städten gängige Praxis bestätigt und 2014 festgestellt, dass die Grabpflegekosten nicht zu den Kosten der Sozialbestattungen gehören, weil sie nicht in unmittelbarem Zusammenhang mit der Bestattung stehen.

Ob diese Rechtsprechung vor unserer Verfassung, die einen würdigen Umgang mit den Verstorbenen gebietet, bestehen kann, ist fraglich. Bei Besuchen auf Friedhöfen fallen öfter solche Gräber auf, bei denen das Holzkreuz zerstört, umgefallen oder nicht mehr vorhanden ist oder die insgesamt verwahrlost sind. Kirche und Diakonie ist es ein ureigenes Anliegen, für die Rechte benachteiligter Menschen im Leben wie im Tode einzutreten. Eine Debatte darüber, welche Kosten der Staat und damit die Gesellschaft für die Grabpflege verstorbener Menschen und damit für den würdigen Umgang mit ihnen ausgeben will, sollte immer wieder von Kirche und Diakonie angestoßen und aktiv begleitet werden. Denn aus der Begleitung von sterbenden Menschen und trauernden Angehörigen und Freunden wissen wir, wie wichtig ihnen eine würdevolle Bestattung und Erinnerung ist.

Einstweilen bleibt Kirche und Diakonie selbst die Aufgabe, sich um die würdige Erinnerung verstorbener Menschen zu kümmern, nach denen Angehörige und der Sozialstaat nicht fragen – das Grabpflegeprojekt des regionalen Diakonischen Werkes Wiesbaden ist ein wunderbares Beispiel dafür.

Weiterführender Link:
www.dwwi.de/de/106026-Grabpflege-Projekt

Friedhofsmobil

Ältere und gehbehinderte Menschen haben es aufgrund ihrer körperlichen Beeinträchtigungen manchmal schwer, zum Grab ihrer Verstorbenen zu kommen. Die Wege sind mitunter auch weit. Manche haben eine kleine Rente und können sich kein Taxi leisten. Einige kirchliche Friedhöfe bieten darum mittlerweile einen kostenlosen Fahrservice an. In Neumünster kommt ein Mitarbeiter vom Friedhof und holt die Menschen zu einem zuvor telefonisch vereinbarten Zeitpunkt von zu Hause ab. Das Elektrofahrzeug bringt sie dann direkt zum Grab, das sie besuchen wollen. Wenn gewünscht und erforderlich, sind die Friedhofsmitarbeiter auch bei kleineren Arbeiten behilflich, z. B. beim Gießen der Pflanzen.

In Bad Homburg hat die Friedhofsverwaltung Eckhardt für die Besuche auf dem Evangelischen Friedhof am Untertor und auf dem Katholischen Friedhof ein Auto gespendet. Ein Mitarbeiter des Unternehmens leistet ehrenamtlich diesen Fahrdienst (www.friedhof-mobil.de).

Hans-Martin Gutmann

Weicht, ihr Trauergeister …

Die Wahrnehmung des Todes und die Aufgabe der evangelischen Bestattung
Von Hans-Martin Gutmann

1 Wer stellt die Aufgabe?

Um eins deutlich zu sagen: Es ist nicht der Markt, der die Aufgabe für die evangelische Bestattung stellt. Der Siegeszug marktökonomischen Denkens in der Kirche Jesu Christi hat mittlerweile Dimensionen erreicht, die vor zehn Jahren noch völlig unvorstellbar gewesen wären. Evaluation, Qualität, Controlling, Leitbilder, MitarbeiterInnen-Gespräche: in den Kirchen wird mit einer gewissen Zeitverzögerung gegenüber Wirtschaftsunternehmungen, dafür aber mit umso größerer Identifikation betriebswirtschaftliches Denken und Management-Kalkül zum Muss. Selbst dort, wo nicht bewusst und ausdrücklich auf das Arsenal aus Management-Kochbüchern zurückgegriffen wird, verrät die Rede von ‚kirchlichen Angeboten', die gegenüber anderen ‚Anbietern' konkurrieren können sollen, dass diejenigen, die so sprechen, gegenüber den kirchlichen und Lebens- und Handlungsvollzügen eine Außenperspektive einnehmen. Wer die Aufgabe der kirchlichen Bestattung stellt, ist bei einer solchen Redeweise immer schon entschieden: Es ist der Markt in Angebot und Nachfrage, Konkurrenz und Marktverdrängung.

Ich halte diese Orientierung und das sie begleitende Lebensgefühl für unangemessen, soweit es die Lebensvollzüge der Kirche Jesu Christi angeht. Darüber ist hier im Einzelnen nicht zu debattieren. Es gibt aber kaum ein Feld, auf dem die Rede von Produkt, Kunde, Unternehmen so unangemessen ist wie im Hinblick auf die evangelische Bestattung. Diese Redeweise ist auch in anderen kirchlichen Zusammenhängen fraglich. Kunden wären z. B. GottesdienstbesucherInnen, Seniorenkreismitglieder, KonfirmandInnen, das Produkt wäre die Auferstehung Jesu Christi, die Versöhnung der Menschen mit Gott im Kreuz des Jesus von Nazareth. Was die evangelische Bestattung angeht, wären die Kunden die trauernden Hinterbliebenen – wir wollen aus Gründen der Pietät annehmen, dass nicht die Verstorbenen gemeint sind.

Wer stellt die Aufgabe für die evangelische Bestattung? Es ist nicht der Markt. Selbst wenn wahrgenommen wird, dass die seelsorgerliche Begleitung von Sterbenden und Trauernden, auch die Feier kirchlicher Bestattungen heute im Gegenüber zu konkurrierenden Gestaltfindungen in diesen Feld ihre eigentümliche Gestalt finden müssen. Es gibt gegenwärtig ein vielfältiges Angebot an Trauerbegleitung, Trauergruppen, Trauerseminaren. Es gibt Bestattungsunternehmen, die mit Erfolg und Kompetenz Räume anbieten, in denen Hinterbliebene ausführlich von ihren Verstorbenen Abschied nehmen können.

Gegenüber all diesen Entwicklungen gilt, denke ich, das Postulat einer nicht-anbiedernden Wertschätzung. Wir sollten doch froh sein, dass es vielfältige und kompetente Angebote in diesen für menschliche Lebenspraxis und -geschichte zentralen Feldern gibt. Wieso soll die Kirche dies als Zurückstufung erfahren? Die Aufgabe der evangelischen Bestattung wird nicht von außen gestellt, nicht von anderen Anbietern auf diesem Markt. Sie wird durch die konkreten Anderen gestellt: durch die trauernden Menschen, durch die Verstorbenen, die als getaufte Glieder am Leib Christi die gottesdienstliche, seelsorgerliche und diakonische Begleitung der Kirche brauchen und in Anspruch nehmen können sollen. Nicht-anbiedernde Wertschätzung meint: Vom jeweils Anderen kann gelernt werden, und zugleich soll die Gestalt des Eigenen im Gegenüber zum sorgfältig wahrgenommenen Anderen ausgeprägt werden. Mir scheint die Einsicht wichtig, dass diejenigen, die in der evangelischen Bestattung zu handeln haben, die Vergegenwärtigung von Philipper 1,21 – „Christus ist mein Leben und Sterben ist mein Gewinn" eben nicht als ökonomische Konkurrenz gegenüber nicht-kirchlichen Anbietern verstehen.[1]

2 Die Situation: der Kontext der Aufgabe einer evangelischen Bestattung

Die evangelische Bestattung ist in einen Prozess eingebunden, der die kirchlichen Amtshandlungen zur Begleitung in Lebenskrisen insgesamt erfasst hat. Kirchliche Ritualangebote werden zunehmend unselbstverständlich. Dies gilt entgegen landläufiger Meinung auch für die kirchliche Bestattung.[2] Vor diesem Hintergrund sind Angebote mancher privater Bestattungsinstitute bemerkenswert, in denen Hinterbliebenen ein Raum und vor allem auch eine Zeit für einen ausführlichen Abschied von ihren Verstorbenen gewährt werden. Angehörige und auch Freunde erhalten die Chance, für mehrere Tage mit der Verstorbenen zusammen zu sein, mit ihr zu sprechen, alltägliche Interaktionen und bisweilen auch familiale Feste noch einmal zu teilen. Gegenüber den Verschiedenen kann Dank für geteilte gute Zeit ebenso ausgesprochen werden wie dunkle Gefühle – Wut, Zorn und Trauer. Solche Angebote von Bestattungsinstituten füllen eine Lücke aus, die offenbar bisher zu wenig wahrgenommen wurde. Sie treffen auf ein dringendes Bedürfnis von Hinterbliebenen.

Zum Kontext der evangelischen Bestattung gehört, dass insbesondere auf großstädtischen Friedhöfen die Arbeitsbedingungen für alle Beteiligten prekär sind. Sie begrenzen die Möglichkeiten, die die Bestattungsagenden vorgeben. Der dreigliedrige Weg der evangelischen Bestattung – von der Aussegnung im Hause der Toten über die gottesdienstliche Feier hin zur Feier am Grabe[3] – wird oft nahezu unmöglich gemacht. Auf manchen großstädtischen Friedhöfen folgen Bestattungen im 20-Minuten-Takt auf einander. Damit wird das Ritual in einer Weise eingeschränkt, dass theologisch reflektierte Gestaltungsmöglichkeiten verloren gehen. Dies umso mehr, weil in dieser hochbrisanten Situation Perspektiven und Interessen ganz unterschiedlicher Gruppen (PfarrerIn und Bestatter, Musiker, Totengräber, Trauernde und oft auch die bereits auf die nächste Bestattung wartende Gruppe von Hinterbliebenen) miteinander koordiniert werden müssen.

Zur Situation der evangelischen Bestattung gehört, dass Rituale in der spätmodernen Gesellschaft überhaupt einem Wandlungsprozess unterliegen. Sie sind weniger regelgebunden als in früherer Zeit. Rituale, in denen traditionell „Schwellen-Situationen" begehbar werden[4] (in drei Phasen: Verlassen eines eingespielten Lebenszusammenhanges; ‚liminale' Phase; Angliederung an eine neue Lebenssituation), gewinnen in der Moderne hohe Freiheitsgrade in der Gestaltung. Vielfach übernehmen zudem andere gesellschaftliche Orte – wie beispielsweise Fußball, Kino oder Werbung – die Aufgabe, die ausgearbeitete religiöse Rituale früher einmal innehatten.

Es gibt in großer Vielfältigkeit auch Rückwirkungen von ‚liminoiden' Situationen, wie der Ethnologe Turner solche populärkulturellen Rituale im Unterschied zu den ursprünglichen ‚liminalen' Ritualen nennt, auf diese selber. Dies gilt auch für die Bestattung. In Musikauswahl, Körperpräsentation und Kleidung treffen bisweilen unterschiedliche Teilkulturen und Milieus mit ihren Lebensgefühlen und -praxen aufeinander. PfarrerInnen haben z. B. Schwierigkeiten, Musikwünsche von Menschen aus dem „Harmoniemilieu" zu verstehen, die – in ihren Augen – rührselige Schlager auswählen, um eine Raum-Gestalt für ihre Trauer zu finden. Es gehört zur theologischen und vor allem seelsorgerlichen Kompetenz von PfarrerInnen, in solchen Konflikten nicht eigenes Lebensgefühl und eigene Geschmacksurteile mit theologisch verantwortbaren Entscheidungen zu verwechseln.[5]

Zur Situation der evangelischen Bestattung heute gehört auch eine Veränderung in der Wahrnehmung von Sterben und Tod selber. Mit einer explosionsartigen Erweiterung des medizinischen Wissens (man denke nur an die Transplantationsmedizin) hat sich auch die Grenze verschoben, von der an ein Mensch im biologischen Sinne als tot gilt. Die gegenwärtig wirkmächtigste Grenzziehung beim sog. Hirntod (vollständiger und irreversibler Funktionsausfall des Hirns einschließlich des Hirnstamms) trägt zur Unsicherheit über die Grenze zwischen Leben und Tod bei. Denn weil durch die Entwicklung neuer Reanimationstechniken hirntote Menschen ins Leben zurückgeholt werden können, werden Merkmale des Todes außer Geltung gesetzt, die bis dahin als sichere Wahrnehmungskriterien galten. Besonders brisant ist die Situation, wenn die Organe eines für tot erklärten Menschen für eine Transplantation vorgesehen sind und auch bei eingetretenem Hirntod vegetative Funktionen am Leben erhalten werden. Gerade alltäglich vertrauten Menschen fällt es schwer, den Sterbeprozess eines hirntoten Menschen zu realisieren. Weil ihr Herz-Kreislauf-System künstlich aufrechterhalten wird, wirken sie lebendig. Sie atmen, ihr Herz schlägt, die Haut ist durchblutet, vitale Funktionen bleiben intakt. Hinterbliebene müssen den ihnen erklärten Eintritt des Todes entgegen eigener Wahrnehmung glauben.

Ein ethisch brisantes Problem tut sich dann auf, wenn angesichts begrenzter Kapazitäten und ökonomischer Ressourcen in der Intensivmedizin aus ökonomischen Kalkül entschieden werden müsste, welche Menschen für lebensverlängernde Maßnahmen in Frage kommen. Ärzte und Pflegepersonal werden angesichts knapper werdender Ressourcen Fragen nach dem biologischen Alter des Betroffenen, seiner Lebensgeschichte, der bisherigen und voraussichtlichen Lebensqualität, seiner Grundkrankheit, seinem Akutzustand und seiner Prognose stellen. Es ist aus Sicht einer christlich-protestantischen, an der Rechtfertigungsverheißung orientierten Ethik höchst problematisch, wenn aus ökonomischen Überlegungen die (in diesem Falle lebenserhaltende) Wertschätzung von Menschen auf das reduziert wird, was nach gesellschaftlich gerade gültigen Maßstäben als gesund oder krank, was zudem als ‚Lebensqualität' gelten soll.

Die Unsicherheit über die Grenze zwischen Leben und Tod hat sich in jüngster Zeit im Zusammenhang der Debatte um die Legitimation der Sterbehilfe verschärft. Hier ist nicht leicht zu urteilen. Gehört es grundlegend zur Würde des Menschen, sich gegen lebensverlängernde

Maßnahmen entscheiden zu können, wenn dadurch Heilung nicht zu erwarten ist und der Tod lediglich verzögert wird (so die verstorbene Sozialministerin des Landes Brandenburg, Regine Hildebrandt, und der ehemalige Bundespräsident Gustav Heinemann)? Die Gegenposition hat gerade in Deutschland und vor dem Hintergrund der mörderischen jüngeren Geschichte unseres Landes schwerwiegende Gründe auf ihrer Seite. Die Erinnerung an die Euthanasie-Programme der Nazis – ‚Euthanasie' ist ein verlogenes Wort für den verordneten Massenmord an Behinderten, Kranken und leistungsunfähigen Menschen – zwingt dazu, die Annahme für realistisch zu halten, dass – entsprechende politische Kontextbedingungen vorausgesetzt – eine Grenzüberschreitung in Richtung legalisierter Tötung aus ganz anderen politischen und ökonomischen Interessen eröffnet werden könnte, als die Befürworter einer Legalisierung von Sterbehilfe vor Augen zu haben.

3 Eine evangelische Perspektive auf Sterben und Tod und die Aufgabe der Bestattung

In diesen Verunsicherungen über die Grenze zwischen Leben und Tod – sie werden durch großtechnologische und industrielle Großprojekte wie die Gen- und Reproduktionstechnologien noch einmal verschärft – ist für die Kirche Jesu Christi Deutlichkeit die gebotene Aufgabe – Deutlichkeit im Weitererzählen und -feiern der eigenen Erzähltradition, die ja nicht „eigen" im Sinne von selbst verantwortet sein kann, sondern mit der ganzen Heiligen Schrift der Bibel gegeben und aufgegeben ist. Deutlichkeit ist hier vor allem gefordert in der Weise, wie die Grenze zwischen Leben und Tod in christlicher Perspektive zur Geltung gebracht wird. Die symbolischen und sozialen Ordnungen des Sterbens und Lebens, in die Christenmenschen eingebunden sind, sind andere als die biologischen Ordnungen. Anders formuliert: Christen leben im Glauben in einer Wirklichkeit, die durch die biologische Lebensgrenze nicht abgebrochen wird. Die Begegnungen der Jünger und Jüngerinnen des Jesus von Nazareth mit dem Auferstandenen, die sich im Auferstehungsglauben der christlichen Gemeinden und Kirchen fortsetzen, sind ein Geschehen der Ein-Körperung der Menschen, denen dies widerfährt, in eine gegenüber ihrem bisherigen Leben und seinen alltäglichen Vollzügen vollständig andere Sozialität im Leib Christi.

Der Apostel Paulus hat im 1. Korintherbrief darauf bestanden, dass dieses Geschehen alle konkreten menschlichen Vorstellungsmöglichkeiten übersteigt. Er formuliert in Negationen, in Aufhebung dessen, was uns als Menschen alltäglich vertraut ist, und besteht doch zugleich auf der Leiblichkeit dieses Geschehens. Auferstehung geschieht dem ganzen Menschen, als Leib und Geist, aber in einer mit menschlich-alltäglichen Möglichkeiten nicht vorstellbaren, sondern alles Vorstellbare und Denkbare aufhebenden Weise (1 Kor 15,42 ff): eine Verwandlung aller bekannten und vorstellbaren Formen menschlicher Körperlichkeit. Der biologische Körper des Menschen wird mit dem Tod dem Prozess der Verwesung übergeben, genauso wie seine soziale, wirtschaftliche, politische und kulturelle Existenz – nach einer Phase des Erinnerns im kulturellen Gedächtnis vertrauter Menschen – im Regelfall an Konturiertheit und Deutlichkeit verlieren und im Laufe der Zeit verblassen wird. Aber Paulus spricht über Auferstehung nicht als

Aufhebung im Sinne eines Verschwinden-Lassens der Leiblichkeit des Menschen. Die Verwandlung geschieht nicht nur einem wie auch immer gedachten ‚Innern' des Menschen, das man sich als Geist oder Seele oder anders vorstellen kann, sondern dem ganzen Menschen in seiner Einheit von Leib, Seele und Geist.

Um das Neue des Verwandelten zu bezeichnen, spricht Paulus jetzt vom ‚geistlichen Leib' des Menschen. Damit ist nicht eine entkörperlichte, quasi sphärische oder ätherische Existenz gemeint, sondern vielmehr ein Subjektwechsel, der zugleich als Machtwechsel beschrieben werden muss. Der Geist Gottes als die dem menschlichen Leben zugewandte, ihn ergreifende und ihm begegnende Seinsweise Gottes, und nicht mehr die Selbstreflexion und -tätigkeit des menschlichen Individuums ist Subjekt des durch Auferstehung verwandelten ‚geistlichen Leibes'. Die Jünger und Jüngerinnen des Jesus von Nazareth, die dem Auferstandenen begegnen, aber auch die Christen, die sich in späteren Jahrhunderten taufen lassen und Abendmahl feiern und ihr Leben vom Glauben an den Gekreuzigten und Auferstandenen bestimmen lassen, gewinnen selbst an ihm Anteil. Um die vollendete Intimität, ja Ein-Körperung der Christen in diese Beziehung zur Sprache zu bringen, hat Paulus von der Gemeinschaft der Christen als dem ‚Leib Christi' gesprochen (Röm 12,3 ff; 1 Kor 12,12 ff).

Der Machtbereich, in den die Christen eintreten und an dem sie durch die Taufe, im Abendmahl und im Lebensvollzug des Glaubens Anteil gewinnen, ist von einer solch durchdringenden Kraft, dass alle Ordnungen und Grenzen entmächtigt werden, die ihr soziales Alltagsleben bestimmen – und die ja auch durch die Zugehörigkeit zur christlichen Gemeinde als dem Leib Christi nicht ‚weg' sind. Solange sie leben, bleiben die Christen in Geschlecht, sozialem Status, Nationalität in die jeweils existierenden Ordnungen eingebunden.

Dies hat Konsequenzen für ein evangelisches Verständnis der Grenze zwischen Leben und Tod, das in die gegenwärtige Debatte eingebracht werden muss. Das neutestamentliche Verständnis von Taufe als Übergang vom Tod zum Leben hat in der Alten Kirche, aber auch in der Reformation eine Gestalt gefunden, diesen Transitus rituell und lebensgeschichtlich zu begehen. Welche Konsequenzen hätte es, wenn diese Anschauung von der Taufe heute nicht als uneigentliche Rede interpretiert, sondern als Neubestimmung der Grenze zwischen Leben und Tod ernsthaft realisiert würde? Dies schlösse ebenfalls ein zu realisieren, dass durch die Taufe eine Grenze zwischen Leben und Tod gezogen wird, die quer zu den eingespielten biologischen und sozialen Vorstellungen von dieser Grenze verläuft. Wer getauft wird, geht über die Grenze vom Tod zum Leben (Röm 6,4 f). Er/sie wird in eine Sozialität inkorporiert, die gegenüber allen alltäglichen Sozialitäten vollständig anders ist, in denen Menschen ihre Rollen zu spielen haben – in familialen und lebensweltlichen Face-to-Face-Beziehungen, aber auch in ökonomischen und politischen Systemen. Wenn Menschen getauft werden, werden sie in den Leib Christi einverleibt. Und weil sie zugleich, solange sie leben, in ihren alltäglichen Rollen bleiben – als Vater oder Computertechnikerin, Bäcker oder Friseurin, Bundeskanzler oder Sozialhilfeempfängerin –, werden alltägliche Sozialitäten von der Sozialität des Leibes Christi nicht aufgehoben, sondern durchdrungen: Sie werden in ihren Machtansprüchen relativiert und durch den Kommunikationsfluss der neuen Sozialität in heilsamer Weise verändert. Dieser gegenüber alltäglichen Lebenswelten und Systemen anderen Sozialität des Leibes Christi gehören Lebende *und* Tote an. Aus der ‚Gemeinschaft der Heiligen' wird nicht ausgeschlossen, wer die biologische Lebensgrenze überschreitet.

‚Leib Christi', die ‚Gemeinschaft der Heiligen', der ‚Tempel' bzw. das ‚Haus Gottes': bereits auf der Sprachebene der neutestamentlichen Texte sind es symbolische Gestalten, in denen die gegenüber allen alltäglichen Bezügen andere und deshalb mit den alltäglichen sprachlichen Kompetenzen prinzipiell unsagbare Sozialität wahrgenommen wird. Die Einsicht in den symbolischen Charakter ihrer Vergegenwärtigung muss allerdings keinesfalls eine Derealisierungsstrategie einschließen. Diejenigen, die hier zu handeln haben, sollen diese Wirklichkeit realisieren (‚glauben'). Sie sollen in Wahrnehmung und Respekt, aber auch in aller Deutlichkeit gegenüber anderen Sinnsystemen diese Erzähltradition vertreten (‚Klärungen'). PfarrerInnen und andere Mitarbeitende in der Kirche, aber auch andere Christenmenschen, die in diesen Feldern tätig sind – in der Seelsorge von Trauernden, in der Begleitung von Sterbenden und in der Gestaltung von Trauerfeiern und Bestattungsgottesdiensten –, würden dann mit erheblich erweiterter Kompetenz arbeiten. Sie würden vermutlich von Menschen, die ihre Begleitung brauchen, stärker als Hilfe erfahren. Nicht zuletzt wäre der Passageritus, den die evangelische Kirche zur Begleitung des Statuswechsels vom Leben zum Tod – und für die Hinterbliebenen hin zu einem neuen Leben ohne alltägliche Interaktion mit der/dem Verstorbenen – anbietet, machtvoller, tröstlicher und plausibler: die evangelische Bestattung.

Die Wahrnehmung der Grenze zwischen Leben und Tod in evangelischer Perspektive beinhaltet auch Konsequenzen für die Beziehung zwischen Lebenden und Toten. Die Erfahrung solcher Beziehungen ist gegenwärtig kein Spezifikum der Zugehörigkeit zur christlichen Kirche. Ich gebe einige Beispiele:

> In einer süddeutschen Großstadt ist ein bekannter Rechtsanwalt plötzlich verstorben. Seine Familie hat sich kaum von ihm verabschieden können. Wie der Mann, so war auch die Ehefrau nicht kirchlich gebunden. Sie hielt sich auch sonst für wenig religiös. Etwa ein halbes Jahr nach der Bestattung bekommt sie Besuch von einer älteren Dame, die sie noch nicht gesehen hat. Diese Frau stellt sich vor als ehemalige Mitarbeiterin im Büro ihres Mannes. Sie werde davon gequält, dass sie schon seit Wochen Nachrichten von dem Verstorbenen an seine Frau erhalte. Die Ehefrau des Verstorbenen zögert, lässt sich aber dann doch auf ein Gespräch ein. Es stellt sich heraus, dass der Inhalt der Nachrichten, die die Frau übermitteln soll, so präzise auf die Lebensumstände des Verstorbenen und seiner Familie zutrifft, dass die Ehefrau in große innere Unruhe gerät. Zum großen Teil sind es Aufträge, die liegen geblieben sind und die sie für den Toten noch erledigen soll: Briefe sind noch zu schreiben, Rechnungen zu bezahlen, Gespräche zu führen. Das Phänomen lässt erst nach einigen Wochen wieder nach. Die Frau kommt nur noch seltener und schließlich gar nicht mehr.

Ein Theologiestudent aus Korea, der dort schon als evangelischer Pastor gearbeitet hat und jetzt in Deutschland seine Dissertation schreiben will, fährt nach Hause, nachdem er die Nachricht vom Tod seines Vaters erhalten hat. Er übernachtet im Hause der Eltern. Mitten in der Nacht wacht er auf, weil er im Haus einen lauten Krach hört. Er merkt, dass das Haus in den Grundfesten erschüttert wird. Das Getöse dauert einige Minuten und hört dann wieder auf. Am nächsten Morgen spricht der junge Mann mit seiner Mutter über den Vorfall. Seine Mutter ist Schamanin. Sie berichtet ihm von einer Begegnung mit dem Totengeist ihres Ehemannes, seines Vaters. Der junge Theologiestudent hat sich von den schamanischen Traditionen seiner Mutter lebensgeschichtlich getrennt. Er glaubt nicht an Totengeister. Umso überraschter und erschütterter ist er, dass er Phänomene, die er für irreal bzw. nicht existent hält, dennoch erlebt hat.

Eine junge Frau trauert um ihren Liebsten. Nur wenige Tage vor der geplanten Hochzeit ist er bei einem Autounfall ums Leben gekommen. Obwohl der Abschied schon bald ein Jahr zurückliegt, ist die Beziehung immer noch sehr lebendig. Die Frau spricht mit dem Verstorbenen, und manchmal sind die Begegnungen so intensiv, dass sie den Eindruck hat, ihn wirklich als Gegenüber zu hören und wieder zu sehen. Die Familie und Freunde machen sich Sorgen um die psychische Gesundheit der Frau. Aber für sie selbst sind diese Begegnungen mit dem Toten eher ein Kraftreservoir. Er bleibt Teil ihres Lebens. Sie wünscht sich allerdings, dass sie von diesen Begegnungen nicht ‚überfallen' wird, sondern dass sie dann eintreten, wenn sie das selbst möchte.

Solche Erfahrungen sind keine Einzelfälle, und sie stehen im Kontext verbreiteter, je unterschiedlicher Erwartungsmuster. In bestimmten Szenen unserer Gesellschaft entfaltet der Gedanke einer Begegnungsmöglichkeit mit Verschiedenen große Faszination, nicht nur in Lebenswelten, in denen Menschen von esoterischen Phänomenen fasziniert sind. Hinzu kommen massenwirksame populärkulturelle Phänomene: Hollywood-Filme und Fernsehsendungen, die genau dies zum Thema haben und offenbar das Lebensgefühl vieler Menschen ansprechen, erreichen Millionen. In den evangelischen Kirchen bleibt diese Frage eher tabuisiert. Anders als in vielen Gesellschaften weltweit hat zumindest in der protestantisch geprägten Lebenswelt unserer Kultur die Einstellung den Status einer unbestreitbaren Lebensgewissheit erhalten, dass Begegnungen mit den Toten ausgeschlossen sind und dass Menschen, die so etwas erleben, am ehesten psychotherapeutische Hilfe nötig haben.

Diese Selbstverständlichkeit ist aber kulturgeschichtlich ein verhältnismäßig neues Phänomen. In vielen Völkern der Erde ist die Beziehungsmöglichkeit zwischen Lebenden und Toten selbstverständlich. Es geht eher darum, durch religiöse Riten, Gaben und dankbare und gehorsame Lebensführung diese Beziehung so zu gestalten, dass die dunklen Seiten ihrer Ambivalenz nicht übermächtig werden. In Mythen und Ritualen solcher Kulturen ist das Lebensgefühl präsent, dass die Begegnungsmöglichkeit mit den Toten keinesfalls nur eine lebensförderliche Angelegenheit ist, sondern auch eine zerstörende, für die Lebenden bedrohliche Seite hat, die durch Aufmerksamkeit in der Beachtung ritueller Vorschriften gebannt werden muss.

Gerade gegenüber dem Ahnenkult ist eine christliche Antwort auf die Beziehungsgestalt zu den Verschiedenen, wie sie hier begangen wird, in einer differenzierteren Weise notwendig, als dies in einer langen Geschichte von Abwehr und Bekämpfung weithin eingespielt war und ist. Sie könnte deutlich machen, dass in Kreuz und Auferstehung Jesu Christi zerstörerische, weil grundlegend überfordernde Aspekte in Reziprozitätsvorstellungen zwischen Lebenden und Toten aufgehoben sind:[6] Als blieben Lebende verpflichtet, Gaben, die ihnen von den Verschiedenen gegeben wurden, „zurückzuzahlen". Von solchen Vorstellungen sind Christenmenschen in dem Bekenntnis befreit, dass in Christus alle Rückgabeforderungen der Gottheit, die sich im Opferkult ausgeprägt haben, aufgehoben sind: „Dieser hat ein Opfer für die Sünden dargebracht …, mit einem Opfer hat er für immer die vollendet, die geheiligt werden" (Hebr 10,12–14) Damit ist eine Beziehungsgestalt zwischen Lebenden und Toten in der „Gemeinschaft der Heiligen", im „Leib Christi" eröffnet, die von Verschuldungsvorstellungen und Rückgabeverpflichtungen frei ist – keineswegs aber ist diese Beziehung selber bestritten: Der Gemeinschaft der Heiligen gehören nach neutestamentlichen Zeugnis (z. B. 1 Thess 4,13 ff) Lebende und Tote an.

Im westlichen Protestantismus ist kaum eine Lebens- und Glaubenseinsicht der Reformatoren für Lebensgefühl und -gestalt alltäglicher und religiöser Praxen so wirkungsvoll gewesen wie die Meinung, dass lebende Menschen für die Toten nichts tun können. Mit der Reformation ist das Arsenal von Handlungsmöglichkeiten, das die römische Kirche zwischen Seelenmessen, Vigilien, Reliquienkult und Gedenktagen für die Gestaltung der Begegnungsmöglichkeit zwischen Lebenden und Toten angeboten hat, außer Kraft gesetzt worden. Die Wahrnehmung der unaufhebbaren Grenze zwischen Mensch und Gott, menschlichen Handlungsmöglichkeiten und göttlicher Macht ist zweifellos nötig um der Ehre Gottes und um des Heils der Menschen willen. Ich stelle aber in Frage, dass mit der rigiden Ausgrenzung jeder Begegnungsmöglichkeit zwischen Lebenden und Toten die Intention der Reformatoren angemessen aufgenommen wird. Auch Martin Luther ging es eher darum, die destruktiven und größenwahnsinnigen Anteile menschlicher Phantasien und Handlungsabsichten in diesem Feld in heilsamer und befreiender Weise einzudämmen.

Zudem könnte mit dieser protestantisch weithin geläufigen Selbstverständlichkeit eine gesellschaftliche Großentwicklung bewusstlos verdoppelt werden, die das Leben in den westlichen Metropolen der Spätmoderne in vieler Hinsicht unlebendig macht, aber auch in seinen Lebensgrundlagen gefährdet. Der französische Sozialphilosoph Jean Baudrillard hat die Überlegung geäußert, dass der Ausschluss der Toten aus dem gesellschaftlichen Verkehr als Grunddatum einer immer unaufhaltsameren Entwicklung angesehen werden muss, durch die nach und nach alles Leben entleert wird. Mit dem Ausschluss der Toten aus dem gesellschaftlichen Verkehr ist das Modell für alle späteren gesellschaftlichen Ausgrenzungsprozesse gegeben – in sozialer Perspektive der Ausschluss der Armen und Irren, aber auch die Verbannung der Feste, der ekstatischen Zeiten, der Heiligen und der Märchengestalten, die Verdrängung letztlich auch der ökonomisch überflüssigen rituellen und symbolischen Lebenspraxen der Religion, mit einem Wort: die Verbannung des gesamten symbolischen Reichtums einer Gesellschaft.[7]

Gerade in der protestantischen Frömmigkeits- und Theologietradition hat es immer wieder Mühe gemacht, die Kommunikation zwischen Lebenden und Toten positiv zu würdigen oder zumindest nicht zu diskriminieren. Ein wichtiges Argument in diesem Zusammenhang ist die Exklusivitätsthese, die in jüngerer Zeit besonders wirkungsvoll von Eberhard Jüngel in seinem Buch ‚Tod' formuliert worden ist.

> „Lebt der christliche Glaube wirklich von der Hoffnung auf eine Auferstehung der Toten? Sieht man genauer hin, so kann man doch wohl nur sagen, dass der christliche Glaube *von der Auferstehung Jesu Christi lebt* …, also vom Glauben an den *einen* durch die Auferstehung von den Toten als Sohn Gottes und als unser Herr definierten Menschen, Jesus von Nazareth "[8] (Herv. d. Verf.).

Auch in meiner Perspektive muss der Glaube an die Auferstehung Jesu Christi mit der Einsicht verbunden bleiben, dass Menschen sterben müssen. Verleugnung an dieser Stelle würde Größenphantasien befördern, die heute allerdings weniger die je persönliche Lebensgewissheit einzelner Menschen bedrohen, als sie großtechnologische Projekte beflügeln mögen, insbesondere im Feld gentechnologischer Eingriffe. Wenn überhaupt irgendwo Menschen die Phantasie haben, die Grenzen ihres Lebens überschreiten zu können, dann hier. Jüngel möchte aber darüber hinaus jede Kommunikation zwischen Lebenden und Toten ausschließen. Grundlegend ist hier seine Definition: „Das Wesen des Todes ist Verhältnislosigkeit".[9] Damit werden Lebensgefühle und Lebenspraxen von Menschen verleugnet bzw. disqualifiziert, die heute (und stärker noch in früheren Epochen) mit einer grundlegend veränderten, aber dennoch bestehen bleibenden Beziehungsmöglichkeit zwischen Lebenden und Toten rechnen. Zudem werden Möglichkeiten ignoriert, die im Neuen Testament, aber auch durch die Geschichte der christlichen Kirche hin die Auferstehung Jesu Christi nicht exklusiv, sondern inklusiv denken und glauben.

Wenn der Tod als grundlegende und unübersteigbare Verhältnislosigkeit bestimmt wird, so schließt dies eine direkte Beziehung zwischen Lebenden und Toten qua definitione aus, und zwar sowohl als einseitige Beziehung (z. B. einer Gabe der Lebenden an die Toten) und erst recht als wechselseitige, reziproke Beziehung. Die Toten sind in Gott. Sie haben eine Grenze überschritten, die von den Lebenden her eine unübersteigbare Grenze ist. Hier liegt im Wesentlichen der theologische Grund für die Ablehnung der traditionellen Beziehungsaufnahme zu den Toten, auch in der Abweisung der Totenmessen durch die Reformatoren: die Lebenden können nichts für die Toten tun. Sieht man allerdings genauer hin, so verändert sich das Bild.

Martin Luthers Ablehnung gilt dagegen in den 95 Thesen von 1517 einer spezifischen Beziehungsgestalt zwischen Lebenden und Toten:[10]

> „Die predigen Menschenlehre, die da sagen: sobald das Geld im Kasten klingt, die Seele aus dem Fegefeuer springt. Das ist gewiss, sobald das Geld im Kasten klingt, können Gewinn und Habgier zunehmen; über die Fürbitte der Kirche aber entscheidet Gott allein."

Luther will ausschließen, dass die Kommunikation zwischen Lebenden und Toten durch das Geld-Medium vermittelt und in Leistungsdenken einbezogen wird. Er zerstört die Größenphantasie, dass Lebende mit den Toten in dem Sinne kommunizieren könnten, dass sie durch Geld und ‚Werke' auf sie einwirken. Hier zeigen sich genau die Abgrenzungen, die Luther auch in anderer Perspektive immer wieder einfordert: im Verkehr zwischen Mensch und Gott, aber analog dazu auch im Verkehr zwischen den Menschen untereinander wirken Kommunikationsformen zerstörerisch, die eine Beziehung an Gewinn und Verlust im Sinne der Geldökonomie und an Kategorien messen wollen, die gegenüber dem besonderen Gesicht dieser Beziehung abstrakt sind und die die Einzelnen vom lebendigen Fluss zwischen mir und dem Anderen weg führen und auf die Kalkulation eigenen Vermögens verweisen („homo in se incurvatus").

Das heißt aber auch: von Luthers Argumentation ausgehend ist nicht *die* Kommunikation zwischen den Lebenden und den Toten ausgeschlossen, sondern spezifische Kommunikationsformen, die auch in anderen Beziehungen (zwischen den Lebenden, aber auch zwischen Menschen und Gott) zerstörerisch werden können. Andere Beziehungsgestalten – beispielsweise die gottesdienstliche Form der Fürbitte – bleiben dagegen auch in Luthers Perspektive ausdrücklich möglich.

4 Die Aufgabe der evangelischen Bestattung

Ich nenne zunächst Perspektiven, in denen die Aufgabe einer evangelischen Bestattung bestimmbar wird.

> Die Toten sind tot. Wie wir unser Leben mit ihnen gelebt haben, lässt sich nicht fortsetzen. Wir müssen diesen Tod als Grenze des Lebens anerkennen. Ohne diese Trauer-Leistung kann Leben nicht gelebt werden. Wie können wir als Pfarrerinnen, als Seelsorger, als Ritualexpertinnen und Trauerbegleiter den Prozess von Trennung und Trauer unterstützen, womöglich erst in Fluss bringen?
>
> Die Rede von einer ‚Verhältnislosigkeit' zwischen Lebenden und Toten ist bis zu einer bestimmten Grenze angemessen, jenseits derer die Realität des Todes und die Notwendigkeit von Trauer verdrängt würden. In der Richtung und Linie der für Christenmenschen verbindlichen jüdisch-christlichen Erzähltraditionen über Leben und Sterben, über Tod und Auferweckung, über neues Leben und Reich Gottes finden sich manche Hinweise, Tod nicht nur als Verhältnislosigkeit zu denken, die allein durch das Aufgehobensein des Toten in Gott begrenzt und zurechtgestellt ist. Das Ritual der evangelischen Bestattung gibt einen symbolisch gestalteten Raum, der eröffnet, einer Wechselseitigkeit zwischen Lebenden und Toten auf einem gegenüber Alltagsbeziehungen anderen, neuen Niveau Gestalt zu geben.
>
> Nicht nur die Lebenden müssen ihr Leben ohne die alltägliche Präsenz der Toten neu leben lernen. Auch die Toten müssen ihren neuen Status realisieren. Sie müssen nicht nur den einen Weg gehen, der im Grab endet, auf dem Gottesacker, wie es in altertümlich klingenden Formulierungen heißt. Das Ritual der evangelischen Bestattung gibt

manche Hinweise darauf, dass noch ein anderer Weg zu gehen ist. Die Toten müssen ihren Weg zum Reich Gottes, ihren neuen Status in der Gemeinschaft der Heiligen wahrnehmen. Sie müssen die Lebenden ihr Leben in Ruhe leben lassen. Sie müssen sich auf den Weg zu einem anderen Ort machen, für den wir traditionell symbolische Bilder, aber keine konturierte rationale Vorstellung haben.

Die evangelische Bestattung ist eine zentrale Station im Prozess der Trauer und kann diesem Prozess einen Raum eröffnen. In der kirchlichen Seelsorge- und Beratungsarbeit in Trauerbegleitungsprozessen sind Konzeptionen von Trauerarbeit wirksam geworden, die Trauer als linearen Prozess verstehen, in dem in aufeinander folgenden Phasen – z. B. die Phase des Schocks, die kontrollierte Phase, die regressive Phase und die Adaptionsphase – es den Trauernden allmählich gelingt, den Verlust des Verstorbenen anzuerkennen, ihn als inneres Bild in der eigenen psychischen Struktur zu integrieren und sich in alltägliche Lebensvollzüge wieder einzugliedern.[11] Das Ritual der Bestattung würde nach diesen Modellen in eine frühe Trauerphase fallen, gewissermaßen im ‚Schnelldurchlauf' alle Phasen des Trauerprozesses durchmessen und den Trauernden ein Versprechen geben: Sie können hoffen, im Abschluss ihres lebensgeschichtlich oft lang andauernden Trauerprozesses schließlich einen Standard von Lebensgewissheit und Realitätsangemessenheit zu erreichen, der am Ende des Rituals der Bestattung schon einmal da war. Diese Modelle von Trauerarbeit sind durch andere Interpretationsmodelle des Verständnisses von Trauer ergänzt und differenziert worden.[12]

Ein alternatives Verständnis von Trauer bietet die Psychoanalytikerin und Ethnologin Ina Rösing[13] an. Sie entwickelt ihr Konzept, das sie unter die Überschrift ‚Verbannung der Trauer' stellt, in Auseinandersetzung mit Heilungsritualen indianischer Heiler in den Hochanden. Trauer gilt hier nicht als innerpsychischer Prozess, sondern als äußerlich auf den Menschen einwirkende Macht – ähnlich unheilvoll wie Krankheit und Tod, die den Verstorbenen bereits hingerafft haben. Das Heilungsritual der Trauerarbeit muss zum Ziel haben, dass diese zerstörerische Macht abfließen kann. In körperbezogenen Handlungen wie in Sprachgesten wird eine Flussbewegung intendiert, die zwei Dimensionen in einer Bewegungsrichtung notwendig miteinander verbindet: Durch Handlungen der Austreibung – Körper- und Sprachgesten – wird die unheilvolle Macht der Trauer verbannt, und es werden die heilsamen Mächte angerufen, dass sie in die nunmehr von Trauer befreiten Menschen einziehen.

In der deutschsprachigen Praktischen Theologie ist eine solche auf energetische Prozesse bezogene Wahrnehmung von psychischen Heilungsprozessen immer noch weitgehend fremd. Insbesondere Manfred Josuttis hat in seinem Buch ‚Segenskräfte' die energetischen Potenziale einer evangelischen Seelsorge ausgelotet.[14] Er verweist auf die verschüttete Tradition solcher Wahrnehmungsmuster in der Geschichte der christlichen Kirchen. Dass das Heilwerden von Menschen in ihrem Verhältnis zu Gott, zu den anderen Menschen und zu sich selber diese Bewegung der Austreibung unheilvoller Lebensmächte und der Herbeirufung der heilsamen Lebensmacht Gottes notwendig braucht, findet sich in vielen Psalmen der Bibel, aber auch in Liedern des Evangelischen Gesangbuches, beispielsweise EG 396,6: „Weicht, ihr Trauergeister, denn mein Freudenmeister, Jesus, tritt herein."

Die Bewegungsrichtung, die Johann Franck in seinem Kirchenlied-Text hier beschreibt, habe ich in einem Text wiedergefunden, der zentral mit unserem Thema – der Aufgabe der evangelischen Bestattung – zu tun hat. In Martin Luthers ‚Sermon zur Bereitung zum Sterben' von 1519[15] zeigt sich eine abweisende, ausstoßende und eine hinführende, einführende Bewegungsrichtung. Wenn sich der Sterbende auf den Tod vorbereitet, den Luther hier im Sinne einer neuen Geburt versteht, ehe er sich im Glauben der heilsamen Macht der Sakramente öffnen kann, muss er eine abweisende Bewegung in drei Perspektiven vollziehen: Er muss das schreckliche Bild des Todes und der Todesfurcht vertreiben, denn mit diesen Angstbildern erweist der Teufel seine Macht. Sie bringen den Menschen dazu, sich am Leben festzuklammern und Gott zu vergessen. Er muss zum Zweiten das Grübeln über das eigene Leben und insbesondere über eigenes Versagen vertreiben, denn durch allzu vieles ‚Ansehen', ‚tiefes Bedenken' wächst die Sünde, und das Gewissen des Menschen trennt sich von Gott und konzentriert sich allein auf sich selber. Und der Sterbende muss zum Dritten das Bild der Hölle vertreiben, weil hier das ganze Nachdenken um die Frage des eigenen Erwähltseins kreist. In einer solchen Größenphantasie wird die Grenze zwischen Gott und Mensch überschritten.

Dies sind die drei Dimensionen der abweisenden Bewegung, die Luther für die Vorbereitung des Sterbens für nötig hält. Die hinführende Bewegung lässt sich als Ein-Bildung, besser noch als Ein-Körperung verstehen. „Sondern deine Augen, deines Herzens Gedanken und alle deine Sinne gewaltiglich kehren von dem selben Bild, und den Tod stark und emsig ansehen nur in denen, die in Gottes Gnade gestorben, und den Tod überwunden haben, vornehmlich in Christo, danach in allen seinen Heiligen." Diese Ein-Körperung entspricht in ihren drei Schritten der abweisenden Bewegung. Durch die Ein-Bildung in Christus wird der Tod selbst ‚im Leben erwürgt und überwunden'. Gegenüber dem Drang, über die eigene Lebensgeschichte nachzusinnen und insbesondere über eigenes Versagen zu grübeln, wirkt das Bild Christi im Sinne einer heilsamen Entmächtigung. Und schließlich vertreibt die Hinwendung zum Bild Christi, der selber in der Hölle gewesen ist und sie überwunden hat, auch das Angstbild des Sterbenden vor der Hölle und seine Panik, ob dieser Ort für ihn vorgesehen sei.

Die Doppelbewegung in der Bewegungsrichtung – Ausstoßung der zerstörenden Macht-Bilder, Ein-Bildung, Ein-Körperung in die heilsame Macht Gottes im Gekreuzigten – sieht Luther keineswegs allein auf die Sterbeszene eingegrenzt. Sie durchzieht Luthers gesamtes Nachdenken über das Leben und Sterben des Christenmenschen: beispielsweise in den für den Fortgang der Reformation wichtigen Invocavit-Predigten Luthers 1523, in seiner Freiheitsschrift 1520, in der Auseinandersetzung mit Erasmus um den freien bzw. unfreien Willen, und wir finden sie auch im Taufbüchlein im Kleinen Katechismus. Die Bewegung von Gesetz und Evangelium, deren rechte Unterscheidung für evangelische Christenmenschen lebens- und glaubenspraktisch notwendig ist, folgt im Kern dieser Doppelbewegung.

Aufgabe einer evangelischen Bestattung ist, eine gute Gestalt zu finden für das Fluss-Geschehen der Trauer: eben für diese Bewegung, die das ganze Leben und Sterben eines Christenmenschen durchzieht und in der evangelischen Bestattung eine konzentrierte Gestalt finden soll. Die

Voten und Gebete, die Psalmen und Lieder, die Körpergesten und Bewegungsrichtungen des Bestattungsgottesdienstes sollen – im Rahmen der von der Agende vorgesehenen Möglichkeiten – so ausgewählt und angeordnet werden, dass sie diese Bewegung initiieren und fördern können. Das Abfließen, Ausstoßen und das Freiwerden von Angstbildern und die Hinwendung, die Ein-Bildung, Ein-Körperung in die heilsame Macht über Leben und Tod soll eröffnet werden, für die begleitenden Emotionen und Gedanken der Trauernden soll eine Gestalt gefunden werden. Trauernden *und* Verstorbenen sollen beide Bewegungsrichtungen angezeigt werden: Die Toten sind tot, sie und die, die um sie trauern, können das bisherige Leben loslassen. Für Klage und Trauer muss in dieser abweisenden Bewegung im Bestattungsgottesdienst Raum und Sprache gefunden werden. Und: Die Toten werden auferstehen. Für beide Dimensionen des Fluss-Geschehens, in dem die unheilvollen Kräfte und Mächte abfließen können und die heilsame Lebensmacht Gottes empfangen werden kann, soll im Bestattungsgottesdienst Sprache gefunden werden. Dabei wird sich der Prediger, die Predigerin an gebundene Sprachformen der Psalmen und anderer biblischer Texte, aber auch Gesangsbuchlieder halten können; aber auch die frei formulierten Voten und Gebete, insbesondere aber auch die Bestattungspredigt, sollen dieser Bewegungsrichtung Gestalt geben. Die PredigerIn wird im vorbereitenden Trauergespräch wahrnehmen, was in der jeweiligen individuellen Situation notwendig ist.

Die weitere Dimension in der Aufgabe einer evangelischen Bestattung liegt darin, eine gute Gestalt zu finden für den Weg der Toten und der Trauernden. Hier gibt die 1996 neu bearbeitete Agende für evangelisch-lutherische Gemeinden eine hilfreiche Struktur an, die befolgt werden sollte. Insbesondere die erste Station der in der Agende vorgegebenen Weg-Struktur, die Aussegnung im Hause des Verstorbenen, sollte in der Gestaltung des Gesamtrituals unbedingt ernst genommen werden. Wo dies nicht zur Sitte einer Gemeinde gehört, sollte versucht werden, in Zusammenarbeit mit interessierten Menschen vor Ort Kapazitäten zu finden, verschüttete und dennoch notwendige Schritte auf dem Weg vom Leben zum Tode wieder begehbar zu machen.

Die Agende für die Bestattung zeigt hier große Weisheit. Die Liturgie wird körperlich-gestisch als Prozession begangen, als eine Reise mit drei Stationen. Der Weg beginnt – mit Aussegnung und Abholung – am primären Lebensort der Verstorbenen, in der Wohnung: Ort des Zusammenlebens mit den nächsten Menschen oder Rückzugsmöglichkeit für die Intimität mit sich selbst. Die Reise wird an einer zweiten Station in der Kirche bzw. Kapelle fortgesetzt – mit Gebeten und Liedern, mit der Predigt, mit biblischen Voten und Segenshandlungen. Der Weg endet – nach der Aufforderung „Lasst uns nun zum Acker Gottes gehen und den Leib des Verstorbenen zu seiner Ruhestätte bringen“ am Grab.

Für alle drei Stationen dieser Prozession gibt die Agende dem/der LiturgIn Sprechhandlungen vor, die sich an die versammelten Hinterbliebenen, aber immer wieder auch ausdrücklich an den Verstorbenen richten. Charakteristisch für diese Voten ist, dass sie immer auch Orts- und Zeitansagen beinhalten: Im Mittelpunkt der ersten Station in der Wohnung steht der Valet-Segen, den die Pfarrerin, wie die Agenden-Rubrik angibt, „zur Toten gewandt“ spricht. Der Segen des dreieinigen Gottes wird ausdrücklich dem Verstorbenen als körperlich-seelisch-geistiger Einheit, als Tempel des Geistes Gottes zugesagt; und zugleich wird der Ort ausdrücklich gemacht, zu dem die Reise führen wird: „Unser Herr Jesus Christus sei … vor dir, dass er dich leite und führe zur ewigen Heimat."

Die zweite Station der liturgischen Prozession ist der Gottesdienst in der Kirche. Auch hier sind die vorgeschlagenen Schriftlesungen voller Orts- und Zeitzuweisungen. Zu Beginn wird mit Psalm 39 angesagt: „Herr, lehre mich doch, dass es ein Ende mit mir haben muss und mein Leben ein Ziel hat und ich davon muss." Dieses Ziel wird in der folgenden vorgeschlagenen Schriftlesung aus Johannes 14 näher bestimmt: „Johannes spricht zu seinen Jüngern: … in meines Vaters Hause sind viele Wohnungen … und wenn ich hingehe, euch die Stätte zu bereiten, will ich wiederkommen und euch mit mir nehmen, damit ihr seid, wo ich bin …" Das Geleitwort, von der Agende fakultativ vorgesehen, richtet sich wieder ausdrücklich an die Verstorbene/den Verstorbenen: „Zum Paradies mögen Engel dich geleiten, die heiligen Märtyrer dich begrüßen und dich führen in die heilige Stadt Jerusalem. Die Chöre der Engel mögen dich empfangen und durch Christus, der für dich gestorben, soll ewiges Leben dich erfreuen." Dem Verstorbenen wird zugesagt, dass er in Gemeinschaft einer anderen, neuen Sozialität (die Engel, die heiligen Märtyrer, Christus) sein wird. Er wird an einem anderen, neuen Ort (im Paradies; in der heiligen Stadt Jerusalem) und in einer anderen, neuen Zeit (ewiges Leben) sein, und er wird ‚erfreut' sein und nicht etwa geängstigt oder gequält. Insgesamt weisen die sprachlichen und gestischen Mitteilungen des Liturgen / der Liturgin zwei Wege auf: Der Verstorbene wird begraben werden – seine Ruhestätte im Acker Gottes finden. Und: Auf den Verstorbenen wartet eine Wohnung im Hause des Vaters, eine Zuflucht im Paradies, eine Heimat in der heiligen Stadt Jerusalem.

An der dritten Station der Prozession, am Grab, werden beide Wege so weit begangen, wie dies im Rahmen des Rituals möglich ist. Das Gewicht der körper- und sprachgestischen Äußerungen liegt auf dem ersten Weg. Der Weg, der den Abschied markiert und wahrnehmbar macht, dass die Toten tot sind. „Zu Beginn wird der Sarg eingesenkt …" Diese Körperhandlung wird unmittelbar darauf noch einmal sprachlich vollzogen: „… legen wir ihren Leib in Gottes Acker. Erde zu Erde, Asche zu Asche, Staub zum Staube. Wir geben sie in Gottes Hand." Damit ist der eine Weg, der Weg der Trennung, zu Ende begangen. Im gleichen Atemzug folgt mit 1. Korinther 15 die Verheißung des anderen Weges: „Es wird gesät verweslich und wird auferstehen unverweslich … Wir geben sie in Gottes Hand. Jesus Christus wird sie auferwecken, Er sei ihr gnädig im Gericht und lasse sie/ihn die ewige Herrlichkeit schauen. Friede sei mit ihr/ihm."

Die kirchliche Bestattung ist ein Ritual der Trennung und ein Ritual neuer Eingliederung und Ein-Körperung. Die kirchliche Bestattung ist ein Transformationsritual nicht nur für die Hinterbliebenen, sondern auch für die Verstorbenen. In den Grenzen und in aller Problematik alltagssprachlicher Formulierungen gesagt: Die Verstorbenen gehen in diesem Ritual den einen und den anderen Weg. Sie müssen realisieren, dass sie tot sind, und sie müssen für sich die Verheißung annehmen, dass sie auferstehen werden. Aufgabe der Predigt bei der Bestattungsfeier wäre, ihnen die Rechtfertigung Gottes so machtvoll zuzusagen, dass sie ihre bisherige Lebensgeschichte fahren lassen und sich ohne Angst dem Tod, aber auch dem verheißenen neuen Leben öffnen können.

Nach dem Bestattungsgottesdienst kann der Weg in Richtung einer guten Gestalt für die Communitas zwischen Lebenden und Toten, Gott und Menschen weiter begangen werden. Dies soll am Schluss nur angedeutet werden.

Die symbolischen Ordnungen – der biblischen Großerzählung und der kirchlichen Bekenntnisse, der kirchlichen Gottesdienste und der Feste und Feiern insgesamt – bieten eine Gestalt für Erfahrungs- und Lebensmöglichkeiten an, die in alltäglichen Lebenszusammenhängen so nicht zugänglich sind. Es braucht die herausgehobene Zeit und die umfriedeten Orte, es braucht die aus der Alltagskommunikation ausgegrenzten Begehungen, es braucht die spezifische Einstellung auf die Wirklichkeit, die unser Leben trägt, aus der wir herkommen und auf die wir hingehen. Was für das Leben aller Religionen und auch der christlichen Religion insgesamt gilt, dies gilt mit besonderem Ernst auch für die evangelische Bestattung, an die sich weitere symbolische und rituelle Orte angliedern werden. Was in der alltäglichen Kommunikation störend oder sogar zerstörerisch werden kann, findet hier seinen Raum und seine Zeit. Was für die Gefühle, die Sehnsüchte und die Ängste von Menschen in ihren alltäglichen Lebenspraxen beängstigend sein kann, wird hier ein Angebot der Begehung finden. Ich plädiere nicht dafür, Neues zu erfinden, sondern wahrzunehmen und zu gestalten, was schon da ist. Es geht nicht um eine neue Etappe der Kirchenreform, sondern ums Wieder-Entdecken.

Aussegnung und Glockengeläut, Trauergespräch und Bestattung, Abkündigungen der Verstorbenen im Gemeindegottesdienst, vor allem Rituale des Gedenkens geben einen geschützten und aus Alltagskommunikationen herausgehobenen Raum für die Beziehung zwischen Lebenden und Toten. Totensonntag und Volkstrauertag, Karfreitag und Passionsandachten, aber auch Gedenkgottesdienste, die vierzig Tage nach der Bestattung gefeiert werden, können als symbolische und rituelle Zugänge zur der Wirklichkeit gestaltet werden, der Lebende und Tote gemeinsam zugehören. Für die symbolische Ausgestaltung dieser Feiern gibt es tragfähige Vorschläge; ich erinnere nur an Petra Zimmermanns Hinweis in der Debatte über „Spätmoderne Bestattungskultur", dass im Erleben der Teilnehmenden an Totensonntagsgottesdiensten das Namens- und Kerzenritual im Zentrum der symbolischen Wirklichkeit des Gottesdienstes steht.

> „Mit dem Aussprechen der Namen werden auf der Ebene des subjektiven Erlebens die Toten selbst angerufen, gleichsam herbeigerufen und als anwesend erlebt. Die Lichter können zu symbolischen Repräsentanten der Toten werden, mit ihrer Hilfe kann ‚gleichsam über die Grenze des Todes hinweg ‚kommuniziert werden'. Der Gnadenspruch, der auf das Kyrie antwortet, vermag diese Wahrnehmung zu stützen."[16]

Aus: ***Wege zum Menschen*** 56. Jahrgang Heft 2 März/April 2004, S. 105–121.

1 *Die Überlegungen dieses Beitrages habe ich ausführlich entwickelt in: Hans-Martin Gutmann, Mit den Toten leben – eine evangelische Perspektive, Gütersloh 2002. Vgl. neuerdings: Kristian Fechtner, Kirche von Fall zu Fall. Kasualpraxis in der Gegenwart – eine Orientierung, Gütersloh 2003, 57 ff.*

2 *Diese Entwicklung ist in Ostdeutschland besonders deutlich. Vgl. Jan Hermelink, Gegenwärtige Bestattungsfeiern jenseits der kirchlichen Institution, Praktische Theologie 3/2002, 206 ff.*

3 *Agende für evangelisch-lutherische Kirchen und Gemeinden, Band III, Die Amtshandlungen, Teil 5, Die Bestattung, hg. von der Kirchenleitung der Vereinigten Evangelisch-Lutherischen Kirche Deutschlands, neubearb. Ausgabe, Hannover 1996.*

4 *Victor Turner, Das Liminale und das Liminoide in Spiel, „Fluß" und Ritual, in: ders., Vom Ritual zum Theater. Der Ernst des menschlichen Spiels, Frankfurt am Main 1989, 28–94. Vgl. Harald Schroeter-Wittke, Übergang statt Untergang. Victor Turners Bedeutung für eine kulturtheologische Praxistheorie, Theologische Literaturzeitung 128/2003/6, 575 ff.*

5 *Eberhard Hauschildt, Unterhaltungsmusik in der Kirche, in: G. Fermor, H.-M. Gutmann und H. Schroeter (Hg.), Theophonie. Grenzgänge zwischen Musik und Theologie, Rheinbach 2000, 285–98.*

6 *Vgl. in diesem Zusammenhang: Theo Ahrens, Mission nachdenken. Studien, Frankfurt am Main 2000, 140 ff., 184 ff.*

7 *Jean Baudrillard, Der symbolische Tausch und der Tod, Paris 1976/München 1991, 195 ff.*

8 *Eberhard Jüngel, Tod. Themen der Theologie, Band 8, hg. von H.-J. Schulz, Stuttgart/Berlin 1971, 54.*

9 *Ebd., 171 u. ö.*

10 *WA 1, 234, 27. und 28. These; hier zit. nach: Horst Beintker (Hg.), Martin Luther. Die reformatorischen Grundschriften in vier Bänden. Band 1, Darmstadt 1983, 18.*

11 *Vgl. Yorick Spiegel, Der Prozess des Trauerns, München 1973/Gütersloh 8. Aufl. 1995; Verena Kast, Trauern. Phasen und Chancen des psychischen Prozesses, Stuttgart 1982.*

12 *Vgl. Jorgos Canacakis, Ich sehe deine Tränen. Trauern, klagen, leben können, Stuttgart 16. Aufl. 2000 (1987). Canacakis will Trauer nicht als linearen Prozess, sondern als zyklische Bewegung verstanden wissen.*

13 *Ina Rösing, Die Verbannung der Trauer. Nächtliche Heilungsrituale in den Hochanden Boliviens, Frankfurt am Main 1987.*

14 *Manfred Josuttis, Segenskräfte. Potenziale einer energetischen Seelsorge, Gütersloh 2000.*

15 *Martin Luther, Ein Sermon von der Bereitung zum Sterben. 1519. Hier zitiert nach: Luthers Werke für das christliche Haus, hg. von W. Kawerau u. a., Sechster Band: Erbauliche Schriften, Braunschweig 1891, 61 ff.*

16 *Petra Zimmermann, Den Totensonntag erleben ..., Praktische Theologie 3/2002, 212.*

Literatur

Die Bibelstellen sind folgender Übersetzung entnommen: Lutherbibel, revidiert 2017, © 2016 Deutsche Bibelgesellschaft, Stuttgart.

Aeternitas e. V. (Hg.), Die kostenlose Bestattung. Ein Konzept für die Zukunft? Königswinter 2015.

Aleida Assmann, Erinnerungsräume. Formen und Wandlungen des kulturellen Gedächtnisses, 4. Aufl. München 2009.

Jan Assmann, Totengedenken als kulturelles Gedächtnis. In: Rainer Beck (Hg.): Der Tod. Ein Lesebuch von den letzten Dingen. München 1995, S. 15–19.

Ders., Das kulturelle Gedächtnis. Schrift, Erinnerung und politische Identität in frühen Hochkulturen. 6. Aufl. München 2007.

Ders., Die Lebenden und die Toten, in: Jan Assmann, Franz Maciejewski und Axel Michaels (Hg.), Der Abschied von den Toten. Trauerrituale im Kulturvergleich, Göttingen 2005, S. 16–36).

Heinrich Bedford-Strohm und Volker Jung (Hg.), Vernetzte Vielfalt. Kirche angesichts von Individualisierung und Säkularisierung. Die fünfte EKD-Erhebung über Kirchenmitgliedschaft, Gütersloh 2015.

Sabine Bäuerle und Natalie Ende (Hg.), Ich steh vor dir mit leeren Händen, Gott. Hilfen, Liturgien und Rituale zur Begleitung beim Tod eines Kindes im Mutterleib oder kurz nach der Geburt (Materialhefte 101), Frankfurt am Main 2004.

Thorsten Benkel (Hg.), Die Zukunft des Todes. Heterotopien des Lebensendes, Bielefeld 2016.

Friedrich Cramer, Symphonie des Lebendigen. Versuch einer allgemeinen Resonanztheorie, Frankfurt am Main 1996.

Deutscher Bundestag, 7. Altenbericht, Sorge und Mitverantwortung in der Kommune, Bundestags-Drucksache 18/10210, 2.11.2016.

EKD, Herausforderungen evangelischer Bestattungskultur. Ein Diskussionspapier, https://www.ekd.de/bestattungskultur.html.

EKD, Letzte Heimat Kirche. Kolumbarien in Sakralräumen, Leipzig 2014.

Evangelische Kirche von Kurhessen-Waldeck, Agende IV „Bestattung“, Kassel 2006.

Kristian Fechtner, Kirche von Fall zu Fall. Kasualien wahrnehmen und gestalten, 2. überarb. Aufl. Gütersloh 2011.

Ders., Der Lebensraum der Toten als praktisch-theologische Herausforderung gegenwärtiger Bestattungskultur, in: Thomas Klie u. a. (Hg.), Praktische Theologie der Bestattung, Göttingen 2015, S. 47–60.

Lutz Friedrichs, Die kirchliche Bestattung: Tradition im Wandel, in: Thomas Klie, u. a. (Hg.), Praktische Theologie der Bestattung, Göttingen 2015, S. 63–85.

Ders. (Hg.), Bestattung. Anregungen für eine innovative Praxis, Göttingen 2013.

Kerstin Gernig (Hg.), Verarmt, verscharrt, vergessen?, Düsseldorf 2008.

Christian Gudehus, Ariane Eichenberg, Harald Welzer (Hg.), Gedächtnis und Erinnerung. Ein interdisziplinäres Handbuch, Stuttgart 2010.

Hans-Martin Gutmann, Mit den Toten leben – eine evangelische Perspektive, 2. überarb. und veränd. Neuaufl. Hamburg 2011.

Barbara Happe, Der Tod gehört mir. Die Vielfalt der heutigen Bestattungskultur und ihre Ursprünge, Berlin 2012.

Doris Joachim-Storch (Hg.), In großer Not. Gottesdienste nach traumatischen Ereignissen (Materialheft 121), Frankfurt am Main 2014.

Doris Joachim-Storch in Zusammenarbeit mit Raimar Kremer (Hg.), „Tröstet, Tröstet …“. Seelsorge in der Verkündigung – Verkündigung in der Seelsorge (Materialheft 113), Frankfurt am Main 2010.

Eberhard Jüngel, Tod, Berlin 1971.

Roland Kachler, Hypnosystemische Trauerbegleitung. Ein Leitfaden für die Praxis, Heidelberg 2010.

Thomas Klie, Sieglinde Sparre (Hg.), Erinnerungslandschaften. Friedhöfe als kulturelles Gedächtnis, Stuttgart 2017.

Ders., Bestattungskultur: Umgangsformen angesichts des Todes, in: Thomas Klie u. a. (Hg.), Praktische Theologie des Alterns, Berlin u. a. 2009, S.409–428.

Wolf-Dietrich Köhler, Menschenwürde und Geldbeutel – Wirklichkeit und Möglichkeiten von Armenbestattungen. Eine Untersuchung des Sozialwissenschaftlichen Instituts der Evangelischen Kirche in Deutschland (epd-Dokumentation Nr. 51/2008).

Kerstin Lammer, Den Tod begreifen. Neue Wege in der Trauerbegleitung, 4. Aufl. Neukirchen-Vluyn 2006.

Siegfried Lenz, Der unendliche Raum des Gedächtnisses, in: Die Zeit (19) 1989 vom 5.5.1989

Hannah Lothrop, Gute Hoffnung, jähes Ende; Fehlgeburt, Totgeburt und Verluste in der frühen Lebenszeit. Begleitung und neue Hoffnung für Eltern, vollständig überarb. Neuausgabe München 2016.

Henning Luther, Religion und Alltag. Bausteine zu einer praktischen Theologie des Subjekts, Stuttgart 1992.

Ders., Tod und Praxis. Die Toten als Herausforderung kirchlichen Handelns. Eine Rede, in: ZThK 88 (1991), S. 407–426.

Martin Luther, Ob man vor dem Sterben fliehen möge, in: WA 23, S. 323–386.

Barbara und Mario Martin, Fest im Herzen lebt ihr weiter: Wie wir drei Kinder verloren und den Kampf um ihre Würde gewannen. Ein Ratgeber für Eltern von Sternenkindern, Asslar 2014.

Matthias Meitzler, Postexistentielle Existenzbastelei, in: Thorsten Benkel (Hg.), Die Zukunft des Todes. Heterotopien des Lebensendes, Bielefeld 2016, S. 133–162.

Thomas Quartier, Die Grenze des Todes. Ritualisierte Religiosität im Umgang mit den Toten, Berlin 2011.

Angela Rinn, Friedhof, gefährdeter Ort – veränderte Bestattungskultur in der Gegenwart und ihre Folgen, in: Pastoraltheologie (104) 2015, S. 307–325.

Hartmut Rosa, Resonanz. Eine Soziologie der Weltbeziehung, 4. Aufl. Berlin 2016.

Reiner Sörries, Urnenkirche oder Kirchenwald? Kirchliche Friedhofskultur heute, Frankfurt am Main 2009.

Ders.; Ruhe sanft, Kulturgeschichte des Friedhofs, Kevelaer 2009.

Ders., Ein letzter Gruß. Neue Formen der Bestattungs- und Trauerkultur, Kevelaer 2016.

Ders., Öffentlich und nicht geheim. Theologische Anmerkungen zur evangelischen Bestattungskultur, in: Zeitzeichen 11/2011, S. 22–24.

Winfried Späth, Das Projekt „Antigone“. Sozialbestattungen von Menschen ohne Konfession, in: Jürgen Burkhardt u. a. (Hg.), Jedes Sterben ist ein Riss, Stuttgart 2016, S. 236–243.

Ulrich Selkens/Sanja Nadine von Beauvais, Neue Rechtsprechung zum Friedhofs- und Bestattungsrecht: Entwicklungen in 2015 und 2016 und Nachlese zu 2014, in: Wirtschaft und Verwaltung 2017, Seite 1 ff.

Frank Thieme, Bestattung zwischen Wunsch und Wirklichkeit. Eine soziologische Studie zum Wandel des Bestattungsverhaltens in Deutschland, Düsseldorf 2016.

James William Worden, Beratung und Therapie in Trauerfällen. Ein Handbuch, 4. überarb. und erw. Aufl. Bern 2011.

Stefan Zweig, Ungeduld des Herzens, 34. Aufl. Frankfurt am Main 2013.

Trägerinnen der Publikation
Diakonie Hessen – Diakonisches Werk in Hessen und Nassau und Kurhessen-Waldeck e. V.
Abteilung Gesundheit, Alter und Pflege
Ederstraße 12, 60486 Frankfurt am Main
E-Mail: gap@diakonie-hessen.de

Evangelische Kirche von Kurhessen-Waldeck
Wilhelmshöher Allee 330, 34131 Kassel

Evangelische Kirche in Hessen und Nassau
Paulusplatz 1, 64285 Darmstadt

Herausgeberinnen und Redaktion
Barbara Heuerding, Dr. Carmen Berger-Zell

Hinweis
In diesem Buch wird um der Lesbarkeit willen an einigen Stellen die weibliche und an anderen Stellen die männliche Form verwendet. Selbstverständlich sind immer alle gemeint.

Förderung
Das Buch wurde mit freundlicher finanzieller Unterstützung der
Arbeitsgemeinschaft Hospiz in der Evangelischen Kirche in Hessen und Nassau (EKHN) und der Arbeitsgemeinschaft Hospizarbeit und Sterbebegleitung in der Diakonie Hessen erstellt.

Danksagung
Wir danken allen, die uns bei der Erstellung des Buches unterstützt haben:
Siegfried Bablitschky, Mario Bast, Andre Beneke, Alexandra Beuth, Silke Bretschneider-Müller, Christel Bruns, Sr. Sabine Buck, Irene Dittmann-Mékidèche, Heidrun Dörken, Sr. Angelika (Geli), Rainer Ehlers geb. Jarchow, Prof. Dr. Lutz Friedrichs, Andrea Fröhlich, Dr. Astrid Gaida, Detlev Gause, Christian Geyer, Dierk Glitzenhirn, Prof. Dr. Hans-Martin Gutmann, Ralf Hartmann, Annette Hestermann, Doris Joachim-Storch, Ralf Kaffenberger, Barbara Kieferle-Stotz, Michael Kiel, Monika Kittler, Nele Kleinehanding, Sabine Knobel, Dr. Thomas Knörzer, Andreas Konrad, Dr. Dr. Raimar Kremer, Peter Lang, Karla Martin, Hans-Günther Maus, Uta Mecklenburg, Marcus Michel, Helmut Müller, Helga Nose, Kerstin Peiper, Dr. Mathias Pfisterer, Meike Pieske, Ursula Pitsch, Sr. Angelika Püchner, Christine-Ann Raesch, Jürgen Rehs, Markus Rinagl, Sönke Schroeder, Bärbel Simon, Winfried Späth (†), Birgit Steindecker, Andrea Stock, Martina Tirre, Sebastian Trüb, Sabine Ufermann, Matthäus Vogel, Christiane Waschek, Gertrud Weisgerber, Ulrich Weisgerber (†), Jeanette Wetterling, Otto Wohlgemuth.

Bibliografische Information der Deutschen Nationalbibliothek:
Die Deutsche Nationalbibliothek verzeichnet diese Publikation in der Deutschen Nationalbibliografie; detaillierte bibliografische Daten sind im Internet über http://dnb.d-nb.de abrufbar.

Lektorat: Niko Raatschen, E-Mail: n.raatschen@web.de
Gestaltung Layout: Design Office Michael Ackermann, E-Mail: kontakt@design-office.de
Bilderstellung: Gaby Gerster, Feinkorn, E-Mail: contact@feinkorn.de

Bildnachweis:
© Heinz-Günther Maus (Seite 206)
© Ev. Medienhaus Frankfurt/N. Kohlhepp (Seite 134)
© Dierk Glitzenhirn (Seite 190/191)
© Annette Hestermann (Seite 112)
© Nele Kleinehanding (Seite 129)
© Friedhof Kassel (Seite 136)

Gesamtherstellung: Westermann Druck Zwickau GmbH
Printed in Germany
ISBN 978-3-7615-6517-9
www.neukirchener-verlage.de